KB117071

배우수련

배우수련

1판 1쇄 발행 2009. 10. 9.
1판 15쇄 발행 2023. 10. 23.

지은이 안민수

발행인 고세규
발행처 김영사
등록 1979년 5월 17일 (제406−2003−036호)
주소 경기도 파주시 문발로 197(문발동) 우편번호 10881
전화 마케팅부 031)955−3100, 편집부 031)955−3200 팩스 031)955−3111

값은 뒤표지에 있습니다. ISBN 978-89-349-7046-0 93680

홈페이지 www.gimmyoung.com   블로그 blog.naver.com/gybook
인스타그램 instagram.com/gimmyoung   이메일 bestbook@gimmyoung.com

좋은 독자가 좋은 책을 만듭니다.
김영사는 독자 여러분의 의견에 항상 귀 기울이고 있습니다.

배우수련

Ahn Min Soo Actor Training

안민수 지음

집문사

배우는 연극이나 영화라는 종합예술의 최전면에 나서는 궁극적인 표현 매체이다. 그래서 연극, 영화의 창작 과정에서는 모든 참여 예술이 배우를 중심으로 작업을 하여 하나의 조화로운 예술 작품을 만들어낸다. 그리고 관객은 이 조화로운 예술을 통해 삶의 진정한 의미를 발견하는 경이로운 체험을 갖게 되고, 이를 통해 정신적으로 보다 풍요롭고 고양된 삶을 살 수 있게 된다. 그러니 사람들에게 이런 경이의 체험을 주는 배우야말로 하나의 성스러운 직업이라 할 수 있다.

그런데 이 성스러운 직업인 배우는 연극에 참여하는 다른 예술가와 표현매체의 특성에서 크게 차이가 있다. 그것은 배우의 표현매체인 신체와 그것을 운용하는 자신이 따로 떨어져 있지 않다는 점이다. 즉, 몸과 마음이 따로 떨어져 있지 않고 둘이면서 하나로 결합해야만 온전하게 의미를 갖는다. 그것이 배우의 존재 방식이다. 배우의 '몸'은 육체인 동시에 영혼을 함께 담고 있다는 말이다. 영혼은 당연히 감성과 이성을 포함한다. 영혼이 신체와 결합하여 몸짓을 만들고 소리를 만들게 하는데, 몸으로 기술을 연마함으로써 비로소 온전한 표현매체가 되는 것이다. 소위 영감이라는 것도, 그리고 그것을 운용하는 기술도 표현매체인 '몸' 안에 담겨 있으며, 따라서 부단히 연마해야 하는 영역이 되는 셈이다. 그래서 몸을 자유롭고 아름답게 운용하는 완전한 기술을 체계적으로 훈련하는 과정이 필수적이다. 그 훈련 과정은 반복적이며 또한 지속적이어야 한다.

이 책은 이러한 배우예술의 특성을 근거로 하여 쓰인 것이며, 책의 제목인 '배우수련' 또한 그런 뜻을 담아서 붙였다. 그렇다고 해서 이 책이 전혀 새로운 교육방법만을 창안해서 쓴 것은 아니다. 오히려 내가 많은 선생님들에게서 몸소 배운 것을 기초로 했다. 그리고 여러 해 동안 현장의 연출작업과 대학의 연기교실에서 강의하며 새롭게 실험했던 내용을 가지고 체계를 만들어 정리했다. 그러나 이 책에서 제시한 훈련방법은 어떤 특정한 양식의 연극을 만드는 데 초점을 두고 있지는 않다. 보편적으로 많은 배우 지망생에게 효과가 있는 방법론을 엮는 데 목표를 두었다.

이 책은 내가 새로 썼다기보다는 여러 해에 걸친 강의 내용을 조금씩 기록해두었다가 새롭게 정리해서 꾸민 것으로, 모두 8강으로 구성되어 있다. 1강에서는 배우예술의 진정한 의미와 배우수련 과정에서 스스로 약속해야 할 내용 등을 강의하고 있다. 2강에서는 본격적인 수련에 앞서 배우가 갖추어야 할 몸과 마음의 준비 상태를 만드는 내용을, 3강에서는 배우 표현매체의 실체인 몸 다스리기 훈련 방법과 신체가 객체로서 의미를 갖도록 체험하는 훈련 과정을 담고 있다. 4강에서는 소리내기와 말하기 훈련에 필요한 방법을 익히도록 하는 훈련을, 5강에서는 배우의 느낌과 생각을 훈련하는 내용을 다루고 있다. 또 6강에서는 배우의 역할 창조의 실제에 도움을 줄 수 있는 훈련 방법을 체험케 하며, 7강에서는 배우가 대본을 읽고 희곡과 인물을 분석하는 방법 그리고 실제로 인물구축 과정에 도움을 줄 수 있는 훈련법을 다룬다. 8강에서는 배우예술의 창조 현장인 공연이 연습의 마지막이면서 다음 공연의 시작이라는 점에서 공연 역시 배우의 수련 과정임을 역설한다.

1강에서 8강의 내용은 내가 실제로 대학에서 기초 연기뿐 아니라 중급, 고급 연기 과정에서 다루었던 내용들을 담고 있다. 그래서 만일 이 책에 근거하여 훈련을 한다면 4강까지를 한 단위로 하여 되풀이 훈련을 할 수 있다. 그리고 그다음 5강부터 7강까지를 또 한 단위로 하여 훈련을 할 수 있다. 또 필요할 때는 각 장의 내용을 따로 떼어서 집중적으로 훈련해볼 수도 있다.

앞에서도 말했듯이 이 책은 여러 해에 걸친 여러 단계의 강의를 기록해두었다가 새롭게 정리한 것이다. 이 과정에서 대학원 교실의 많은 사람들이 도움을 주었다. 3강과 4강의 수련 내용은 이지은, 안주경, 윤현식, 박용갑 등이 참여하여 내용을 정리해주었다. 그것을 근거로 1~8강까지 다시 강의를 했는데, 이때 녹음된 내용을 한채경, 최미애, 송효숙 등이 글로 타이핑해주면 최종적으로 윤미경과 노승희가 체계를 세우고 글을 다듬어서 완성된 원고를 내게 넘겨주었다. 그래서 실제 실기 교실에서보다 현장감은 조금 떨어지지만 체계적이고 논리적으로 정리된 장점이 있다. 그리고 이 책이 나오기까지 배우 박신양이 기획하고 나를 밀어주었다는 점도 밝혀두어야겠다. 이런 사람들의 도움이 없었다면 강의록을 정리해 책으로 엮을 용기는 내지 못했을 것이다. 이들 모두에게 진정으로 고마운 마음을 표한다.

미흡하나마 이것이 배우 훈련의 방법론을 체계로 갖춘 우리나라 최초의 연기훈련 책이라는 것에 의미를 갖기도 한다. 그러면서도 그만큼 책임을 느끼게 된다. 힘이 닿는 한 앞으로도 계속 검토하고 보완해나갈 생각이다. 이 책이 배우예술 내지 연극을 공부하는 많은 이들에게 조금이라도 도움이 되기를 바라는 마음 간절하다.

안 민 수

Contents

Contents

Contents

AC
TOR

성스러운 직업, 배우예술의 길

TRAIN
ING

Ahn Min Soo Actor Training

강의를 시작하기에 앞서 우선 '배우'라는 직업에 대해 생각해보기로 하자.

사람들은 배우를 가리켜 연극이나 영화 예술의 '꽃'이라고들 말한다. 이런 표현은 관객이 배우에 대해 갖는 아주 평범하면서도 정확한 인식일 수 있다. 배우는 극장의 무대나 화면에서 최종적으로 전면에 나타나는 실체다. 연극·영화예술의 꽃이라는 표현은 궁극적 표현매체로서 배우의 이러한 화려함만을 보기 때문에 붙여진 수식일 것이다.

그런데 연극이나 영화는 종합예술이다. 이 종합예술의 창작 과정을 깊이 들여다보면 그 안에 어떤 중심이 있고 그것을 향해 작업이 이루어지는데, 연극 혹은 영화라고 하는 종합예술의 보이지 않는 중심 자리에 바로 배우가 존재한다. 따라서 배우야말로 이 종합예술의 실질적 지휘

자라 할 수 있다.

그렇다면 연극, 영화의 중심이 되는 배우예술은 얼마나 훌륭한 것인가?

그 옛날 배우에 해당했던 사람들은 원래 뛰어난 재주꾼이어서, 사람들에게 무언가 이야기를 들려주고 싶은 충동을 느끼면 그것을 재미있는 스토리로 꾸미고 악기를 연주하면서 노래와 율동과 재기로 사람들에게 여흥과 위로를 주었다. 배우는 자신의 몸을 수단으로 관객의 아픈 마음을 치유하고 편안하게 해주는 전천후 예능인이었던 것이다. 고대 그리스 사람들은 이 만능 예능인을 총칭하여 '시인' 또는 '가수'라고 불렀다. 그리고 훨씬 훗날에는 이들에게 '어릿광대' 또는 '바보광대'라는 이름을 붙이게 된다.

그런데 이 어릿광대들이 하는 일을 깊이 살펴보면, 우리 일반 관객이 일상의 삶에서 잊고 있거나 전혀 모르고 있는 삶의 진정한 의미를 깨우쳐주는 짓거리를 한다는 것을 알게 된다. 그래서 그들은 춤추고 노래하고 이야기를 엮어서 우리를 울리기도 하고 슬프게도 하며 또 마음껏 웃게도 만든다. 잘 꾸며낸 이야기를 가지고 온갖 짓거리로써 우리에게 웃어야 할 때와 울어야 할 때를 일깨워주는 이들을 어찌 그냥 바보라고 하겠는가? 그들이야말로 세상 사는 일의 참 이치를 이미 깨우치고 있는 현자임에 분명하다. 그리고 이들 광대의 짓거리를 통해서야 비로소 웃어야 할 때와 울어야 할 때를 알아차리는 관객이야말로 사실은 참 어리석은 '바보'가 아니겠는가.

아무튼 이 어릿광대들은 보통사람들에게 어떤 여흥을 만들어 보여줌으로써 우리 내면에 있는 불건전한 요소들을 치유해주고 정서적으로 보다 고양된 세계로 끌어올려 준다. 그리고 우리는 정신적으로 보다 윤택한 삶을 살게 되고, 그러한 삶을 참으로 가치 있는 것으로 믿게 된다. 이런 뜻에서 배우라는 직업은 정말 성스러운 직업이 아닐 수 없다. 따라서 우리는 배우를 화려한 '꽃'으로만 볼 것이 아니라, 그 사명과 직분에 대해 경건한 마음으로 우러러볼 수 있어야 할 것이다.

나는 여기서 우리의 큰 스승이신 동랑 유치진 선생님께서 자주 말씀하시던 이야기를 들려주고자 한다.

"이 세상에서 사람이 해볼 만한 직업으로 배우 이상이 없다. 정말 잘할 수만 있다면 말이다."

이 말씀은 배우가 얼마나 위대하고 숭고한 직업인가를 알려주는 말이다. 동시에 배우의 길이 얼마나 성취하기 어려운 것인가를 알려주는 두려운 말이기도 하다.

단지 배우가 연극·영화예술의 꽃이라고만 생각한다면 그 화려함에 매료되어 '나도 배우를 꼭 해야지' 하고 배우예술 공부에 입문하게 될 수 있다. 그러나 이런 경우 '정말 잘할 수만 있다면'이라는 말에서 걸려 넘어지기 일쑤다.

이 시점에서 예술의 길 또는 배우예술의 길이 얼마나 험난하고 어려운지에 대해 한번 살펴보고 다음으로 진행할 필요가 있겠다. 오래전 우리가 경제적으로 아주 힘들었을 때 장영주, 장한나 같은 천재 음악가들이 나타나 상처 입은 우리의 마음을 달래주고 새로운 용기를 불러일으켜준 적이 있다. 그런데 그들은 천재로 불리고 칭송받을 때 주저 없이 말했다.

"나는 스스로 천재라고 생각해본 적이 없습니다. 나의 예술은 피와 땀입니다."

그렇다. 동랑 선생의 '정말 잘할 수만 있다면'이란 말씀은 재능만을 두고 한 말이 아니다. 피와 땀을 흘리는 것이 배우가 되기 위한 조건임을 말하고 있다. 여러분에게 나는 배우예술도 이와 다르지 않을 뿐 아니라 그 몇 배의 피와 땀이 필요하다는 것을 강조하고 싶다.

악기 연주와 같은 경우에는 연주자와 표현매체가 분리되어 있다. 예를 들어 피아노는 제3의 전문 기술자에 의해 이미 완전하게 고급품으로 만들어졌고 아주 잘 조율되어 있지 않은가. 다시 말해 표현매체인 악기는 표현의 기술을 익히는 나와 분리되어 만들어질 수 있다는 말이다. 그러나 배우예술은 다르다. 표현매체인 배우의 몸 안에 모든 것을 담고 있기 때문이다. 내 몸은 나의 육체인 동시에 나의 영혼을 함께 담고 있다. 그리고 영혼은 당연히 나의 감성과 이성을 포함한다. 나의 영혼은 나의 신체와 결합하여 나를 몸짓하게 하고 소리를 만들게 하는 기술을 연마하도록 함으로써 비로소 온전한 표현매체가 된다. 그래서 배우의 몸은 근래에 신체와 영혼을 함께 담고 있는 '몸통'이란 새로운 애칭을 얻었다. 다시 말해서 배우의 매체인 몸과 마음은 오직 하나로서만 존재한다는 뜻이다. 소위 영감이라는 것도, 그것을 운용하는 기술도, 나의 표현매체인 '몸통' 안에 함께 담겨 있다. '몸통'이란 하나의 물리적 현상이며, 따라서 연마해야 하는 기술의 영역이기 때문이다.

배우에게 붙여진 새로운 애칭 '몸통'이 물리적 현상이면서 '나'라는 생명을 가진 존재이므로, 그것을 운용할 수 있는 완전한 기술을 체계적으로 수련하는 과정이 필수적이다. 그리고 '나'라는 존재는 '정말 잘할 수만 있다면'의 단계까지 도달하기 위해 실로 엄청난 피와 땀이 필요한 것이다.

1
낯선 사람들과의 교감

오늘은 여러분이 성스러운 배우의 수련 과정에 들어서는 첫 번째 시간
이다. 그러니만큼 모두가 서로 낯설고 서먹서먹하게 느껴질 것이다. 우
리는 배우수련에 입문했다는 공통점을 가지고 있지만 각기 다른 인격
체들이다. 그래서 다른 사람들이 어떤 배경을 갖고 있는지 일종의 궁금
증 같은 것을 가질 수도 있다.

연극, 영화는 각기 다른 개성과 전문 기술을 가진 사람들이 서로 헌신
하여 자기를 소멸시키는 순간에 새로운 예술을 창조하는 종합예술이
다. 그러기에 이 작업에 참여하려고 모인 여러분은 작업에 앞서 서로
친밀해질 필요가 있다. 이제 우리는 수련의 첫 시간에 서로를 잘 이해
할 수 있도록 자기소개와 노래하기를 통해 서로 교감해보는 시간을 갖
도록 하겠다.

자기소개와 노래하기

먼저 한 사람씩 나와서 자기가 어떤 배경을 가지고 있는 사람
인지, 무슨 생각을 하고 있는지, 어떤 각오로 이 수업에 들어왔는지 등
5분 정도씩 자기소개를 해보기로 하자. 우리의 첫 대화 체험이다. 말하
는 사람은 주어진 시간 내에 자기 생각을 요령 있게 잘 전달할 수 있도

록 하고, 나머지 사람들은 이 공간에 머물며 눈으로 잘 보고 귀로 잘 들어 서로 공감하는 것이 무엇인지, 혹은 차이점이 무엇인지에 대해 생각해보기로 한다. 자기소개를 하는 동안 누군가는 다른 사람 앞에서 말하는 체험을 하고, 나머지 사람들은 그것을 주의 깊게 듣는 체험을 하면서 서로 친밀해지는 시간을 갖게 될 것이다.

이 시간은 배우 수련을 위한 수업이므로 이처럼 남 앞에서 말하고 듣는 체험으로부터 시작한다. 이때 누가 할 것인지 지명하기 전에 여러분 스스로 자발적으로 나가서 자기소개를 하는 것이 매우 중요하다. 자기소개를 하고 노래도 한 곡씩 불러보자. 춤을 춘다면 더 좋겠다. 배우 (Actor)는 행동(Action)하는 사람이지 관망자가 아니다. 그래서 배우가 되고자 하는 여러분은 지명되기 전에 스스로 나가서 노래하고 춤추어야 한다.

자, 어땠는가. 우리는 모두 차례로 여러 사람 앞에 나가 자기소개를 했고 또 노래를 한 곡씩 부르기도 했다. 그러는 동안 나머지 사람들은 앞에 나간 사람의 이야기를 경청하며 그 모습을 바라보았다. 이런 과정을 통해 이제 서로가 친밀해지기 시작했을 것이다. 여러분은 자기소개와 노래하기를 통해 어떤 것을 느꼈는가? 아마도 서로가 서로를 낯설게 느끼는 이 공간에서 어느 정도 공감대가 형성되는 것을 체험했을 것이다. 그리고 모인 사람들의 경험과 배경이 다양하다는 것을 느꼈을 것이다. 이처럼 연극은 각자 다른 배경을 가진 낯선 예술가들이 새로운 창조 작업을 위해 동일한 공간에 모여서 이루는 예술이다. 이제 여러분은 어느 정도 서로의 벽을 허물고 조금은 자연스럽게 친밀감을 느끼게 되었을 것이다. 무언가 공통의 경험과 생각 같은 것들을 찾아낼 수 있는 분위기가 형성된 것이다.

공유하고 있는 배경 – 천재성을 가진 사람들

우리는 자기소개와 노래하기 시간을 통해 서로가 다양한 체험과 다른 배경을 가진 사람들임을 알게 되었다. 여러분은 모두 연기를 배우기 위해 의욕에 찬 열망을 갖고 이 수업에 참여했다. 그러기에 어떤 공통적인 체험의 배경을 발견할 수도 있었고, 또 같은 방향을 향한 각오 같은 것도 엿볼 수 있었다.

공통적으로 배우가 되고자 하는 여러분은 유소년 시절부터 공부와 가족관계에서 비슷한 문제들을 가졌으며, 그것이 지금의 자신을 만드는 데 상당한 영향을 미쳤다는 것도 알 수 있었다. 그런데 가족관계와 공부에 대해 문제를 가졌다는 것은 대부분 공부에 그다지 재미를 붙이지 못한 경험에서 출발한다. 나는 여러분 중 그 누구도 공부를 전혀 못할 만큼 머리가 나쁜 사람은 없다고 생각한다. 그렇다면 공부에 흥미를 갖지 못했다는 말은 우리 교육의 내용과 방법에 문제가 있다는 것을 의미한다고 보아도 틀리지 않을 것이다.

교육은 학생들에게 다양한 삶의 방법을 자유롭게 체험할 수 있게 하여 그 가운데서 자신의 적성을 찾을 수 있도록 유도해야 한다. 그러면 학생들은 자기가 좋아하는 것에 매진하여 공부할 수 있을 것이다. 공부의 한자적 의미는 '어느 한 가지 일에서 완성된 길로 가는 것'이다. 그러나 그런 공부를 유도하지 못하는 교육일 경우, 필연적으로 학생들은 공부에 흥미를 잃게 되고 가족관계에서도 문제를 갖게 된다. 학교와 가족 등 자라온 환경 속에서 다양한 체험을 할 수 있는 교육을 받았다면, 자신의 꿈을 실현시키기 위해 적성을 찾아나갈 수 있는 참된 공부의 시간을 가질 수 있었을 것이다. 바로 이런 점들이 여러분의 자기소개에서 발견되었다.

자기소개에서 알 수 있는 여러분의 또 다른 공통점은 어떤 확실한 꿈이 있다는 것이다. 반면 그 꿈을 실현시킬 만한 체험과 기회를 충분히 제공받지 못했다는 점도 비슷했다. 배우들은 감성적인 충동이 매우 강한 사람들이다. 그래서 감수성이 예민해지는 시점에 다양한 체험을 할 수 있도록 열린 교육을 받아야 한다. 그래야 자신의 내면에서 일어나고 있는 것이 무엇인지 깨달아 장점을 살릴 수 있고, 또 삶의 의미가 무엇인지 열정과 집념을 가지고 파고들 수도 있다. 교육은 이러한 믿음을 가지고 배우가 되려는 사람들을 안내하고 밀어주어야 한다.

예술은 아무나 하는 것이 아니다. 기본적으로 '천재'들의 몫이다. 오죽하면 예술은 귀신이 하는 것이라고 말하겠는가? 예술은 천재가 하는 것이라는 말에 배우가 되려는 여러분은 지금 덜컥 겁이 날 것이다. 하지만 여러분은 천재가 하는 예술에 대한 각오와 용기를 가지고 여기에 들어온 사람들이다. 그리고 이미 상당한 경쟁을 통한 선발 과정을 거쳐 이 수련 과정에까지 이르렀다. 그러니 천재는 아니더라도 천재성을 가진 사람, 즉 천재적인 사람들이라는 믿음이 여러분 안에 있는 것을 나는 본다.

몸과 마음의 체험 환기

여러분은 자기소개와 노래하기 시간을 통해서 우리 안에 있는 저항 요소가 얼마나 우리의 움직임을 방해하고 있는가를 알게 되었을 것이다. 자기 의견을 자유롭게 말하고 자유롭게 움직일 수 있으면 그건 상당히 진전된 모습이다. 대부분의 사람들은 자신의 몸과 마음을 생각하는 대로 움직이지 못했다. 여기에서 배우들 역시 자신의 생각을 몸과 마음을 통해 표현하는 것이 결코 쉽지 않다는 것을 알게 되었을 것이다. 배우의 몸과 마음은 연극의 표현매체이며, 배우는 자신의 몸과 마음을 통해 이야기를 시각적이고 청각적인 모양으로 만들어 관객을 이해시켜야 한다. 이를 위해 자기소개를 하는 과정에서 자신의 몸과 마음에서 일어난 체험에 대해 다시 한 번 환기해보자.

여러분이 다른 사람들 앞에 나와서 소리와 몸짓으로 무언가를 보여주었다는 것, 이것은 배우로서 최초의 경험이다. 우리 모두 자리에서 일어나 걸어 나오고, 바르게 서고, 남 앞에서 자기소개를 하는 동안 비슷한 체험을 했다. 그런데 정신적으로나 육체적으로 필요 없는 긴장을 하여 편안히 일어나지도 못하고 자연스럽게 걸어 나오지도 못했다. 뿐만 아니라 나와서는 고개를 숙인 채 서 있기도 했다. 평상시에 하던 행동조차 제대로 하지 못하는 체험을 한 것이다. 자기소개를 멋있게 해서 박수를 받았으면 하고 기대했지만, 준비한 내용을 요령 있고 자연스럽게 말하기는커녕 순서가 뒤죽박죽 엉켜 논리적으로 말하지도 못했다.

이런 것을 '무대공포증'이라고 할 수 있을 텐데, 배우들에겐 다 그런 공포증 같은 것이 있다. 20세기 최고의 배우인 로렌스 올리비에도 자신의 자서전에서 고백했듯이 말이다. 사람들 앞에 나갈 때마다 두려움이 생겨 몸과 마음에 필요 없는 긴장을 하게 되는 것, 논리적으로 말하거나 움직이고 표정을 지으려 해도 마음먹은 대로 하지 못하는 것, 그것이 바로 배우의 최초 경험이다.

우리는 원래 이렇게 몸과 마음이 긴장하는 존재가 아니었다. 어린 시절을 돌이켜보자. 정신적으로나 신체적으로 얼마나 자유로웠던가. 여러분은 기어들어가는 듯한 목소리로 겨우 말을 했지만, 어린아이들은 우렁차게 울어대며 배가 고프다는 것을 거침없이 표현한다. 그러던 것이 성장하는 과정에서 몸과 마음에 차츰차츰 어떤 껍질 같은 것이 씌워진다. 이 껍질은 가정환경, 사회적 인습, 혹은 교육환경 등에서 기인하는 것으로서, 우리 내면의 충동을 바깥으로 자연스럽게 표현하지 못하게 하는 요소가 된다.

그렇다면 내면의 충동을 밖으로 표현하는 데 저항 요소가 되는 이 껍질을 어떻게 벗길 것인가. 이것이 배우수련의 궁극적인 문제요 전부이다. 우리는 자기소개와 노래하기에서 마음이 경직되면 몸이 경직되고, 몸이 경직되면 마음이 경직된다는 체험을 했다. 배우훈련은 영혼과 육체를 함께 담고 있는 배우의 몸통에 덧씌워진 필요 없는 경직 상태를 벗기는 일이다.

이를 위해 긴장을 제거하는 훈련에는 다양한 접근 방법들이 있다. 마음이 몸을 다스리고 몸이 마음을 다스리는 것이므로, 몸과 마음을 다스리면 소리와 움직임이 다스려진다. 그리고 그 반대도 성립한다. 결과적으로 배우훈련은 육체적인 훈련을 통해서든 마음을 다스리는 훈련을 통해서든 안에서 바깥으로, 바깥에서 안으로 접근하여 심신을 자유롭게 만드는 훈련이다. 배우는 특별한 시간과 공간 속에 언어와 움직임을 담아낸다. 아리스토텔레스는 시학에서 비극을 정의할 때 '비극은 진지하고 일정한 길이를 가지고 있는 완결된 행동을 모방하는 것이요, 쾌적한 장식을 한 언어를 사용한다'고 말했다. 배우는 몸과 말과 짓거리를 극장이라는 특별한 시공간에 맞게 빚어내야 한다는 뜻이다. 다시 말해 배우수련은 특별한 공간과 시간 속에 아름답고 정확한 몸짓과 소리로 자신의 구체적인 느낌을 전달할 수 있도록 훈련하는 것을 의미한다.

2
삶과 연기예술

이번 시간엔 연극은 무엇이고, 배우는 무엇이며, 연기는 무엇인지에 대해 생각해보도록 하자.

우리는 때로 우리의 실제 삶 속에서 재미있거나 감동적인 이야기를 접하면 마치 연극과 같다고 말한다. 그와 반대로 감동적인 연극이나 영화를 보고는 "아, 이건 진짜 같다. 실제 같다"고 말하기도 한다. 이처럼 연극과 삶은 서로 닮은 데가 있어서 그 개념 또는 진실을 혼동하는 경우가 있다. 연극은 있는 그대로가 아니며 기본적으로는 꾸며놓은 얘기일 뿐이다. 다시 말해서 허구의 세계이다. 그러면서 그것은 있을 수 있는 얘기를 통해 실제로 일어난 일보다 우리에게 더 분명한 진실의 세계를 보여주어 감동을 불러온다. 연극 속에 살고 있는 배우의 말과 행동, 즉 연기예술 또한 마찬가지이다.

연극은 삶의 참모습을 비추는 거울이다

사람들은 왜 극장에 가는가? 우리는 극장에서 연극을 본 관객에게 그 공연이 재미있었는지, 어떤 이야기였는지, 누가 나왔는지, 관객은 많았는지 등을 물어보곤 한다. 사실 이런 질문들이야말로 연극의 본질을 알려주는 기초이자 전부이다.

연극이나 영화는 인간의 삶 자체를 담고 있으며, 그러기에 연극과 삶은 매우 닮았다. 셰익스피어는 인생을 무대라 말하지 않았는가. 그리고 우리 인간은 인생이란 무대 위에서 어디에서 와서 어디로 가는지 모른 채 놀다가 쓰러져가는 한낱 어릿광대와 같다고 했다. 무대는 '삶을 비추는 하나의 거울'이라고도 했다. 극작가이자 연출가인 동랑 유치진 선생님도 삶을 무대와 견주어 말하곤 했다. 그분의 어록 가운데 '무대는 인생의 거울. 샅샅이 비춰내자, 삶의 거룩한 모습'이라는 구절이 있다. 이것은 연극이 우리 인생이요, 인생 자체가 연극이라는 것을 표현한 말이라 하겠다.

그러나 연극과 삶은 서로 다른 점이 있다. 연극은 인간의 삶을 있는 그대로 담는 것이 아니라 특별한 시간과 공간 속에 담아낸다. 또한 연극은 인간 삶의 모습을 다양한 거리와 각도에서 바라보고, 진실에 가까운 것을 선택하여 그려낸다. 마치 우리 몸의 혈관 속을 들여다보기 위해서는 X선이나 초음파 혈관검사를 해야 하고, 무한대의 우주 공간을 알기 위해서는 천체망원경을 통해 관측해야 하는 것과 같다. 이처럼 연극은 삶의 모습을 때로는 앞과 뒤에서 바라보고, 또 때로는 겉에서 안으로 뚫고 들어가 그 안을 들여다보고 그려야 한다. 즉, 인간의 모습을 있는 그대로 보여주는 것이 아니라, 그려내고 싶은 모습을 관객이 알아보기 쉬운 시공간을 선택해 그 안에 담아낸다. 그러므로 셰익스피어의 거울은 보통 거울이 아니다. 그가 무대를 '하나의 특별한 거울'이라고 표현한 것에 주목할 필요가 있다.

연극과 삶은 또 어떻게 다른가. 인간 삶에서 우리는 어디로부터 와서 무슨 역할을 하는지 모르고 그냥 살다가 무대 밖으로 끌려 나간다. 그러나 연극은 전문적으로 훈련된 사람들이 만들어낸다는 점에서 일상의 삶과는 다르다. 연극 무대라는 인생 위에서, 오랫동안 자신의 몸과 영혼을 연마하고 훈련한 배우가 인생의 전후좌우를 짜임새 있게 만들어낸다. 피아니스트가 오랜 시간 악보를 연구하고 끝없이 연습하는 것처럼, 연극은 우리의 인생이 어디에서 와서 어디로 가는지 끊임없이 연구하고 연습하여 마침내 삶의 진실을 꿰뚫어볼 수 있게 된 배우가 이끌어간다. 그렇기 때문에 배우는 작품을 연구·분석해야 할 뿐 아니라, 자신의 몸통을 오랫동안 훈련하고 연습하여 인생의 참모습을 깨달아 그것을 완벽한 모양새로 그려낼 수 있어야 한다.

셰익스피어의 말대로 연극은 인생을 비추는 거울임에 틀림없다. 그러나 삶을 그대로 비추는 거울이 아니라 특정하게 비추는 거울이다. 즉, 연극이란 우리가 미처 깨닫지 못한 인생의 참모습, 진실을 알게 해주는 특별한 거울인 것이다.

그렇다면 연극을 통해 인생의 참모습을 어떻게 깨달을 수 있는가? 이에 대해서는 예술에 있어서 진실과 사실, 그리고 허구의 삼각관계를 먼저 생각해보자. 사실은 반드시 진실이 아니고 진실 역시 반드시 사실이 아니며, 예술에서 진실은 오직 허구를 통해서만 전달된다. 연극은 꾸며낸 이야기이고, 그 연극을 만들어내기 위해 오랫동안 훈련하고 연습한 배우 역시 진짜인 것처럼 꾸며낸 연기를 한다. 그런데도 우리는 그 꾸며낸 연기를 보고 기뻐하고 슬퍼하고 웃기도 하며 감탄하고 낙망하기도 한다. 이는 배우의 꾸며낸 연기를 통해 삶의 진정한 모습, 진실을 깨닫게 된다는 것을 의미한다. 여기서 여러분은 연극의 참모습, 그 중심의 자리에 바로 배우가 있다는 것을 보게 된다.

연극은 꾸며낸 이야기인데도 우리에게 삶의 진실, 삶의 진정한 의미를 깨닫게 해준다. 바로 그 연극의 중심에 배우가 있고, 그래서 배우는 연극의 꽃이라고 일컬어지는 것일 게다. 연극을 보았다고 할 때 그것은 곧 배우를 보았다는 것을 의미한다. 수많은 〈햄릿〉이 공연되고 있지만 〈햄릿〉 공연을 보았다는 것보다 누가 하는 〈햄릿〉을 보았느냐가 중요하다. 그것은 관객이 햄릿 역을 맡아 연기한 연기자에 의해 희로애락을 경험하고 감동을 받기 때문이다. 배우는 무대 전면에 나서서 삶의 의미를 대변해주는 존재이므로 우리는 배우를 통해 감동을 받으며 삶의 의미를 깨닫게 되는 것이다. 이러한 배우야말로 연극 혹은 영화 예술의 꽃이자 성스러운 모습을 지닌 존재임은 이미 말한 바 있다.

성스러운 바보광대

우리가 상식적으로 알고 있는 배우의 어원은 '바보광대'라고 언급한 바 있다. 서양 역사에는 국왕이 늘 어릿광대(Fool)를 데리고 다니는 광대 전통이 있다. 셰익스피어의 작품에도 광대가 자주 등장하는데, 이는 광대 전통을 보여준다. 〈리어 왕〉의 광대는 리어 왕을 위로하고 지혜의 말을 빌려주기도 하며 왕의 잘못을 질책하기도 한다. 왕이 슬퍼하면 노래를 불러 위로해주고 잘못된 생각을 하면 이를 비판한다. 〈햄릿〉에서도 햄릿이 부왕의 살인자를 알아내기 위해 광대에게 놀이를 하게 하여 진실을 파헤친다.

이 시대에도 바보광대의 전통은 그대로 있다. 지난 세기 역대 미국 대통령들이 곁에 두고 싶어 했던 사람이 바로 코미디언(광대) 밥 호프이다. 아이젠하워, 닉슨, 포드, 카터, 레이건을 비롯한 미국 대통령들은 밥 호프와 어울리며 위로받기를 좋아했다. 때로는 국사를 논하는 과정에서 그를 수행하여 정치적으로 큰 역할을 맡기기도 했다. 밥 호프는 별 움직임 없이 그냥 무대에 서서 몇 마디 말을 내뱉는 것만으로도 하나의 연극이 될 정도로 위대한 광대였기 때문이다. 그런 점에서 또 한 사람, 이 시대 최고 광대의 한 사람으로 마이클 잭슨을 꼽을 수 있겠다. 그는 우리나라 김대중 대통령의 취임식에도 초청되어 대통령과 포옹을 했다. 그가 무대에 오르면 수많은 관중들은 그의 존재만으로도 열광하고 너무 흥분해서 기절하여 쓰러지곤 했으니, 이사람이야말로 우리 시대의 진정한 광대였다고 하지 않을 수 없겠다.

이러한 광대들의 특징은 사람들이 무엇을 원하는지 잘 알고 있다는 점이다. 광대는 울고 싶지만 슬픈 것이 무엇인지 모르고, 웃고 싶지만 기쁜 것이 무엇인지 모르는 사람들에게 마음껏 울거나 웃게 만들어준다. 슬프고 애통한 감정이 무엇인지, 기쁘고 아름다운 감정이 무엇인지, 즉 산다는 것이 무엇인지를 깨닫게 해준다. 바보광대는 산다는 것이 무엇인지 모르는 사람들에게 계산된 짓거리와 재담으로 삶의 의미를 알게 해주는 사람이다. 이것이 바로 바보광대의 역할이다. 이렇게 바보광대는 직업적으로 바보 노릇을 하는 사람이므로 '진짜 바보'라고 할 수 있다. 그런 점에서 무대 위에서 진짜 바보 광대가 꾸며낸 이야기를 보고 그제야 삶의 의미를 깨닫는 관객들은 '가짜 바보'라고 말할 수 있을 것이다.

이렇듯 많은 사람들에게 웃음을 주고 위안을 주어 삶의 의미가 무엇인지 깨닫게 해주는 광대의 역할이 바로 배우의 역할이요 본분이다. 한자로 '배우(俳優)'는 보통사람이 아니라는 뜻을 함축하고 있다. 사소한 일상사에서 의미를 깨우쳐주는 전문성을 가진 특별한 사람, 즉 직업적으로 바보인 사람이라는 의미를 가진다. 그렇기에 배우는 자신이 하는 말과 행동의 뜻을 깨우쳐 알고 그것에 대한 믿음이 확실한 사람이어야한다. 자신의 말과 행동을 진심으로 믿을 수 있어야만 그 믿음을 배경으로 용기를 가질 수 있고, 그 용기를 통해 다른 사람에게 그것을 믿게 할 수 있기 때문이다. 그때 비로소 배우는 관객과 소통할 수 있게 된다. 이처럼 배우는 먼저 삶의 의미를 깨달은 사람이어야 하므로 이들을 '성스러운 존재'라고 하는 것이다.

우리의 실제 삶에서 광대 역할 놀이를 했던 이를 꼽자면 송구스럽지만 교황 요한 바오로 2세를 들 수 있다. 그는 신의 말씀을 전하는 신의 대리인으로서의 역할 놀이에서 자신의 역할에 대한 확고한 믿음을 가지고 우리에게 믿게 만들었다. 그가 종교에 대한 믿음을 가지고 신의 말씀을 전달하는 역할을 수행하는 데 있어 그 누구도 의심하지 않았다. 교황 요한 바오로 2세가 한국에 왔을 때 한국 땅에 부여한 축복의 키스는 진실 이상이었다. 그는 이처럼 역할에 대한 믿음으로 삶의 진정한 의미를 깨닫게 해주는 성스러운 존재였다. 바보광대, 즉 배우 역시 이처럼 깨우친 사람들로서, 보통 관객에게 깨달음을 주는 성스러운 존재라는 것을 잊지 말아야 한다.

영혼과 육체가 담긴 '몸통'

성스러운 배우의 새로운 애칭은 '몸통'이다. 여기에서 몸통이란 기존의 단순한 몸과는 다른 의미로, 영혼과 육체가 결합된 '몸통', 즉 영혼이 담긴 육체를 말한다. 영혼은 무엇인가를 느낄 수 있는 '가슴'과 냉철하게 분석하고 규모 있게 모양을 만들 수 있는 '생각'으로 이루어져 있다. 니체의 말대로 배우는 디오니소스적인 감성과 아폴론적인 이성이 서로 결합해서 하나의 존재가 될 때 의미가 있다. 이 두 가지가 균형 있게 배우의 몸통 속에 잘 조화되어야 한다는 뜻이다.

그렇다면 배우가 느낌과 생각만으로 연기를 할 수 있을까? 배우는 느낌과 생각을 육체와 결합하여 몸으로 표현해야 한다. 그리고 몸은 또 움직임과 소리를 조율해서 만들어내야 한다. 그러려면 당연히 구체적인 표현의 기술이 있어야 한다. 예를 들어 우리가 피아노 연주를 할 때 느낌과 생각만으로 훌륭한 연주를 할 수 없고, 이를 표현할 수 있는 기술이 있어야 하는 것과 마찬가지 이치이다. 이때 연주자의 생각과 느낌 그리고 그것을 표현하는 기술은 피아노라는 악기를 통해 전달력을 갖는다. 그렇다면 배우는 어떨까. 피아노 연주의 경우와 달리 배우의 느낌과 생각 그리고 기술은 다 같이 배우의 몸 안에 존재한다. 이것이 배우의 '몸통'이 가진 숨은 비밀이다.

다시 말해 배우의 표현매체는 영혼이 담긴 육체로서의 몸통이고, 이것의 표현수단은 소리와 움직임이다. 소리는 아름다운 우리말을 잘 구사하는 훈련된 도구여야 하고 움직임은 동작, 제스처, 비즈니스를 말하는 것으로서 빛나게 아름다운 것이어야 한다. 그래서 배우는 그냥 서 있는 것만으로도 아름다워야 하며, 배우의 연기는 진주알의 은은하고 아름다운 '깊이'를 지니는 동시에 다이아몬드의 광채처럼 '빛'이 나야 한다. 내적인 깊이와 외적인 빛이라는 서로 모순된 것이 어우러져 있을 때만 관객들은 배우를 탐내게 되고 그 아름다움에 반하게 된다.

표현부호로서의 몸

예술은 그것이 문학이든, 음악이든, 미술이든 간에 그 표현이 상징이며 은유이다. 조금 더 압축된 말로 표현해보자면, 예술은 어떤 의미에서는 기호의 모임이라 말할 수 있다. 연기예술도 마찬가지이다. 배우의 몸통을 통해 어떤 기호의 모음을 엮어내는 일이다. 이것을 요즘의 상업적인 말로 '코드'라고 지칭해도 좋을 것이다. 예를 들어 우리는 악보를 보고 피아노를 친다. 악보는 음의 길이, 높이, 강약으로 기호화, 즉 부호화되어 있다. 그래서 부호화된 악보를 보고 그대로 연주하면 된다. 그런데 자세히 보면 악보 그대로 친다 해도 모두 피아노 연주를 아름답게 하는 것은 아니다. 피아노와 연주자가 합해져 하나의 몸통으로 존재하게 될 때 연주를 시작할 수 있다. 그러기 위해 끊임없이 악보라는 부호 안에 숨겨진 의미를 캐내기 위해 느낌과 생각뿐 아니라 몸통을 갈고 닦기 위한 기술을 연마해야 한다. 연기예술 역시 마찬가지이다. 〈햄릿〉과 〈리어 왕〉 같은 셰익스피어 작품이 끊임없이 공연되는 이유는 작품이 의미하는 바에 대한 정답이 나와 있지 않기 때문이다. 정답이 나와 있다면 그 작품은 그것으로 끝이다. 그러나 예술에 해답이 나온다는 건 있을 수 없는 일이다. 그래서 〈햄릿〉에 숨겨진 은유, 상징을 찾아내 기호화하고 그 의미를 드러내려 하는 것이다. 즉, 배우예술은 배우의 몸통을 통해서 의미를 부호화하고자 끝도 없이 노력하는 일이다.

이제 몸통은 부호 만들기의 주체라는 것을 알았다. 악보를 보고 피아노를 치면 기호대로 하는 것일 뿐이다. 발레리나의 움직임이 아름다워 똑같이 따라 한다면 그것은 흉내일 뿐이다. 즉, 예술은 적당히 해서 되는 것이 아니다. 기초가 없으면 느낌과 생각이 있다 해도 그것이 제대로 표현되지 않는다. 아무리 느낌을 갖고 친다 해도 망가진 피아노로는 소리가 제대로 나올 리 없다. 우리는 벙어리가 아니면 다 말할 수 있다고 생각한다. 배우 역시 앉은뱅이가 아니면 다 서고 걸으며 연기할 수 있다고 생각한다. 그러나 배우훈련의 기초로서의 몸통, 생각과 느낌과 기술이 함께 들어 있는 몸통이 잘 갖추어져 있어야 비로소 배우가 서고 걷고 말할 수 있게 된다. 그러면 배우수업은 끝이다. 바르게 서서 바르게 걷고 바르게 말할 수 있어야만 이것이 기호화, 코드화되어 정확한 의미가 나온다. 결국 몸은 표현부호 만들기의 몸이라는 것을 잊어서는 안 된다. 우리의 몸은 어떤 표현부호 체계로도 만들어내는 것이 가능할 수 있도록 마치 유연한 진흙과 같아야 한다. 여러분에게 다시 일러둔다. 배우의 몸이 곧 연기의 기호체계를 엮어내는 주체이다. 그렇기에 배우의 몸은 어떤 연기부호이든 표현할 수 있고 또 저장이 가능할 수 있게 준비되어야 한다.

배우의 몸은 하나다

나는 다른 수업에서 "극장은 하나다"라고 말한 바 있다. 연극을 창조하는 과정에 참여하는 사람들은 예술가가 아닌 사람이 없으며, 그들이 함께 협력하여 창조하는 공간이므로 극장은 하나인 것이다.

가령 연극은 관객과 만나지 않으면 그저 연습일 뿐 완성된 공연은 아니다. 관객은 공연 한 편을 보기 위해 어떤 공연을 볼지, 누구와 볼지, 어떤 좌석의 티켓을 살지, 몇 시에 만날지, 저녁은 공연 전에 먹을 것인지 등 여러 계획을 짠다. 관객 역시 연극 창조에 참여하기 위해 많은 준비를 하는 것이다. 그리고 그들이 극장에 왔을 때, 즉 배우가 관객과 만나는 순간에 비로소 배우, 관객, 무대가 하나가 되어 연극예술이 만들어진다. 요즘 극장은 버튼으로 막을 내리고 올리기 때문에 '막잡이'가 존재하지 않지만, 과거의 막잡이는 관객의 호흡, 오프닝 음악, 조명과 조화를 이루며 극적인 느낌을 가지고 막을 올렸다. 그래서 막잡이가 막을 올리지 않으면 연극은 시작되지 않고, 그가 막을 내리지 않으면 연극은 끝나지 않았다. 즉, 극장에서 막잡이도 연극예술을 만드는 중요한 협력자 중의 하나였던 것이다. 이처럼 연극을 만드는 과정에 참여하는 사람들 모두가 중요한 요소이며 예술가가 된다. 그리고 그 중심에는 배우가 있다. 다시 말해 연극 창조의 중심에 배우가 존재한다는 것이다.

극장의 중심 자리는 배우이다. 그리고 배우 안에도 중심의 자리가 있다. 우리 삶이 속해 있는 이 우주의 질서가 아무리 복잡하더라도 중심의 자리는 존재한다. 중심이 있어서 우주는 질서를 유지할 수 있다. 광활한 우주 속에 중심의 자리가 있어 우주를 이루는 별들이 흩어지지 않고 돌듯이, 하나의 작은 우주인 배우 안에도 역시 중심의 자리가 있다. 우리는 태어나는 순간부터 중심의 자리를 가지고 있고, 이 중심의 자리는 움직임의 중심이 된다. 우리가 말을 하기 위해서는 호흡을 해야 하고, 소리를 내야 하며, 여러 기관의 도움을 받아 움직여야 하는데, 그 움직임은 중심의 자리에서 비롯된다.

배우의 몸은 유기적으로 하나가 되어 움직이며, 그 움직임에는 중심의 자리가 있다. 우리가 말을 할 때는 입으로만 하는 것이 아니라 중심의 자리에서 출발한다. 입은 스피커처럼 소리를 내는 기관일 뿐 중심의 자리는 아니다. 들을 때도 귀로 듣는 것이 아니라 귀를 통해서 중심의 자리가 듣는다. 제자리에서 높이 뛸 때도 중심의 자리로부터 유기적인 관계를 가지고 움직인다. 손가락을 뻗기 위해서는 손마디가 움직여야 하고, 손마디는 손목을, 손목은 팔꿈치를 움직여야 하며, 팔꿈치는 어깨를 들어서 밀어야 한다. 그리고 어깨는 몸의 중심 자리에서 뻗어나가야 한다. 이처럼 신체의 각 부분들은 중심의 자리와 유기적 관계를 가지고 하나로 움직인다는 사실을 알아야 한다. 여러분은 배우의 몸이 느낌과 생각, 소리와 움직임을 포함해 유기적으로 관계를 맺고 있는 하나라는 사실을 배우수련 전 과정을 통해서 결코 잊어서는 안 될 것이다.

3
스스로 깨우쳐서 익히는 기술

오늘은 연기예술 수련과 관련하여 자매 공연예술 작품을 감상하는 시간을 가져보려 한다. 여러분은 때로 집에서 좋은 음악을 듣거나 공연물을 감상할 때가 있을 것이다. 그럴 때면 높은 경지에 도달한 훌륭한 연주나 공연기술에 대해 감동하는 체험을 할 것이다. 훌륭한 예술은 혼자 듣고 보는 것보다 예술작품을 좋아하는 사람들과 함께 감상할 때 그 감동이 배가한다. 오늘 수업에 참가한 여러분은 모두 배우예술의 깊은 경지를 이해하고 수련을 받고자 모인 사람들이므로 편안하고 즐겁게 한 마음으로 음악, 무용 등 자매예술 공연을 감상해보길 바란다. 그렇게 해서 높은 차원의 예술이 만들어내는, 영감과 완전한 표현기술이 하나가 되는 경지의 감동을 체험했으면 한다. 그리고 감상한 자매예술과 여러분이 하고자 하는 연기예술을 연결시켜서 비교하고 생각해보았으면 한다.

먼저 호로비치의 피아노 연주, 슈베르트의 〈Impromptu D.899 no.3〉를 들어보고, 미국국립발레단(American Ballet Theater)의 〈돈키호테〉 중 바리시니코프 무용 공연을 감상해보자. 그다음에는 세계 3대 성악가인 호세 카레라스의 〈토스카〉, 플라시도 도밍고의 〈팔리아치〉, 루치아노 파바로티의 〈투란도트〉 중 아리아를 들어보자. 그리고 로렌스 올리비에가 주연한 영국국립극단(Royal National Theater)의 〈햄릿〉, 〈오셀로〉와 ACT(American Conservatory Theater)의 레퍼토리인 코메디아 델 아르테 기법(Commedia dell'arte)을 활용한 〈말괄량이 길들이기〉를 감상해보자. 편안하고 즐거운 마음으로 감상하기 바란다.

영감으로 충만한 완전한 기술

우리는 배우예술과 비교해 표현대상과 표현매체가 다른 네 가지 자매예술의 여덟 가지 레퍼토리를 감상했다. 그리고 영감으로 충만하고 표현기술이 완전한 연주와 무용 그리고 연극 연기에 완전히 흠뻑 빠져들었다. 이제 우리가 체험한 이 예술작품들에 대해서 그 매체의 특성과 기술을 분석하는 시간을 가져보기로 한다.

먼저 호로비치의 피아노 연주로 슈베르트의 〈Impromptu D.899 no.3〉를 감상했다. 우리는 눈을 감고 피아노 연주를 감상하면서 마음이 순화되고 풍요로워지는 것을 느꼈다. 정서적으로 한껏 고양되는 느낌도 받았다. 피아노와 피아노 연주자의 기술은 하나가 되어 음악 그 자체로 다가왔다. 다시 말해 피아노와 연주자가 하나 된 경지를 느꼈다. 악보를 섬세하게 느끼는 호로비치의 가슴과 그것을 훌륭하게 해석할 수 있는 정신이 교감하면서, 잘 조율된 연주용 피아노 위에서 하나의 기술이 만들어지는 것이다. 88개의 피아노 건반 음은 다양한 88개의 변주를 만든다. 그리고 짧고 길게, 또는 높고 낮게, 강하고 약하게 소리를 낸다. 그리고 다양한 쉼표와 완전한 사이가 있다. 음악은 이것을 기호화하여 연주하는 것이다. 바이올린이나 첼로의 경우도 음의 여러 가지 베어리에이션(변주)으로 균형과 조화 그리고 통일성을 가지고 연주된다. 여기서 우리는 배우의 몸통에 대해 환기하게 된다. 배우의 연기 또

한 몸과 소리를 음악 연주와 같은 이치로 운용하는 것이기 때문이다.

다음으로 우리는 미국국립발레단의 〈돈키호테〉 중에서 바리시니코프의 1인무 공연을 감상했다. 이 공연이야말로 충만하고 완전한 기술을 보여주어 감탄을 자아냈다. 이 무용에서 영감과 기술의 구분은 없다. 나의 책 《연극적 상상과 창조적 망상》에서 설명하고 있는바, 과학적 사고의 끝은 상상이고 과학적 사고에 의해 갈 데까지 다 가버린 완벽한 기술의 상태는 망상이다. 갈 데까지 가는 것, 더 이상 갈 수 없는 상태까지 가는 기술의 산물, 이것이 망상이다. 이 창조적 망상으로부터 예술이 만들어지는 것이다. 연극적으로 상상한다고 할 때 이것은 연극을 만드는 사람들에게 가장 중요한 힘, 과학적인 사고를 말한다. 그리고 그 상상에 의해 갈 데까지 가서 더 이상 갈 수 없는 완벽한 기술의 상태에 이르러야 비로소 연극을 만들 수 있게 된다.

악기는 그 악기가 내는 소리로 감동을 주지만 무용은 인간의 몸으로 표현함으로써 감동을 준다. 〈돈키호테〉를 감상하면서 우리는 인간의 몸이 얼마나 아름다운가를 보았다. 즉, 이상적인 몸의 움직임만으로 아름다움을 만들어내는 것이다. 만일 우리가 몸 훈련을 거듭하여 바리시니코프의 몸 세포와 근육의 모습을 완벽하게 이해하고 표현할 수 있다면 우리의 몸도 아름다움을 만들어낼 수 있을 것이다. 실제로 우리 몸의 세포들이 아름다운 모습을 만들어내도록 이해되고 훈련될 수만 있다면 우리의 몸도 바리시니코프와 똑같이 될 수 있다. 무용수와 마찬가지로 배우의 몸 역시 서 있기만 해도 아름답고 움직이면 더욱 아름다워야 한다. 더욱이 배우는 움직임으로 노래를 부르고 춤을 엮어내기까지 해야 한다. 그렇기 때문에 좋은 무용을 감상하고 그 기술을 익히는 것은 배우예술을 이해하고 표현하는 데 커다란 도움이 된다.

다음으로 우리는 사람의 소리가 만들어내는 예술인 성악을 감상해보았다. 세계 3대 테너인 호세 카레라스의 〈토스카〉 3막, 플라시도 도밍고의 〈팔리아치〉, 루치아노 파바로티의 〈투란도트〉 중 아리아를 감상했다. 오페라는 기본적으로 사람이 살고 있는 그대로의 모습에 근거하여 만든 것이므로 우리 연극 표현과 가장 유사한 예술이다. 원래 연극과 오페라는 하나였다가 분화된 것인데, 오늘날 그 두 가지 예술은 전혀 무관한 것으로 생각되는 경향이 있다. 여기서 그리스 극을 한번 돌이켜 생각해보자. 그리스 극은 처음부터 끝까지 음악이 흐르고 코러스가 노래하는 음악극이다. 또한 희랍극의 대사는 시의 형태이므로 그것을 읊어야 한다. 즉, 노래로 부르는 것이다. 그렇기 때문에 시로 된 그리스 극은 일상생활에서 내는 소리보다 훨씬 더 높고 낮은 영역의 음을 사용하고, 더 길거나 짧게 하여 노래로써 이야기를 들려준다. 그러니 소리의 변화로 감동을 주고 정서적으로 고양시킨다는 점에서 오페라와 배우예술은 동일하다고 할 수 있다. 배우는 노래할 수 있어야 한다. 다만 노래의 형태와 양식에서 오페라와 다를 뿐이다.

　그다음 우리는 로렌스 올리비에의 〈햄릿〉과 〈오셀로〉를 감상했다. 알다시피 로렌스 올리비에는 20세기 최고의 배우이다. 그는 〈오셀로〉에서는 무어인의 장군으로서 이글거리는 정념을 보여준다. 불같이 뜨거운 사랑과 무서운 질투, 이글거리는 분노를 깊고 강렬한 어조로 노래한다. 반면 〈햄릿〉에서 그는 낭만적이면서 염세적인 면모를 지녔으며 지적으로 번뇌하는 왕자의 모습이다. 무어인 장군과는 완전히 다른 모습이다. 이렇게 그는 자기 개성이나 습관대로 연기하는 배우가 아니라 작품의 주문대로 역할 창조를 하는 배우이다.

　연주자가 악기로, 발레리나가 몸으로, 가수가 소리로 아름다움과 완벽성을 엮어낼 때, 그들은 서로 스타일은 다르지만 모두 똑같이 걷고, 노래하고, 춤을 추는 것이다. 마찬가지로 배우는 연기를 통해 〈돈키호테〉와는 다른 스타일이지만 춤을 추고, 오페라와 같은 방법은 아니지만 다른 스타일로 노래한다. 결국 연기자는 아름다운 시를 노래하고 아름다운 춤을 춘다는 점에서 발레 댄서, 오페라 가수와 같다고 하겠다.

마지막으로 우리는 아메리칸 컨서버토리 시어터(ACT)의 〈말괄량이 길들이기〉를 보았다. 이 작품은 희극에서 볼 수 있는 몸의 움직임, 소리의 구사, 말을 만들어내는 조율, 리듬감과 율동을 정확하고 아름답게 보여주고 있다. 이런 공연은 또 다른 형태의 음악과 무용이라는 것을 알 수 있다. 우리는 배우들이 노래와 유사한 소리의 구사, 춤에 가까운 움직임을 보여주기 위해 가수나 연주자, 무용가 못지않게 기술을 훈련했다는 것을 확인했다. 이 정도의 소리와 움직임이 가능하려면 몸과 소리의 훈련이 귀신의 상태에까지 이르는 경지여야 할 것이다. 우리는 여기서 영혼과 기술이 구분될 수 없을 정도의 완벽한 훈련이 배우에게 요구됨을 알 수 있다.

스스로 깨우쳐 만들어내는 세계

사람들이 음악은 들을 줄 아는데 그림은 볼 줄 모른다든지, 반대로 그림은 잘 알겠는데 음악은 잘 모르겠다든지 하는 말을 할 때가 있다. 그러나 그것은 옳은 말이 아니다. 음악을 알면 미술을 알고, 그림을 알면 음악을 알게 된다. 그림에서 음악이 들려야 하고, 음악을 들으면 그림이 보여야 한다. 이것은 연기예술에서도 마찬가지이다. 배우가 움직이면 소리를 만들고, 소리를 내면 움직임으로 엮어낼 수 있어야 한다. 그러나 예술을 이해하는 것과 그것을 표현하는 기술은 다르다. 내가 아무리 음악을 깊이 이해하고 있다 해도, 그 표현기술을 완전히 익히지 않고서는 제대로 연주하는 것이 불가능하다. 이론적으로 한 경지의 기술을 완전히 익혔다 하면 나머지 모든 것을 깨달은 것이나 다름없다. 깨달음에는 경계가 없어서 하나를 통하면 다른 것의 이치도 알게 되어 있기 때문이다. 그런데 기술을 익히는 것은 어느 정도의 문법과 기술체계를 습득하면 가능하지만, 그것을 넘어서는 경지는 스스로 깨우치지 않고는 불가능하다. 다시 말해 높은 경지의 기술은 스스로 묻고 답을 얻으면서 연마해야 얻어진다. 가르치고 배우는 일은 경험을 토대로 원리와 기술을 나누어 갖는 것이지만 그 이상의 경지는 진정 스스로 깨우치지 않고는 도달할 수 없다는 뜻이다. 흔히 예술의 어떤 경지에 이른 사람을 천재니 귀신이니 하고 부르는 것은 그런 연유에서이다. 그러니 직업적으로 전문 광대가 되려면 스스로 기술을 익혀 깨달음의 경지까지 가지 않으면 안 된다. 그렇지 못할 경우 절대적인 자기 믿음을 가지고 자기가 하는 일을 관객에게 납득시켜 공감을 이끌어낼 수가 없다.

요즘 연극하는 사람들은 희곡 작품을 마구잡이로 뜯어고치곤 한다. 그러나 셰익스피어 같은 천재들의 작품은 한 번에 쉽게 다루어질 수 있는 것이 아니다. 보다 명확한 전달을 위해 깊은 고민을 거듭하여 그렇게 되지 않으면 안 되는 답을 얻어야 한다. 그렇지 않고 어떤 아이디어나 느낌, 기분만으로 희곡을 뜯어고쳐서 연극을 만드는 것은 작품을 망치는 지름길이다. 확실한 것, 과학적인 상상, 완벽한 기술의 망상이 아니면 안 된다. 연극 만들기의 이치나 문법은 스스로 깨우쳐 만들어내는 세계이고, 기술의 한계는 갈 데까지 가서 그 한계를 넘어서야 하는 데까지이다. 그 세계는 깨우친 사람들의 경지를 넘어서지 않으면 이루어낼 수 없다. 그때에야 여러분은 비로소 전문가가 될 수 있다.

배우예술의 명문가에 입양되다

성공한 예술가들의 경우를 보면 어려서부터 한 분야에만 몰두하여 수련한 경우가 대부분이다. 무용의 경우를 보자. 아주 어린 나이인 7~10세 이전에 춤을 추기 시작한다. 그리고 20세 전후에 빛을 내고 절정에 달한다. 미술, 음악, 무용 같은 예술 분야에서 천재성을 발휘하는 사람을 보면, 타고난 것이 아닌가 생각되기도 한다. 하지만 그들은 오랜 시간에 걸쳐 수련을 거듭함으로써 그 분야의 마스터가 되었다는 데 주목해야 한다. 우리는 화가나 무용수, 연주자가 되려면 어려서부터 재능을 보이고 일찍부터 기술을 연마해야 한다고 당연하게 생각한다. 그런데 연기예술은 그렇게까지 하지 않아도 된다고 생각하는 경향이 있다. 그러나 연기예술 역시 단연코 어려서부터 훈련을 시작해야 한다. 그런 의미에서 나는 연기에 있어서도 조기교육의 필요성을 믿는다. 실제로 좋은 배우는 무대 위에서 태어나 무대 위에서 자라고 무대 위에서 죽는다. 그것은 훌륭한 배우는 몸과 마음을 이루고 있는 몸통의 미세한 세포들까지도 아무런 계산 없이 바로 반응할 수 있도록 훈련되었다는 것을 의미한다. 그러한 과정을 겪은 배우와 그렇지 않고 마음만 가지고 기분으로 하는 배우는 전혀 다르다. 몸통의 세포조직이 반응하는 배우와 머릿속 생각으로 하는 배우의 연기 차이는 전문가와 아마추어의 차이다.

서양 연극사에서 '코메디아 델 아르테', 즉 직업 희극단은 자식이 대를 이어서 희극 연기를 하는 유명한 시인, 배우 가문이었다. 중국의 경극 역시 어린 시절부터 수련하여 13, 14세가 넘으면 역할이 정해졌다. 그렇게 한 분야에 집중해서 대를 이어 수련하는 전통은 일본의 전통 가무극 '노(能)'에서도 볼 수 있다.

동랑 유치진 선생님은 우리에게 항상 "대를 이어서 업을 수행하라"고 말씀하셨다. 그런데 우리나라의 경우 어떤 직업에 대해서 대개 "나는 했지만 너는 하지 말라"고 가르친다. 특히 예술의 경우 그 전통을 계승하는 것을 기피해왔다. 중국이나 일본에서는 대를 이어 연극을 고급예술로 승화시켰지만, 우리는 대물림하여 계속하는 경우가 드물어 연극은 언제나 놀이 수준에 머물렀다. 우리는 선비가 되어야 한다는 사고에 젖어 예술을 천박한 것으로 생각했고, 그 때문에 정말 유감스럽게도 연극을 대를 이어서 할 만한 것으로 여기지 않았다.

'천재성을 타고났다'는 말은 이미 오랜 시간 동안 끊임없이 훈련했다는 것을 의미한다. 그러나 사람들은 천재라는 말 자체를 '이미 타고났다'는 것으로 생각하는 경향이 있다. 그 뛰어난 재주를 유전적으로 가지고 있었거나 전생에서 가지고 왔다고 생각하는 것 같다. 하지만 태어날 때부터 혹은 전생에서 가져왔다면 그만큼 수련 기간이 길었다는 것을 의미하는 게 아닌가. 이런 말에 여러분은 실망할지도 모른다. 20세가 훨씬 넘어서 시작한 사람일 경우 '내가 되겠나?', 이렇게 생각할 수도 있다. 중국이나 일본의 전통 연극의 경우 기술의 문법체계가 확립되어 있기 때문에 반드시 어릴 때부터 수련을 해야 한다. 하지만 일반 연극이나 영화는 서양의 문법체계를 따르고 있기 때문에 동양의 전통예술과는 다르다.

우리는 학교에서 음악이나 무용은 가르치지만 연극을 가르치지는 않는다. 때문에 우리에게는 연극과 관련해 가정과 학교, 사회에서 해본 경험이 중요하다. 가령 학예회에서 연극을 해보았던 경험, 배우 역할이 아니더라도 극을 써보았다거나 소품을 만들어본 경험, 부모와 연극이나 영화 관람을 하고 난 후 강한 감성적 자극을 받았던 경험, 사회 활동을 통한 공연 체험 등에서 큰 자극을 받을 수 있다. 여러분도 재능을 가지고 있다가 어느 순간 배우예술과 만남으로써 강렬한 자극을 받았던 경험이 있을 것이다. 모두들 한두 번쯤은 그런 경험을 통해 정말 감동을 받았으며, 그런 감동에서 비롯된 떨림에 의해 이 길에 들어서게 된 경우가 많을 것이다.

그러므로 내 선대에 연극을 한 사람이 없다 해서 실망할 필요는 없다. 일본 전통 가무극 '노'의 경우 가문은 일종의 학교라 할 수 있는데, 노 가문들 중 유명한 '간제이' 가문이 있다. 이 간제이 가문은 장자 세습하듯이 가문을 이어오지 않는다. 내 아들이 재능이 없다 싶으면 다른 아이를 입양한다. 그 아이가 이 가문에서 재능을 인정받고 잘 수련하면 그 가문의 대를 잇는다. 가문의 계승이 반드시 핏줄로써 이어지는 것은 아니기 때문에, 이들의 배우예술에서는 어떤 가문에 들어가느냐가 중요하다. 한 가문에 들어가면 그 가문의 전통에 의해 학습되기 때문이다.

내가 여기서 강조하고 싶은 것은 여러분이 이미 연극의 한 명문가에 입양되었다는 사실이다. 연극, 영화를 가르치는 전통을 이어온 학교에 들어왔다는 것 자체가 그러한 전통의 가문에 들어왔다는 것을 의미하기 때문이다. 여러분은 이 가문에 입양되었다는 것에 자신감을 갖기 바란다. 천재는 아니더라도 천재성을 가졌다는 믿음을 가져야 한다. 그리고 지금부터 할 일은 여러분이 이 가문을 떠나지 않고 지키는 일이다. 그런데도 결국 어떤 사람들은 떠나고 어떤 사람들은 남게 되는데, 그것이 곧 엄청난 차이를 만든다. 아무것도 기대하지 않는 헌신의 세월을 이겨내는 정신, 그런 정신을 지니는 것이 중요하다. 이것은 평범한 말처럼 들릴지 모르지만 아무리 강조해도 지나치지 않다.

4
배우 스스로가 지켜야 할 약속

여러분은 지난 시간에 자매예술 분야의 세기적인 연주자와 무용수의 공연 그리고 연극배우들의 연기를 함께 감상했다. 피아노 연주에서는 오로지 소리만 남아 있는 경지를 들었으며 영혼이 담긴 기술에 감동했다. 그리고 발레 댄서의 몸 운용을 보면서 몸의 아름다움이 무엇인지를 체험했다. 또한 어떤 주문에도 응할 수 있는 몸과 소리를 가진 명배우의 창조적 역할 변신에 감탄했다.

그들이 보여준 높은 경지의 매체 운용 능력은 그 기술이 과연 가르치고 배워서 이룰 수 있는 경지인가 의문을 가질 만큼 놀라운 것이었다. 그야말로 전생에서 이미 배우고 온 경지라는 느낌을 지울 수가 없다. 이것은 그만큼 그들 스스로 기술을 연마하는 데 피나는 노력을 기울였다는 것을 반증한다. 여기서 배우는 스스로 묻고 답하고 또 그렇게 얻은 답에 대해 다시 고민하고 새로운 답을 얻으며 피나는 훈련을 쌓아야 함을, 그렇게 해서 스스로의 문법과 원리를 깨우치고 자기만의 것으로 발전시켜나가야 함을 깨닫게 된다. 그래서 나는 배우예술에 입문한 여러분이 스스로 깨우치는 자기수련 과정에서 반드시 지켜야 할 지침들을 만들어보았다. 일반적으로 많은 배우들이 타성에 젖지 않고 엄격하게 스스로를 지켜나가게 할 채찍질 같은 것이다.

시간 지키기

배우가 되는 데 첫 번째로 필요한 것이 무엇인지 묻는다면 나는 '시간을 지키는 것'이라고 대답할 것이다. 두 번째로 필요한 것이 무엇인지 묻는다면 두 번째도 시간을 지키는 것이라고, 그리고 세 번째도 역시 시간을 지키는 것이라고 대답할 것이다. 이것은 스타니슬라프스키의 가르침이기도 하다. 배우에게 시간을 지키라는 것은 너무나도 당연한 말이지만, 이것이야말로 배우수련의 시작이자 끝이라 해도 과언이 아니다.

시간을 지킨다는 것은 시간을 어떻게 운용할 것인가에 대한 답을 함축한다. 배우들에게 시간을 지키라는 말을 아무리 강조하고 또 강조해도 이는 잘 지켜지지 않는다. 배우들에게는 시간 준수가 특별한 주문이 아닌 것처럼 느껴지기도 한다. 그러나 훗날 돌이켜보면 알겠지만, 시간을 지키는 사람과 그렇지 않은 사람 사이에는 그 결과에 있어 굉장히 큰 차이가 있다.

시간을 지키라고 강조하는 것 자체가 우리 연극 현장이 전문화되지 못했다는 사실을 드러내는 것이기도 하다. 배우 교육이 기본적으로 시간을 지키는 것을 전제로 하는 이유는 배우예술이 전문가 교육이기 때문이다. 전문가 교육이란 사회에 진출했을 때 바로 적응할 수 있도록 교육하는 것을 말한다.

예를 들어 전문화된 교육 시스템을 가진 미국 우수 대학의 졸업공연을 보면 적어도 1년 전에 프로그램 및 연습공연 스케줄, 포스터 등 모든 것이 계획된다. 그렇게 준비하는 이유는 전문 공연 단체의 시스템과 관행이 이미 그렇게 정착되어 있기 때문이다. 그런데 이와 반대로 우리의 경우 소위 상업 집단 혹은 전문 공연 집단의 시스템이 미리 계획되지 않은 채 대강대강 즉흥적으로 이루어지고 있다. 그렇기 때문에 오늘날과 같은 산업정보시대에 뒤떨어져 아마추어 상태를 벗어나지 못하는 것이다. 그러다 보니 당연히 전문성이 떨어지고 경제적으로도 빈곤할 수밖에 없다.

우리의 공연 단체가 아마추어 상태에서 벗어나지 못하는 원인은 배우가 시간을 지키지 않는 데서, 시간을 제대로 운용하지 못하는 데서 비롯된다. 따라서 학교에서부터 시간 운용 방법을 가르쳐 시간을 지키는 것이 습관화된 전문 연기자로 키워야 한다. 우리의 잘못된 연극·영화 현장의 관행 때문에 배운 대로 적용하는 것이 어려운 건 사실이다. 그러나 체계 있게 배운 사람이 현장에 나가서 적응하는 것과 아예 훈련이 되어 있지 않은 사람이 현장에 적응하는 것은 하늘과 땅 차이의 결과를 낳는다. 전문가를 위한 교육, 그 기본이 되는 것은 시간 준수이며, 이것은 바로 배우 스스로 지켜야 할 첫 번째 약속임을 잊어서는 안 된다.

잡기를 금하고 기초훈련 반복하기

모든 예술 분야의 훈련과 마찬가지로 연기훈련은 기초부터 단단히 쌓아가야 한다. 그런데 우리 배우들을 보면 무엇보다 기초훈련이 부족하다는 것을 자주 느끼게 된다. 기초훈련이란 몸 풀기, 몸 다스리기 그리고 소리내기를 말하는데, 이는 연기를 처음 배우는 순간부터 연기를 끝내는 순간까지 늘 되풀이해야 하는 훈련이다. 배우가 기초훈련을 하루 쉬면 자기 자신이 알고, 이틀 쉬면 동료가 알며, 사흘 쉬면 관객이 알아챈다. 물론 여기서 기초훈련과 공연 연습은 다른 것이다. 배우의 기초훈련은 공연 연습과 별도로 매일 되풀이해야 하는 훈련을 말한다.

나의 현장 작업 시절을 돌이켜보면 배우들과의 좋은 추억도 많지만 반면에 언짢은 기억도 많이 있다. 가장 좋지 않았던 기억은 배우가 시간을 지키지 않는 것과 매일 되풀이해야 하는 기초훈련을 하지 않는 것이었다. 어떤 배우는 술 취한 상태로 늦게 나타나 난동을 부리는 바람에 경찰서로 끌려가 그 날 공연을 못 한 일도 있다. 심지어 해외공연 중에도 이와 비슷한 경험이 있었다. 공연 중에 배우가 술을 많이 마시는 것은 한마디로 '미친 짓'이다. 지금도 가끔 공연을 보러 가면 3년 전, 10년 전부터 마신 술이 목소리를 타고 거칠게 전달되는 배우가 있다. 참으로 끔찍한 일이다. 공연을 하는 배우가 술을 마신다는 것은 마치 어제 피아노 위에 석유를 붓고 오늘 그 피아노로 연주를 하겠다는 것과 같다. 술, 담배뿐만 아니라 연습 시간에 내기 바둑을 두거나 당구를 즐기는 것, 심지어 연습실에서 화투짝을 치는 행동은 맑고 경건해야 할 배우의 정신을 혼탁하게 하는 독약이 된다. 이런 독약들에 탐닉하여 배우가 매일 반복해야 하는 기초훈련을 게을리 하는 순간, 그 날로 배우의 생명은 끝이다. 이것만 잘 깨우쳐 실행해도 배우수련은 다 된 것이라고 말할 수 있다.

한계를 극복하는 훈련하기

만약 우리에게 100이라고 하는 연습 스케줄이 있고, 도달해야 할 100이라는 목표가 있다고 하자. 이때 배우훈련은 항상 그 한계를 초월하여 120 이상의 밀도 있는 훈련이어야 한다. 굳은살이 가득한 발레리나 강수진의 발이 TV 화면에 공개된 적이 있다. 그녀의 일그러지고 못생긴 발을 보고 얼마나 많은 훈련을 했으면 저렇게 되었을까 하는 생각에 숙연해지기까지 했다. 연기자도 엄청난 훈련을 거쳐 무대 위에서 걷기만 해도 관객을 미쳐 쓰러지게 만들 수 있어야 한다. 그런데 매일 술과 잡기에 취해 있는 배우들을 보면 안타까울 뿐이다. 배우의 소리 또한 마찬가지이다. 판소리를 하는 분들은 폭포와 싸우고 피를 토해가 며 소리 훈련을 한다고 한다. 혹독한 훈련을 통해서 소리를 내는 발성 기관에 일종의 흠집을 만들어 소리를 내는 것인데, 그들은 그것을 '목 이 트인다'고 표현한다. 이렇게 지독하게 훈련하여 목이 트인 다음에야 비로소 청중 앞에 나서는 것이다. 연기자도 몸과 소리 운용을 수련하는 과정에서 이러한 훈련을 함으로써 아름다운 소리를 내고 아름다운 말 을 구사해야 한다. 그래야 배우들이 무대에 서서 걷고 말할 때 감동을 줄 수 있는 것 아니겠는가.

연출가는 때때로 정해진 시간에 약속한 것 이상으로 배우를 채찍질하 고 풀어주기도 하면서 한계를 극복하는 120의 훈련을 시키고 리허설을 한다. 이렇게 해야만 배우는 무대에 오르는 순간 편안하게 100의 힘을 발휘할 수 있다. 이처럼 한계를 극복하는 훈련을 통해서 나오는 배우의 힘을 보는 순간 관객은 감동을 느끼게 된다는 것을 명심하자.

자매예술에 대한 이해와 기술 갖추기

연극이든 영화든 음악, 춤, 빛, 장치, 의상 등 여러 자매예술이 어울려 하나가 되는 것이므로 종합예술이라고 한다. 여러 예술이 자신 의 소리를 내면서도 서로 헌신하여 순간적으로 새로운 예술을 탄생시 키는 것이 연극이다. 배우예술 자체가 혼자서 되는 것이 아니라는 말이 다. 따라서 배우는 자매예술가들이 하는 것을 아주 잘 이해해야 한다. 정서의 세계를 통해서 이해하고, 그다음은 기술의 세계를 통해서 이해 해야 하며, 필요한 것은 몸으로 익히기도 해야 한다.

여기서 '정서의 세계를 통한 이해'라는 것은 자매예술에 대한 체험을 가짐으로써 나의 감성과 이성을 자극해 미적인 안목을 넓히는 일을 말한다. 배우가 만들어내는 것은 춤이면서 노래인데, 이때 춤은 움직이는 그림이고 노래는 살아 움직이는 소리이다. 때문에 배우예술은 인접 예술에 대한 깊은 이해가 없이는 좋은 예술로 만들어질 수 없다. 배우가 세련된 미적 안목과 품격을 갖추지 못한다면 당연히 좋은 연기를 만들어내지 못한다.

　자매예술에 대한 나의 이해는 젊은 시절 세계를 여행하면서 보고 들은 음악, 미술, 공연 작품에서 비롯한다. 예술작품을 통해 어떤 결정적 감동을 체험한 경우들을 회고해본다. 먼저 연극을 통해 크게 감동을 느꼈던 기억은 1953년 '신협'에서 공연한 김동원 선생님의 햄릿 연기이다. 지금 생각하면 다분히 낭만주의적인 색채를 지닌 연기였지만, 시골에서 성장해 다른 예술작품을 접할 기회가 부족했던 나로서는 김동원 선생님이 보여준 몸의 자세와 아름다운 목소리 연기에 전율할 수밖에 없었다. 그때 나는 나 자신이 우주처럼 아주 커다랗게 확대되는 체험을 했다.

　세계 여행 중의 체험으로는 이탈리아 플로렌스의 아카데미아에서 미켈란젤로의 다비드 상을 보았을 때가 가장 기억에 남는다. 전시장에 들어서면서 이미 그의 미완성 작품에 압도당했고, 마침내 자연광을 받으며 유리관에 싸인 다비드를 보는 순간에는 영적 감흥에 도취되었다. 내 안의 모든 세포들이 격렬히 반응하는 것을 느꼈다. 그때 나는 그러한 세포들의 반응이 저장된 슈퍼컴퓨터로 새롭게 태어나는 것 같았다. 작품에서 전해지는 강렬한 소리, 움직임, 이야기들이 내 안에 입력돼, 그것들이 나의 큰 자원이 되어 내 영감에 강한 영향을 주었던 것이다. 이러한 경험은 내가 나에게 어떠한 질문을 하면 바로 답이 나올 수 있게 하는 영혼의 자원이 되었다. 그리고 그것은 훗날 어떤 형태로든 용해되어 내가 작품을 만들어내는 상상력의 근원이 되었다. 이처럼 배우는 자매예술에 대한 공부 없이 성숙한 미적 안목을 갖기 어렵다.

다음으로 배우는 자매예술에 대한 이해뿐만 아니라 실제 연기를 위한 기술을 체득해야 한다. 배우는 몸과 마음이 유기적으로 결합된 몸통을 통해 무용을 하고 노래를 하고 그림을 그려야 하므로, 최소한 발레와 한국무용 그리고 노래의 기본 기술을 체득해야 한다. 연출가라면 자매예술에 대한 이해만으로도 작품을 만들 수 있지만, 배우는 실제로 무대 위에서 소리 내고 춤추고 움직여야 하므로 기초 기술을 습득하지 않으면 안 된다.

예를 들어 셰익스피어나 몰리에르의 작품을 할 때 배우는 서양식으로 균형 잡힌 몸가짐을 갖기 위해 발레의 기본을 익혀야 한다. 또한 서양 고전작품을 공연하는 배우는 칼을 제대로 휘두르기 위해 펜싱의 기본 자세를 갖추어야 한다. 또 우리의 고전을 공연한다고 가정해보자. 〈춘향전〉을 할 때 춘향이와 이몽룡을 맡은 배우는 한국무용의 기초 없이는 한복을 입고 서서 걷는 것도 쉽지 않다. 그 움직임과 자태를 드러내기도 불가능하다. 흉내만 내서는 해낼 수가 없는 것이다. 배우는 자매예술에 대한 철저한 이해와 함께 특별한 기술이 필요할 때는 언제든지 그 기술을 습득하고 있어야 한다. 이것은 배우가 스스로 수련해야 할 자기 자신과의 약속이기도 하다.

자기 점검의 약속, 수련일지 쓰기

배우는 날마다 기초훈련을 해야 하며 자기 점검의 약속으로 날마다 수련일지를 써야 한다. 일지에는 연습한 시간과 장소, 내용(호흡, 발성, 발음 훈련 등)을 기록하고 자기 느낌을 정리한다. 일지를 쓰는 것도 훈련의 일환이므로, 배우의 수련 과정에서 일지 쓰기를 매일의 과제로 부여할 필요가 있다. 매일 수련일지를 작성해서 지도교사에게 제출하도록 하자. 수련일지 쓰기는 누가 시켜서 한다기보다 자기 스스로 과제를 부여하고 채찍질하는 것이므로 중요한 훈련이 된다는 것을 명심할 필요가 있다.

일지 쓰기는 일종의 자기 감시이며 스스로에 대한 약속이다. 수련일지를 통해 자신을 변화시킬 수 있어야 한다. 매일 자기관리를 함으로써 스스로에게 책임을 부여하고 열심히 훈련에 임하게 되므로 집중력을 갖게 된다. 이것이 습관화되면 현장에 나가서 일할 때도 일지를 쓰게 된다. 이러한 습관은 작품이나 대사 분석 같은 것을 체계적으로 수행하는 것으로까지 발전하게 된다. 대본을 대충 읽고 마음속으로 작품을 분석하거나 자기 대사에 밑줄이나 치는 주먹구구식에서 탈피하는 것이다.

이처럼 수련일지 쓰기는 체계 있는 공부의 기초가 되고 나아가 체계 있는 작품 분석과 대사 분석을 이행하는 훈련이 된다. 나의 오랜 제자들 중에는 실제로 학교 때의 수련일지 쓰기 훈련이 습관화되어서 이미 잘 알려진 배우가 되었는데도 지금까지 수련일지, 아니 연기일지를 쓰고 있는 배우들이 여러 명 있다. 그들은 세월을 두고 보았을 때 일지를 쓰지 않는 다른 배우들과 확실히 뭔가 다르다는 것을 말해주고 싶다.

2강

AC
TOR
TRAIN
ING

스러운 직업, 배우예술의 길

창조를 위한 몸과 마음의 준비

다스리기와 부호화

쉬기와 소리내기 및 부호화

우의 감각과 의식 세계를 위한 훈련

우의 역할 창조를 위한 기초 훈련

우와 희곡, 초월적으로 보고 근원적으로 작업하기

기 예술 창조의 순간

인간은 몸과 영혼이 하나일 때 의미를 가지는 존재
이다. 인간에 대한 이러한 이해는 나의 개인적인 철학이라고도 할 수
있는데, 이것이 나의 연기수련 방법론과 연결된다. 나는 앞에서 '몸통'
이라는 개념을 언급하면서 우리의 몸통은 하나이며 유기적인 존재라고
말한 바 있다. 이것을 다른 각도로 생각해보면 인간을 물질적인 존재로
서 인식하는 것이라고 볼 수도 있겠다. 이것은 삶에 대한 기본 철학이
무엇인가, 인간을 어떻게 보는가, 그리고 삶의 모습을 어떻게 이해하는
가의 문제이기도 하다. 따라서 삶의 모습을 특정한 시공간에 담아내는
연극과 영화의 중심에 있는 배우를 어떻게 생각하느냐 하는 문제와도
연관된다.

배우를 훈련함에 있어 그를 정신적인 존재로만 이해할 수도 없고, 그

렇다고 육체적인 존재로만 이해해서도 안 된다. 그러니 '배우의 몸과 마음은 하나'라는 것에서부터 배우훈련을 시작하려는 것이다. 배우는 몸을 다스려서 마음을 만들어내기도 하고, 반대로 마음을 다스려서 몸을 움직이게도 한다. 이 두 가지 방법을 함께 사용하는 심신 동시 훈련의 접근 방법도 있다. 그러나 어느 것도 몸통이 하나라고 하는 대전제 하에서만 수련의 목적을 이룰 수 있다. 정신의 훈련에는 몸의 표현력이 따라주어야 하고, 몸의 훈련 또한 마음의 모양새가 따라주어야 연기로서 의미가 생긴다. 그런데 몸통 훈련에는 몸이 존재하는 환경이란 것이 있다. 실은 몸도 마음도 환경의 영향을 받을 수밖에 없으며 그렇기 때문에 몸과 마음은 상호 밀접한 관계를 갖는다. 따라서 창조의 순간에 임하기 전에 이 둘을 함께 다스려서 온전한 창조의 준비 상태를 만드는 일이 우선 필요하다.

1

창조의 공간, 수련장

환경은 몸을, 몸은 마음을 다스린다

이번 시간에는 마음과 몸이 하나로서 반응하기 위한 수련 방법에 대해 얘기해보겠다.

우리나라 신극 초창기에는 스타니슬라프스키의 초기 이론만 들어와서 연기를 주로 마음의 상태에서 출발하는 것으로 이해했다. 그래서 '느껴라' 하는 것이 강조되었다. 그러나 스타니슬라프스키 자신도 그 느낀 것을 외형적인 형태로 만들어내지 않으면 의미가 없다는 것을 알았기에, 《역할 창조》를 저술할 때는 여러 가지 구체성 있는 모양을 만드는 두 번째 접근 방법을 전개시켰다.

그러나 몸에서 정신을 분리해낼 수도 없으며 몸에서 육체를 분리할 수도 없다. 마찬가지로 마음이 몸을 완전히 다스릴 수 있으며, 반대로 몸이 마음을 완전히 움직이게 할 수도 있다. 그렇기 때문에 근래의 훈련에서는 마음으로부터 시작되는 훈련을 시키기도 하고, 구체적인 형태의 모양을 만들어서 훈련을 시키기도 하며, 심신을 동시에 훈련시키기도 한다. 심신 동시 훈련은 음악을 들려주거나 충동을 주어 즉흥적으로 어떤 모양을 만들어내도록 하는 훈련 방법이다. 이것은 만약 우리가 길을 걷다가 차가 앞에서 오면 몸이 반사적으로 물러나게 되는데, 이때 마음과 육체 중 어느 것이 먼저 반사작용을 일으키는지, 아니면 정신과 육체가 동시에 그렇게 반응하는 것인지 하는 문제에서 출발한다. 심신 동시 훈련은 마음과 몸이 분리될 수 없다는 사실을 전제하지 않으면 가능하지 않다. 우리는 슬프면 당연히 눈물을 흘리고 배가 고프면 음식을 먹는다. 하지만 반대의 경우도 자주 경험한다. 상갓집에서 여러 사람이 울고 있는 것을 보면 나도 까닭 없이 슬퍼져 눈물이 나올 수 있다. 배가 고프지 않더라도 누군가 맛있는 것을 먹으며 나에게 권한다면 나도 맛있게 먹을 수 있다. 이 지점에서 바로 환경은 몸을, 몸은 마음을 다스린다는 말이 성립된다.

몸과 마음은 하나인데, 그것을 담고 있는 환경이 존재한다. 이 환경들은 우리를 지배한다. '우리가 살고 있는 환경이 우리를 만들 수 있다'는 결론에 도달할 수도 있다. 우리에게는 각자 집안의 환경도 있고 사회의 환경도 있다. 지금 우리의 환경은 이 수련 강의실이다. 내가 처음 이 강의실에 들어왔을 때 마룻바닥 여기저기에 무엇인가가 어지럽게 널려 있었다. 다 같이 일어나서 이 환경을 정리하는 체험을 한번 해보자. 일어나 의자도 옮겨보고 책상도 정리해보자. 그리고 주변의 어지러운 물건들을 잘 정리해보자. 몸은 마음을 다스리고 마음을 다스리는 환경은 나를 다스린다. 그러니 배우는 어떤 환경 속에서 수련을 하느냐가 중요하다. 더러운 곳에 있을 때와 깨끗이 잘 정리된 공간 속에 있을 때 육체와 영혼은 어떻게 다를 것인가.

정리를 하고 나니 이제 우리의 수련장 환경이 훨씬 깨끗해진 모습이다. 우리의 마음도 훨씬 정갈하고 편안해졌다. 훈련을 위해 준비된 마음이랄까. 여러분은 환경을 정리하고, 깨끗한 환경에서 호흡하고 훈련하는 전통을 만들어야 한다. 그래야만 이곳에서 만든 열매의 모습도 근사할 것이다.

여기서 나는 아주 잘 정리된 정신교육 훈련장을 소개하고자 한다. 육군사관학교의 내무반을 생각해보자. 사물함과 총기, 개인 장비 등이 잘 정리된 공간 속에서 살아가는 병사들에게는 따로 가르치지 않아도 군인정신, 애국심이 생기기 마련이다. 스님들이 계신 선방의 환경은 또 어떤가. 선방에는 필요한 최소한의 것들만 있고 그 방은 적당한 자연 공간과 연결되어 있다. 너무 단절된 것도, 노출된 것도 아닌 공간이다. 그런 환경에 들어가면 정숙한 마음과 자세를 저절로 갖게 된다.

배우수련 역시 이와 비슷한 환경 속에서 이루어져야 한다. 배우수련 과정에서 환경은 몸을, 몸은 마음을 다스리기 때문이다. 일본 전통극 노의 배우들을 보면 아주 정확하고 집중된 자세로 한 치의 흔들림 없이 무대 통로인 하시가까리를 걸어 들어온다. 이들은 분장실에서부터 몸 가짐을 정갈하게 다듬어 흐트러짐이 없게 준비한다. 그렇기 때문에 조금만 보여주어도 많은 것을 상상할 수 있는 연기 양식을 보여줄 수 있다. 노 가문보다 더 엄숙한 수련을 하는 것은 인도의 전통극 '카타칼리'이다. 카타칼리 수련장은 외부에 노출되지 않기 때문에 외부인은 볼 기회가 거의 없다. 그들의 수련은 완전한 명상과 완전한 집중에 있다. 카타칼리는 일본의 노와는 정반대로, 느끼고 정제해서 표현하는 것이 아니라 안에서의 충동을 즉시 있는 그대로 표현하는 예술이다. 과정이 생략된 강력한 표현에 걸맞게 배우수련 역시 극도로 엄숙하고 집중되어 있다. 우리의 배우수련도 유기체로서 하나가 된 몸통의 연기를 하기 위해 환경을 엄숙한 곳, 성스러운 존재가 훈련하는 곳으로 만들어야 한다. 그래서 수련 배우들은 늘 훈련 시작 전에 훈련 공간을 청소하고 그곳을 깨끗하게 정리해야 한다.

과거의 나의 작업 방식도 그러했다. 수련장 청소를 먼저 한 다음 무언의 명상에 들어간다. 해외 공연을 갔을 때 우리가 리허설 전에 명상하는 모습을 댈러스 극장 감독 폴 베이커가 보고는 자리를 뜨지 못하고 지켜보았던 일이 있다. 우리는 연습을 늘 그렇게 시작했고 움직여질 때까지 기다린 다음 움직이게 했다. 그래야 공연 속에 뿌리 깊은 힘이 만들어지기 때문이다. 명동 국립극장에서 〈태〉를 연출할 당시에도 공연전 분장이 끝난 배우들이 무대에 나와 명상을 했는데, 그 영향으로 극장 안에 있는 모든 스태프들까지도 엄숙하게 작품에 임해 공연에 엄청난 에너지가 발휘되었다.

다시 한 번 강조한다. 환경은 몸을, 몸은 마음을 다스린다. 마음을 다스리려면 몸을 다스려야 하고 몸을 다스리려면 환경을 다스려야 한다는 말이다.

성스러운 수련장 꾸미기

그러면 다음 단계로 넘어가, 몸을 다스리기 위한 환경을 어떻게 꾸밀 것인가에 대해 얘기해보자.

수련장을 성스러운 공간으로 꾸미라는 것은 극장무대라는 공간을 어떻게 보느냐에 대한 답과 같다. 나는 무대를 성스러운 공간으로 본다. 그곳은 창조의 공간이기 때문이다. 그렇다면 창조의 공간 이전에는 무엇인가? 거기엔 잉태의 공간, 잉태의 시간이 있다. 즉, 무대 공간 이전의 장소인 수련장은 엄마의 뱃속과 같은 완전하며 성스러운 공간이어야 한다. 세상에서 입고 있던 옷을 입고, 세상을 밟고 다니던 신발을 신고 들어올 수 있는 곳이 아니다. 또 그렇다고 옷과 신발을 벗고 벌거벗은 채로 들어올 수 있는 곳도 아니다. 이 공간만을 위한 새로운 옷을 입고 새로운 신발을 신고 들어와야 하는 곳이다. 가능하면 육군사관학교 내무반이나 스님들의 선방 환경과 비슷한 분위기를 가진 공간으로 꾸미면 좋을 것이다.

여기에 몇 가지 갖추어야 할 조건들이 있다. 성스러운 연극을 만드는 공간이므로 깨끗하게 정리된 마루가 깔려 있고 바깥과 적당하게 떨어져 있어야 하며, 자연의 빛이 비스듬히 들어와야 한다. 그리고 배우는 세상을 비추는 존재인 만큼 스스로의 몸을 비춰 볼 수 있도록 한쪽 벽에 커다란 거울이 있어야 한다. 또 육체를 다루므로 3면의 벽에는 바(bar)가 있어야 한다. 완전한 명상을 해야 하므로 마루 위에 깔 수 있는 방석과 등이 없는 의자가 필요하다. 여기서 의자는 보통 의자가 아니라, 벽에 붙박인 형태로 등 없는 툇마루를 연상시키는 그런 의자가 좋다. 그리고 흡음과 방음의 균형이 맞아야 한다. 대개의 수련장을 보면 방음만을 고려한 결과 반향장치들이 갖추어 있지 않아 소리가 투사되지 않고 건조하다. 그리스 극장은 그런 점에서 우리에게 좋은 모델이 될 수 있다. 방의 위치는 지하실이나 높은 층보다는 2, 3층쯤 걸어서 올라간 곳에 있는 것이 이상적이다.

결론적으로 수련장은 불필요한 소리를 흡수하면서 소리가 투사될 수 있는 공간이어야 한다. 한쪽이 흡음이 되면 한쪽은 항아리같이 되어 있어야 한다. 그렇지 않으면 배우는 자기 소리를 객관적으로 들을 수가 없다. 성스러운 수련장은 이렇게 만들어져야 한다. 그래서 그곳에 들어가면 누구나 성스러운 배우, 성우(聖優)가 될 수 있어야 할 것이다.

2

창조적 기운으로 충만한 명상

오늘은 성스러운 수련장에서 명상에 임하는 방법에 대해 강의를 하려고 한다.

배우예술은 자신의 몸과 소리를 이용해 사람들에게 친밀하고 특별한 감동을 줄 수 있는 연기를 하는 일이다. 따라서 배우는 무대, 카메라, 스크린 등 어떤 매체에서도 그런 연기를 할 준비가 되어 있어야 한다. 수련을 위한 환경을 준비하듯이 배우는 '나'라는 매체를 가지고 어떤 요구에도 응할 수 있게 준비되어야 한다. 마치 잘 조율된 피아노가 있어야 좋은 연주를 할 수 있듯이, 배우는 악보가 입력된 몸과 마음의 준비 상태를 가져야 한다. 이를 위해서 절대적으로 완전한 명상의 상태가 전제되지 않으면 안 된다. 배우는 작품에 임하기 전에 완전한 명상의 세계에 들어가야 한다는 것이다.

일본의 노 배우들은 훈련할 때 분장실에서부터 아주 엄숙하게 자기 자신을 관리한다. 즉, 안정된 상태, 몸과 마음이 준비된 상태를 만들어 놓는 과정을 가진다. 인도의 카타칼리는 강렬한 정서, 충동에 의한 노래와 무용으로 이루어진 연극인 만큼 배우들의 명상의 깊이가 무한하다. 그러면 이 명상을 위해 우리는 어떤 방법으로 어떻게 시작할 것인가. 완전한 명상의 단계는 종교인들이 묵상에 들거나 선방에서 묵언 참선하는 경우와 대동소이하다고 생각해도 무방하다. 다만 우리의 명상은 그 집중의 대상이 숨쉬기라는 점이 다르다. 숨은 곧 생명의 상징으로서 우리는 숨쉬기에 집중함으로써 명상에 들 수 있다.

생명운동, 숨쉬기

사람이 살아 있다는 것은 숨을 쉰다는 것이고, 숨을 쉰다는 것은 곧 살아 있다는 것을 말한다. 만일 숨이 완전히 멈추면 그 순간 죽은 것이 된다. 호흡은 숨쉬기이며, 숨을 쉬는 것은 에너지이고, 그것은 곧 존재를 뜻한다. 모든 존재는 움직이는 것이고 움직이는 것은 생명인데 그 근원이 곧 호흡이라는 말이다. 내가 살아 있다는 것은 생명운동을 하고 있다는 것이고, 생명운동을 하고 있다는 것은 호흡 한다는 것이다.

숨은 몸 전체로 호흡하는 것이다. 한 그루의 커다란 나무가 있다고 하자. 나무 역시 호흡을 하는데, 그렇다면 나무는 어디로 숨을 쉬는 걸까? 나무는 나무 자체가 호흡이다. 마찬가지로 우리 역시 몸 자체가 호흡의 덩어리이다. 그렇기 때문에 오히려 호흡을 느끼지 못하는 것이다. 그런데 나뭇가지 하나를 꺾어놓으면 그 나뭇가지는 다음 날 시들어버린다. 호흡의 영양이 가지 않기 때문이다. 생명은 호흡 자체이며 인간은 몸통 자체로 호흡한다. 내 몸은 호흡 덩어리이며 모든 움직임은 호흡의 작용에 뒤따른다. 이 사실을 기억하자.

편안하게 숨쉬기

배우훈련은 첫째로 편안하게 숨쉬기를 하는 것에서 출발한다. 호흡이 모든 힘의 원천이기 때문이다. 그러나 본격적인 호흡 훈련은 다음 시간에 다루기로 하겠다. 여기서는 몸과 마음의 준비 상태를 만드는 명상에 들기 위한 전제로서 편안한 숨쉬기에 대해 강의하려고 한다.

호흡은 생명이라고 했다. 이 말은 우리의 몸을 유지하는 데 호흡이 꼭 필요함을 뜻한다. 물리적 의미의 생명뿐만 아니라 우리의 정신을 다듬는 데 있어서도 그 시작은 당연히 호흡이 된다. 호흡의 내용은 우리 마음의 움직임 또한 다루고 있기 때문이다. 즉, 마음이 편안하면 호흡도 편안하고 마음이 거칠거나 동요하면 호흡도 거칠게 동요한다는 사실을 보면 알 수 있다. 그래서 우리는 창조를 위한 몸과 마음의 준비 상태로서 명상을 택하며, 이 명상은 묵언의 상태로서 그 집중을 호흡에서부터 시작한다. 그러면 이때 편안한 호흡이란 어떤 것인가.

숨쉬기가 어떻게 이루어지는지 분석해서 느껴보자. 호흡은 코를 통해 폐 속으로 공기를 들여보내고 또 밖으로 내보내는 것이다. 이처럼 호흡은 들숨과 날숨으로 이루어지는데, 항상 날숨이 먼저다. 날숨은 호흡이 없는 상태이기 때문이다. 그리고 날숨과 들숨 사이에 쉬는 자리가 있다. 들숨도 아니고 날숨도 아닌, 시작이자 끝인 '전부의 자리'이다. 들숨에서는 코로 숨을 길게 들이마셔 횡격막을 중심으로 몸 안을 확장시키고, 날숨에서는 그 반대로 횡격막을 중심으로 배를 수축하여 숨을 내쉰다. 기본적으로는 들숨을 길게 하여 맑은 공기를 폐에 담고 더 길고 고르게 내쉴 수 있도록 훈련한다. 그러나 이런 호흡은 배우의 발성을 위한 호흡이라기보다 일상의 편안한 호흡에 가깝다. 배우의 특별한 움직임과 소리내기를 위한 특별한 호흡은 잠시 후 자세히 설명하고자 한다.

숨에의 집중과 완전한 명상

배우들 중에는 연습에서나 공연 전에 분장실 한구석에 조용히 앉아 마음을 가라앉히는 사람이 있다. 또 어떤 배우는 조용히 눈을 감고 머릿속에서 연극을 진행시켜보면서 자신을 조용히 가다듬거나 대본을 한 번 더 보며 자신을 조용히 관리하기도 한다. 그러나 여기서 내가 강조하고 싶은 것은 좀 더 절차를 가진 과정, 모두가 더불어 함께하는 명상이라는 준비 상태를 거쳤을 때 내적으로 큰 힘을 가진 소리와 움직임을 만들 수 있다는 점이다. 물론 연습이나 공연 전의 명상에 대해 강조하는 것이 내가 처음은 아니다. 극도로 이성적인 일본의 전통 가무극 노나 극도의 감성적인 정서를 강조하는 인도의 무용극 카타칼리도 서로 다른 면은 있지만 이들 역시 완전한 명상을 전제로 한다. 현대 연극에서는 폴란드의 연출가 그로토프스키가 완전한 명상의 상태에서 시작하기를 주장했다.

그렇다면 완전한 명상을 어떻게 할 것인가. 즉, 내면으로부터 깊이 있는 '소리'를 끌어내기 위한 명상을 어떻게 해야 하는가. 그것은 호흡에 집중하는 것이다. 그러면 숨쉬기에 집중하기 위한 환경과 조건, 자세는 또 어떤 것인가. 명상은 종교적인 차원의 참선이나 묵상과 비슷한 경지라고 말할 수 있다. 따라서 명상을 하기에 적합한 공간과 환경, 조건을 만드는 것이 먼저 필요하다. 연습의 환경에 대해서는 앞에서 설명한 바 있다. 즉, 외부와 차단되어 있으면서 적당히 소통이 되고, 햇빛과 바람이 적당히 들어오며 너무 적막하지도 않고 번잡하지도 않은 공간이 이상적이다. 그리고 기본적으로 배우들이 '함께' 명상에 들어가는 것이 좋다.

종교의 차원에서는 묵상, 기도, 참선을 하며 '내가 왜 사는가, 나는 누구인가' 하는 커다란 문제를 생각하지만, 우리의 명상은 자신의 호흡에 집중하는 것이다. 그것은 우선 뒤쪽을 좀 높게 하여 방석을 깐 뒤 가부좌를 하고 앉는 데서 시작한다. 가부좌가 잘되지 않으면 반가부좌를 하거나 책상다리를 하고 앉는다. 그다음 목과 어깨를 몇 번 흔들어 몸을 풀어준 다음 균형을 맞추며 자세를 잡는다. 이때 양손은 손바닥을 하늘로 향한 채 편안하게 양쪽 무릎 위에 놓는다. 손을 모아도 무관하고 손바닥이 아래를 향해도 상관없다. 하지만 젊은 수련 배우들은 몸이 유연하므로 가부좌를 하는 것이 더 좋다.

이 자세는 몸과 마음을 의식도 무의식도 아닌 편안한 상태로 들어가게 해준다. 설사 졸음이 오더라도 어느 방향으로든 쓰러지지 않게 균형이 맞추어져 있어 척추를 올바르게 세울 수 있는 자세이다. 머리는 너무 숙여도 안 되고 너무 뒤로 젖혀도 안 된다. 이때 자세 교정과 점검을 위해 지휘봉을 사용할 수 있다. 지도교사는 곧은 지휘봉으로 귀, 어깨, 옆 허리가 일직선이 되어 바닥과 수직을 이루고 있는지 점검해줄 것이다. 또 정면에서는 정수리와 코와 배꼽이 일직선으로 되었는지를 점검하고 교정하여, 명상하는 배우들의 자세가 올바르게 잡혀 있는지 확인해줄 것이다. 어느 부분이 긴장되어 있으면 지휘봉 끝으로 가볍게 건드려주어 점검시킬 수도 있다.

눈은 완전히 감는 것이 아니라 차단하기도 하고 소통하기도 하는 정도로 반쯤 감고, 어금니는 너무 꽉 물지 말고 종이를 두세 장 윗니와 아랫니 사이에 물고 있는 느낌이 되도록 한다. 그리고 몸과 마음이 하나가 되어 호흡에 집중하도록 한다. 외부의 사소한 일들을 털어버리고 균형 잡힌 몸과 마음으로 온전한 상태가 되는 것이 목적이다. 호흡에 집중하여 긴장하지 않고 편안함을 유지할 수 있도록 스스로 계속 조절해야 한다.

호흡은 기관에 따라 배호흡, 가슴호흡, 항문호흡 등 여러 가지 종류가 있지만, 이 시간에는 들숨과 날숨이 어우러져 몸 전체가 하나로 호흡하는 경우만 생각하자. 명상 단계에서는 복식호흡을 하는데, 3초 간격으로 천천히 '하나, 둘, 셋' 세는 동안에 들숨을 들이쉬고 같은 방법으로 '넷, 다섯, 여섯'을 세는 동안에 날숨을 내쉰다. 들숨에서는 횡격막을 중심으로 호흡이 밑으로 내려가 배 앞뒤-등-전후좌우로 몸통이 확장하면서 부풀고, 날숨에서는 몸통이 수축하여 가라앉으면서 호흡이 바깥으로 나간다. 이때 특별히 주의할 점은 어깨가 들썩이지 않고 편안하게 놓여 있게 하는 것이다. 가슴과 어깨는 움직이지 않게 한다.

명상의 단계에서는 코로 마시고 코로 내쉬어도 된다. 배우 발성 훈련으로서의 호흡 훈련은 코로 마시고 코와 입으로 동시에 내쉬는 것이 필수이지만, 여기서는 반드시 그럴 필요는 없다. 물론 명상 단계에서부터 코로 마시고 코와 입으로 내쉬는 호흡을 해도 상관없다. 보통의 경우는 들숨과 날숨을 다 코로 내쉬어도 되지만 대사를 하는 배우는 입과 코 모두로 호흡을 하기 때문이다. 배우는 대사를 해야 하고 대사를 할 때는 당연히 입으로 숨이 나와야 발성이 되기 때문에 입으로 쉬기도 하고, 또 코를 열어야 하기 때문에 코로 쉬기도 해야 한다.

조금 진행되면 호흡은 잊어버리고 마음속으로 편안하게 '하나, 둘, 셋' 숫자를 세어보며 명상을 할 수도 있다. 다른 감각기관은 멈추고 호흡에만 집중하여 숨을 쉬는 것이다. 완전한 명상은 복잡한 삶과 여러 가지 생각에서 떠나 몸과 마음이 함께 편안해지면서 몸의 순환이 자연스럽게 잘 이루어지게 한다. 그렇다고 졸린 상태는 아니다. 오히려 정신이 바로 있으면서 맑고 편안해진 상태에 이르는 것이다. 이때 개인에 따라서 아주 무거움을 느끼기도 하고 발끝에서부터 머리끝까지 깃털처럼 가볍고 편안함을 느끼기도 한다. 물속에 천근만근 무겁게 잠기는 것 같기도 하고, 때로는 자신이 푸른 초원을 나는 깃털이 되어버린 것 같기도 하다. 이는 일반적인 현상이므로 자신만의 느낌을 찾아보는 것도 좋을 것이다.

나와 우주 운행은 동심원

이제 명상의 다음 단계로서 의식의 세계를 확대시키는 단계로 들어가보자. 호흡이 편안해지면 숫자 세는 것을 자연스럽게 멈추고 의식의 세계를 밖으로 확대시켜나간다. 나의 의식을 호흡에 실어서 저 무한의 시간과 공간 밖으로 확대시켜나가는 것이다. 지도교사는 여러분에게 조용히 이렇게 이야기해줄 것이다. "각자 호흡하는 가운데 의식이, 내 호흡이 이 방 안에 가득 차 있다고 느끼세요." 그 순간 여러분은 이 방 안이 온통 여러분 품 안으로 들어오는 것을 느끼게 된다. 그러면 온 방 안이 내 방이고 내가 이 방 안의 중심 자리에 서서 이 방의 주인이 된다. 다음으로 지도교사는 이런 주문을 할 것이다. "의식을 더 넓혀서 우리 학교 운동장 저 밖까지 내 호흡이 확대되어 뻗어나가고, 들숨에서 내 안으로 다시 들어온다고 생각하세요." 그러면 호흡이 운동장 저 멀리까지 확대되어 운동장이 내 안으로 들어오고 또 나로부터 운동장이 펼쳐진다고 느끼게 된다. 시간을 두고 기다리면서, 점차 내 호흡이 '대한민국, 나아가서 천지, 저 우주 밖까지 뻗어나가도록' 한다.

앞서 말한 것처럼 숨을 세는 것까지는 명상의 첫 번째 단계이고, 지금 하는 호흡은 나와 우주운행이 동심원이 되는, 명상의 두 번째 단계이다. 이때는 이런 생각을 되풀이하면서 기다린다. '내 호흡이 무한한 시공간의 중심 자리에 서서 내가 우주의 중심이며, 시간과 공간의 중심이고, 온 우주가 나로부터 출발한다. 시공간이 내 호흡, 내 품 안으로 들어온다. 내 호흡으로부터 출발하여 무한한 시공간의 끝까지 펼쳐나간다.'

그러면 호흡이 나와 일치되어 호흡이 곧 내가 되고 나는 우주의 중심 자리에 서게 된다. 곧 나는 우주의 중심 자리에서 우주의 주인이 되어 무한한 시공간 끝까지 퍼져나가는 것을 느끼게 된다.

만일 내가 마음속에서 기우뚱하면 온 우주가 기우뚱하는 느낌을 받게 된다. 내가 오른쪽으로 기우뚱한다고 생각하면 저 밖의 우주가 오른쪽으로 기우뚱하게 되는데, 이것은 나와 우주가 함께 호흡하고 있기 때문이다. 우리 은하계에서 태양은 하나의 작은 별이며, 또 이 태양계에서 우리 지구는 아주 작은 행성에 지나지 않는다. 그렇다면 우리 인간은 작은 모래알과 같은 존재일 뿐이다. 그러나 이 교실을 넘어, 운동장을 넘어, 대한민국을 넘어, 지구 밖으로 펼쳐져 저 무한한 시공간으로 확대된다면 내가 우주의 중심이 되는 것이다. 이때 나와 우주 운행의 궤적은 하나의 동심원이 된다.

내가 있고, 우리 태양계가 내 안에 있고, 은하계와 은하수와 저 은하도 내 안에 있게 된다. 내가 우주의 중심에 있어 내가 한 번 재채기를 하면 우주가 한 번 부르르 떨며 기우뚱한다고 믿게 되는 경지에 들어가라. 명상 단계에서 호흡을 세다가 호흡이 나와 일치되면 생각은 멈추고 그 호흡이 저 무한한 시공간 밖으로 뻗어나가면서 호흡은 시작도 끝도 없는 것이 되어버린다. 나는 무시무종(無始無終)의 존재, 우주의 중심 자리에 있는 것이다. 배우가 무대에 나왔을 때 관객인 가짜 바보들이 꼼짝 못하는 이유는 배우가 우주의 중심이고 그 중심에 서서 이동하기 때문이다. 배우가 크게 움직이면 모두가 크게 움직이게 되고, 그가 질투하면 모두가 질투하게 된다. 결론적으로 명상은 호흡에 집중해서 호흡과 내가 한자리에 있게 하는 것이 목표이며, 다른 말로 하면 '내가 우주의 중심이 되는 것'이다.

숨·몸만이 존재한다

이쯤에서 강의를 한번 정리하고 넘어가자. 호흡의 첫 번째 단계는 '내가 숨을 쉰다. 내가 호흡을 한다'는 것이었고, 두 번째 단계는 '호흡이 내 안으로 들어와 호흡과 내가 일치한다'는 것이었다. 그리고 이제 배울 세 번째 단계는 '나는 없고 호흡만 있게 된다'는 것이다. 세 단계를 다시 간추려보자면 다음과 같이 정리할 수 있다.

- 1단계: 내가 숨을 쉰다. 내가 호흡을 한다.
- 2단계: 호흡이 내 안으로 들어와 호흡과 내가 일치하여 내가 우주의 중심에 선다.
- 3단계: 나는 없고 숨만, 호흡만 존재한다. 내가 곧 우주 자체이다.

여러분의 이해를 돕기 위해 예를 들어보자. 여기 놓여 있는 꽃을 보고 아름답다고 느끼는 것을 위의 3단계로 설명해보겠다.

- 1단계: 내가 장미꽃을 본다.
- 2단계: 꽃과 내가 하나가 된다. '꽃이 참 아름답구나' 느끼는 순간 나를 잊게 된다.
- 3단계: 그러면 꽃만 존재하게 된다.

이것은 발성 연습을 할 때도 마찬가지로 적용된다.

- 1단계: 내가 소리를 낸다.
- 2단계: 나와 소리가 일치한다.

• 3단계: 소리만 존재한다. 소리가 소리를 내는 단계이다.

    이렇게 나는 없고 나의 몸만 존재하는 단계가 되는 경지에 이르면, 그때 비로소 창조의 시작인 연습으로 들어가야 한다.

    이제 대사를 보고 연습에 들어가자(만일 공연이 있다면 공연으로 들어간다). 이때 '훈련을 마쳤으니 됐지' 생각하고 훌훌 털고 일어나서는 안 된다. 마음과 몸의 자세가 흐트러지지 않도록 조심스럽게 일어나서 연습에 들어가야 한다. 심신이 하나가 되어 완전히 집중된 상태를 유지한 채로 연습이면 연습, 공연이면 공연을 해야 한다는 말이다. 이런 자세에서만 연기를 제대로 수행할 수 있는 것이다. 즉, 이런 자세에서 소리와 움직임이 나와야 그것을 만드는 모습이 보이지 않으면서 자연스럽게 에너지로 가득 차게 된다. 이처럼 창조적 기운으로 충만한 명상을 통해서만 연습과 공연이 이루어져야 한다. 여러분은 이러한 명상 훈련을 늘 하고 있는가? 이런 훈련이 몸과 마음속에 깊이 축적됨으로써 표현하는 에너지의 강도가 달라진다는 것을 잊지 말자.

AC
TOR
TRAIN
ING

몸 다스리기와 부호화

스러운 직업, 배우예술의 길

조를 위한 몸과 마음의 준비

쉬기와 소리내기 및 부호화

우의 감각과 의식 세계를 위한 훈련

우의 역할 창조를 위한 기초 훈련

우와 희곡, 초월적으로 보고 근원적으로 작업하기

기 예술 창조의 순간

우리 몸은 태어날 때부터 유년기에 이르기까지는 긴장 없이 잘 조율되어 있다. 어린아이를 보면 머리와 몸통, 팔과 다리 모두 고무 밴드처럼 자유롭게 움직이고 소리 또한 자유롭게 낸다. 갓난아이가 배고파서 울면 들에 나가 있는 엄마가 그 울음소리를 듣고 집으로 뛰어가 젖을 먹일 정도로 아이의 소리는 멀리 뻗어나갈 수 있다. 이는 소리를 만들어내는 기관을 포함해 몸의 어떤 부분도 긴장되어 있지 않고 자연 그대로의 자유스러운 신체 상태를 갖고 있기 때문이다.

그러나 인간은 성장하면서 풍습, 인습, 교육 등에 영향을 받고, 나이가 들어감에 따라 몸이 노쇠해지면서 스스로 인지하지 못하는 사이에 경직 상태에 빠지게 된다. 즉, 성인이 되면서 우리 몸은 특정 부분에 긴장이 쌓이고 그 상태가 굳어져 어린아이와 같이 몸을 유연하게 움직이거나 소리를 자유롭고 우렁차게 뻗어나가게 할 수 없게 되는 것이다. 그러므로 배우수련에 있어 몸 훈련은 긴장을 이완시켜 축적된 긴장을 풀어주는 것을 말하고, 소리 훈련은 어릴 때의 소리를 되찾는 것을 말한다. 다시 말해 지속적으로 우리 몸에 축적된 긴장을 제거하여 원래의 자유로운 상태로 되돌려놓는 일을 말한다.

여기서 더 나아가 배우수련은 단순한 체조나 근육 이완 운동의 차원을 넘어서 몸과 마음의 움직임이 의미를 갖도록 부호화시키는 훈련이 되어야 할 것이다. 예를 들어 배우가 몸의 균형을 잡고 서 있다, 앉아 있다, 그리고 고개를 숙였다, 라고 할 때, 이것은 배우가 자신의 근육을 움직여 하나의 부호로서 관객에게 의미를 전달하는 것을 말한다. 신체의 부호화는 단순히 근육의 수축과 이완을 넘어서 배우가 자신의 신체를 의미화하여 몸의 세포들을 이해하고 그것을 저장할 수 있도록 훈련하는 과정을 의미한다.

1
몸 풀기와 다듬기

2강의 강의를 통해 몸과 마음의 준비가 되었으니 이제 본격적인 배우수 련으로 들어갈 차례다.

우리는 일상의 사소한 일을 할 때는 움직임이나 소리를 내는 일에 호흡이 작용한다는 것을 미처 인식하지 못한다. 그러나 작은 움직임이라도 특별한 움직임을 하면 그 움직임에 따른 특별한 호흡이 작용한다는 것을 곧 알게 된다. 예를 들어 좀 무거운 책상을 옮길 때나 개천을 건너 뛸 때의 호흡을 연상해보라. 움직임과 호흡은 늘 연결되어 있어서 어떤 움직임에든 특별한 호흡이 따른다. 또한 소리를 내는 일도 몸의 어느 부분을 작동시키는 일로서 역시 특별한 호흡이 뒤따른다. 따라서 우리의 몸을 다스리는 일은 기본적으로 호흡과 연결된 훈련이라고 할 수 있다. 몸을 움직이고 소리를 내는 일에는 반드시 호흡이 뒷받침된다는 것을 기억해두자.

그렇다면 배우가 몸을 잘 다스려야 하는 중요한 이유는 무엇인가. 우리의 몸은 의식적으로 움직이지 않는 한 스스로 움직이지 않는다. 특히 무대에서의 배우의 움직임은 일상에서의 움직임 이상을 요구하기 때문에 항상 모든 움직임이 가능하도록 몸 훈련이 되어 있어야 할 것이다. 다시 말해서 배우의 육체는 조율이 잘되어 있는 훌륭한 피아노와 같아서 건반을 두드리면 정확히 제 음을 낼 수 있도록 준비되어야 한다. 배우는 자기 몸에 축적되었던 긴장 상태를 찾아 그것을 제거함으로써 원래의 자유스러운 상태를 만드는 훈련을 해야 한다. 그래야만 대본에서 요구하는 인물의 형상을 만들 수 있기 때문이다. 일반적으로 대본이 요구하는 것은 일상생활의 범위를 뛰어넘는 형태와 양식으로 만든 아름다움을 요구한다. 대본이 우리 삶의 한계를 넘어서는 '고급한 영혼의 모양을 꾸미거나 잘 장식된 언어'의 모양을 만들어줄 것을 요구할 때 이에 응할 수 있어야 한다.

바로 선 자세와 몸 풀기

배우의 몸 풀기와 같은 기초단계는 국민보건체조나 요가, 필라테스의 기초동작에서 크게 벗어나지 않는다. 기초단계에서 중요한 것은 어떤 종류의 훈련이든지 자신에게 맞는 것을 선택하여 바른 자세를 이해하고 만들 수 있어야 한다는 점이다.

배우의 바른 자세란 단적으로 무대에서 바르게 서고, 바르게 걷는 것을 말한다. 물론 그것은 몸의 균형과 조화를 이루는 안정된 모습이어야 한다. 먼저 배우가 바로 설 수 있으면 그것만으로도 바른 자세의 3분의 1은 된 것이다. 그다음 바로 걸을 수 있으면 바른 자세는 완성된다. 그만큼 바로 서는 것은 대단히 중요하고도 어렵다. 그래서 흔히 서툰 배우에게 '발이 붙지 않았다'라든가 '걸을 줄을 모른다'는 말을 하곤 한다. 배우는 서 있는 것만으로도 아름다운 모습이 될 수 있어야 하는데, 바른 자세는 이와 같이 두 발이 무대 위에 안정되게 서 있고 완전하게 균형 잡힌 상태를 말한다.

1강의 강의에서 보았듯이, 여러분은 로렌스 올리비에가 '햄릿'을 연기할 때 그의 몸이 완전하게 균형 잡히고 안정되어 내면으로부터 율동감이 나온다는 것을 느꼈을 것이다. 여러분 시대의 우상인 가수 마이클 잭슨 역시 무대에 서 있기만 해도 아름다웠던 대표적인 예이다. 공연을 보러 온 관객들은 그가 무대에 나와 서기만 해도 터질 듯 환성을 지른다. 그가 특유의 발걸음으로 걷거나 기가 막힌 동작으로 빠르게 움직일 때는 말할 것도 없다. 춤까지 추면 기절하는 사람들이 속출한다. 우리나라의 가수 '비'도 균형 잡힌 아름다운 몸을 가지고 있다. 그래서 그가 무대에 서서 셔츠를 들어올리기만 해도 관객은 아우성과 박수로 환호하는데, 그것은 그의 몸이 중심으로부터 바깥까지 균형을 잃지 않는 자세를 유지하기 때문이다. 이렇듯 배우가 서 있을 때 안정감과 균형감이 없다면 결코 아름다울 수 없다.

그러면 이제부터 바르게 서기 위한 훈련 방법들을 배워보기로 하자.

마루에 편안히 눕기

훈련 누운 자세로 호흡하기

바른 자세의 출발은 항상 누워서 몸을 편안하게 두고 호흡으로 시작하는 것이다. 우선 마루에 바르게 누워 몸의 축이 평평한 마루와 수평이 되게 한다. 눈의 시선은 바닥과 직각을 이루고 두 팔은 몸통으로부터 편하게 벌린 채 날숨과 들숨을 쉬는데, 날숨 상태에서는 등이 바닥에 붙어야 한다.

- 누워 있는 자세를 위에서 볼 때: 이마-코-입-턱-명치-배꼽-발 뒤꿈치가 일직선이 되게 한다.
- 옆에서 볼 때: 귀-어깨-골반 뼈-바지 옆선-복사뼈가 정수리로부터 일직선이 되는지 고개를 돌려 확인한다. 발은 20~30° 정도로

벌리고 정강이가 바닥에 닿는 느낌으로 눕는다.

- 바닥에 닿는 부분: 머리 뒤-등-골반 뼈-발뒤꿈치가 일직선이 되어야 한다.

지도교사가 위, 옆에서 자세를 확인하고 잘못된 부분을 바로잡아 주면 배우수련생은 스스로 점검하면서 정확한 자세를 머릿속에 잘 기억해둔다.

위의 자세가 되면 그 상태를 유지한 채 긴장이 들어가지 않도록 편안한 호흡을 한다. 누워서 호흡하면 어깨와 가슴 호흡을 하지 않고 자연스럽게 횡격막을 통해 복식호흡을 하게 되어 있다. 즉, 횡격막을 중심으로 들숨에서 몸 전체를 확장하고, 날숨에서는 수축하여 바닥으로 가라앉는 느낌을 갖게 되면서 몸 전체가 고르게 호흡하게 된다. 여러분이 바른 자세로 호흡할 수 있도록 지도교사가 손뼉을 쳐서 숫자를 세주면, 그 박자에 맞추어 들숨에서는 1초 간격으로 '하나, 둘'을 세고 날숨에서는 1초 간격으로 '하나, 둘, 셋, 넷'을 세며 긴장되지 않도록 최대한 편안한 자세로 호흡한다. 이때 숨이 중심의 자리에서부터 손끝, 발끝, 머리끝까지 고르게 전체로 퍼지게 한다. 몸 전체로 호흡한다는 느낌으로 호흡에 집중한다. 몸을 어떻게 움직이든지 이 자세와 호흡을 자기 내면에 입력시켜 잊지 않도록 한다. 이런 자세를 기본으로 유지하고 그 자세로부터 필요한 자세를 다양하게 만들어가는 것이다.

바로 서기

배우의 바로 서기 자세는 언뜻 쉬워 보이지만 실제로는 매우 어렵다. 대부분의 사람들은 오랜 세월 동안 잘못된 습관으로 어깨가 굽어 있거나 자세가 휘어 있다. 이것을 바로잡으려면 그동안의 시간보다 더 많은 세월이 필요할 것이다. 그러므로 배우는 집중적인 훈련을 통해 자기 신체의 긴장된 부분이 어디인지 알아내어 지속적으로 교정을 해야 한다. 그러한 과정에서 긴장하는 부분이 다른 곳으로 옮겨지고 다시 훈련을 통해 그 부분의 긴장을 풀어주는 것을 반복함으로써 바른 자세를 유지할 수 있도록 해야 할 것이다.

훈련 **바로 서서 호흡하기**

먼저 벽에 기대 선다. 바닥에 누워 있던 상태를 그대로 일으켜 세워놓은 모양으로 서 있으면 된다. 그러나 벽에 기대 서는 자세가 누운 자세보다 훨씬 유지하기가 어렵다는 것을 알게 될 것이다. 누웠을 때는 바닥에 몸을 그대로 맡기면 되지만, 서 있을 때는 발로 몸을 지탱해야 하므로 몸의 일정 부분이 긴장될 수 있기 때문이다. 그 긴장은 몸의 다른 부분에까지 영향을 주게 된다.

바로 서기의 기본자세는 우선 두 발에 같은 무게를 실어 바닥을 편하게, 그러나 굳건히 딛고서 몸이 바닥과 수직이 되게 하는 것이다. 이때 시선은 바닥과 수평이 되게 한다.

- 벽에 닿는 부분: 머리 뒤-어깨-등-엉덩이-발뒤꿈치가 일직선이 되게 한다.
- 옆에서 볼 때: 귀-어깨-바지 옆선-복사뼈가 일직선이 되게 한다.
- 앞에서 볼 때: 정수리-이마-턱-명치-배꼽이 일직선이 되게 한다.

바로 서기에서 주의할 점은 등의 전면을 벽에 붙이지 않는 것이다. 척추는 약간 S자로 휘어 있어서 긴장이 들어갈 수밖에 없기 때문이다. 그리고 서 있는 자세에서는 자연스럽게 발과 어깨에 긴장이 들어가게 되고 가슴과 어깨를 내미는 경직된 모습도 보이기 쉬운데, 이런 모습이 되지 않도록 주의해야 한다. 즉, 배꼽 아래인 중심의 자리로부터 상체는 위로 끌어올리고 하체는 아래로 밀어내림으로써 가슴과 어깨가 바로잡히도록 해야 한다. 이와 반대로 어깨, 가슴을 밀어올려서 자세를 잡으려고 하면 긴장이 들어갈 수밖에 없다. 지도교사가 수련생을 훈련시킬 때 가슴과 어깨가 긴장했는지 앞과 옆에서 지휘봉으로 확인시키고, 상체는 배를 중심으로 위로, 하체는 아래로 향하게 하여 몸 전체가 균형을 잡도록 해줄 것이다. 배우는 바로 서기의 자세를 스스로 점검하고 머릿속에 입력해두어야 한다.

한 가지 조심해야 할 것은, 누워 있을 때는 복식호흡이 어렵지 않지만 서게 되면 호흡이 위로 올라가게 된다는 사실이다. 어린아이는 몸 전체가 하나의 호흡이라고 할 수 있는데, 성장하면서 선 채로 생활하는 시간이 많아지다 보니 호흡이 점차 위로 올라가게 되는 것과 같은 이치이다. 노인들이 어깨로 숨을 쉬는 이유도 여기에 있다. 그러나 잠자는 아기의 호흡에서 보듯 인간은 처음부터 배꼽 아래인 중심의 자리에서 가장 자연스러운 호흡을 했기 때문에, 배우는 중심으로 호흡을 내리는 훈련을 해야 한다.

몸의 중심 찾기

모든 움직임은 중심의 자리에서 비롯되기 때문에 우리 몸의 중심이 어디인지를 찾는 것이 중요하다. 인간은 태초에 중심의 자리로부터 만들어졌다. 어머니 뱃속에서 나와 끊어진 탯줄의 자리가 바로 호흡이 시작되는 자리이며, 곧 우리 생명의 중심 자리이다. 더 엄밀히 말하면 배꼽 조금 아래에 있는 자리로서, 모든 움직임은 바로 이 중심으로부터 시작되어 머리와 팔과 다리 끝으로 연결되며 이 중심으로부터 몸이 유기적으로 움직인다.

몸은 유기적으로 움직이는 하나의 몸이다. 그렇기 때문에 배우가 손가락 끝으로 무엇인가를 가리킬 때는 단지 손가락만 움직이는 것이 아니라 중심의 자리로부터 어깨, 팔꿈치, 팔목, 손목, 손마디, 손가락으로 연결되어 유기적으로 움직이는 것이다. 몸의 다른 부분과 기관도 이러한 원리로 움직인다. 발레가 아름답다고 느껴지는 이유는 몸의 중심을 바꾸어가며 유기적으로 움직이는 체계를 따르고 있기 때문인데, 배우 역시 몸의 중심 자리로부터 유기적으로 움직여야 아름답게 보일 수 있다는 사실을 기억하자.

거듭 말하지만 몸의 중심은 배꼽 조금 아래의 단전에 있다. 중심의 자리로부터 모든 움직임이 뻗어나가므로, 몸의 중심을 찾아 의식을 집중하고 모든 움직임을 근원의 자리로부터 느끼도록 해야 한다는 것을 잊어서는 안 된다.

바로 선 자세에서 몸 풀기

다음의 몸 풀기는 바로 선 자세의 균형을 유지한 채 몸이 유기적이라는 것을 기억하면서 수행한다. 새로운 동작에 들어갈 때마다 바른 자세에서 출발하고 있는지 항상 확인할 필요가 있다. 매 운동마다 지도교사가 손뼉을 치거나 지휘봉으로 마루를 치면서 숫자를 세며 박자를 일러줄 것이다.

훈련 1　목 운동

목과 연관된 관절과 근육을 풀기 위한 운동이다. 우선 어깨와 가슴을 편안히 두고 고개만 움직인다. 이때 정수리를 앞으로 내미는 것이 아니라 중심의 자리로부터 시작해서 머리를 깊이 숙인다. 머리와 어깨 그리고 몸으로 연결되는 허리뼈와 근육의 긴장을 이완시킨다.

① 전/후/좌/우로 떨어뜨리기: 두 발을 어깨 넓이만큼 편하게 벌린 채, 손은 자연스럽게 허리에 두고 양팔의 팔꿈치를 당겨서 몸과 수평을 만든 후 목을 떨어뜨린다. 몸의 균형을 잃지 않고 중심의 자리로부터 깊이 고개를 숙여서 4박자 동안 늘려준다. 좌우로 떨어뜨릴 때는 몸이 목에 끌려가지 않도록 주의한다.

전(4박자)-후(4박자)-좌(4박자)-우(4박자)

② 360° 돌리기: 두 발은 조금 벌린 채 양손은 가볍게 허리에 두고, 턱을 아래로 내려서 고개를 깊이 숙인 다음 좌우로 360° 크게 돌린다. 이때 등이나 어깨가 고개를 쫓아가지 않고 몸은 그대로 둔 상태에서 고개만 돌아가도록 주의한다.

좌→우(8박자)-우→좌(8박자)

③ 전/후/좌/우로 당기기: 두 발을 붙이고 두 손을 허리에 둔 자세에서 고개를 어깨와 수평으로 당긴다.

전(2박자)-후(2박자)-좌(2박자)-우(2박자)

④ 고개를 수평으로 돌리기: 어깨는 편안히 그대로 두고 턱을 어깨 쪽으로 가져가서 편안히 고개만 움직인다. 이때 턱을 돌리려 해서는 안 되고 고개를 어깨와 수평으로 돌려야 한다. 몸통은 그대로 중심을 유지한다.

좌→우(8박자)-우→좌(8박자)

훈련 2 어깨 관절 풀기

① 어깨 돌리기: 두 발은 편하게 어깨 넓이로 벌리고, 두 손으로 양 어깨

를 살짝 잡은 채 어깨 관절을 최대한 크게 바깥쪽으로 돌린다.

앞에서 뒤로 돌리기(4박자)-뒤에서 앞으로 돌리기(4박자)

② 팔 아래로 내리고 어깨 돌리기: 두 팔을 차렷 자세로 나란히 내린 채 어깨만돌린다.

앞에서 뒤로 돌리기(4박자)-뒤에서 앞으로 돌리기(4박자)

훈련 3 팔 운동

① 팔 뻗기: 양팔을 벌려 손바닥이 마룻바닥과 수평을 이루도록 하는데, 어깨는 올라가지 않도록 하면서 양팔을 옆으로 뻗는다. 눈은 수평으로 멀리 바라본다. 이때 양쪽 손끝만이 아니라 손 전체가 밖으로 당기는 느낌을 받아야 한다. 그렇게 해서 팔과 어깨의 관절, 목과 몸통으로 연결된 근육을 이완시킨다. 팔 안쪽은 어깨관절로부터 팔 전체를 바깥쪽으로 손끝까지 뻗는다. 이 과정에서 수련생들은 힘들어할 것이다.

왼팔(8박자)-오른팔(8박자)-양팔(8박자)-마무리로 손 흔들기

② 두 팔을 수직으로 뻗어 하늘 찌르기: 손바닥을 마주 보게 하여 두 팔을 바닥과 수직으로 나란히 올려 귀에 갖다 대고 하늘을 향해 찌른다. 이때 중심의 위는 하늘을 찌르고 중심의 아래는 땅을 찌른다고 생각한다. 마치 고무줄을 당길 때 중심이 흔들림 없이 자리를 지키고 있는 것과 같다. 몸의 모든 움직임은 중심으로부터 뻗어나간다는 것을 다시 한 번 상기하고, 팔을 뻗는 것도 중심으로부터 확장된 움직임이라고 생각해야 한다.

일상에서는 머리를 빗을 때나 팔을 머리 위로 올릴 뿐, 특별히 팔을 위로 뻗어 근육을 당겨볼 기회가 거의 없다. 그러나 무대 위에서는 그

이상의 자세를 요구할 때가 많기 때문에 이런 몸 풀기가 필요하다.

왼팔(8박자)-오른팔(8박자)-양팔(16박자)-마무리로 팔 벌려 흔들기

③ 팔 뻗쳐 어깨 관절 돌리기: 중심의 자리로부터 두 팔을 좌우 양쪽으로 아주 크게 쭉 뻗은 채 20cm 내외의 원을 수평을 유지하면서 돌린다. 바깥으로 당기는 느낌을 가진 상태에서 돌려야 한다.

앞에서 뒤로 돌리기(8박자)-뒤에서 앞으로 돌리기(8박자)

④ 손목 꺾어 양팔 돌리기: 위의 자세에서 그대로 손목만을 위로 꺾고, 손목으로 원을 그리듯이 돌린다. 이때 팔을 구부리지 않도록 주의한다. 팔의 아래 또 다른 근육들이 이완되는 것을 느낄 것이다.

앞에서 뒤로 돌리기(4박자)-뒤에서 앞으로 돌리기(4박자)

⑤ 팔 젖히기: 손등을 위로 하고 양팔을 앞으로 나란히 쭉 뻗어 밖으로 잡아당기는 느낌을 유지하다가, 손바닥을 위로 젖히면서 양팔을 좌우 옆으로 뻗는다. 팔과 어깨 사이의 관절과 팔 안쪽의 근육이 이완된다.

앞(8박자)-옆(8박자)

⑥ 팔 사선으로 뻗기: 손등을 위로 하여 양팔을 모은 자세에서 두 팔을 머리 위 좌우로 쭉 뻗어 올리면서 손바닥을 위로 향하게 한다. 위로 잡아당기는 느낌을 유지한 채 두 팔을 사선으로 뻗어 뒤로 젖힌다.

왼팔 위, 오른팔 아래 사선(8박자)-왼팔 아래, 오른팔 위 사선(8박자)

⑦ 손가락 관절 풀기: 손등을 위로 하여 두 손을 깍지 끼고 밖으로 뒤집어서 앞으로 뻗고, 다시 같은 방법으로 위로 뻗어 팔 전체를 잡아 늘린다. 두 손을 깍지 껴서 머리 위로 쭉 밀어올릴 때 팔 앞쪽을 귀에 붙여 몸과 일직선이 되도록 한다. 이때 고개를 밑으로 숙이지 않도록 주의한다.

앞(8박자)-위(8박자)

⑧ **어깨 관절 풀기**: 7박자 동안 양팔을 높이 올려 하늘을 찌른 후, 8박자에 그대로 툭 떨어뜨려서 어깨관절에 자극을 준다.

⑨ **팔꿈치 관절 풀기**: 양팔을 바닥과 수평으로 올려서 어깨와 팔꿈치 관절에 자극을 주면서 떨어뜨린다.

어깨(1, 2박자)-팔꿈치 떨어뜨림(3, 4박자)

⑩ **손목 풀기**: 자연스럽게 두 손목 관절을 흔들어서 턴다.

⑪ **손가락 관절 풀기**: 손바닥을 위로 향해 양팔을 위로 뻗은 다음 엄지부터 새끼손가락까지 차례로 접고, 다시 새끼손가락부터 엄지까지 젖혀서 손가락 관절을 풀어준다.

훈련 4 **몸통 운동(상체)**

상체와 연관된 늑골(갈비뼈), 척추와 늑골과 골반이 연결된 부분 그리고 목과 연결된 부위의 관절 및 연관 근육을 이완시키는 훈련이다.

① **몸통 풀기**: 발바닥을 바닥에 단단히 고정시킨 상태에서 팔을 들어 팔꿈치가 바닥과 수평이 되게 한 다음 몸을 좌우로 최대한 튼다. 이때 시선은 전면을 그대로 보면서 팔의 방향과 반대로 당기는 느낌을 가져야 한다.

좌(8박자)-우(8박자)

② **벽 보고 몸통 풀기**: 몸통 풀기를 벽을 짚고 하는 방법이다. 벽을 마주보고 서서 손바닥을 벽과 수평이 되게 한 상태에서 몸통 전체를 돌려준다. 이때 발바닥은 반드시 바닥에 고정되어 들리지 않아야 한다.

좌(8박자)-우(8박자)

③ **옆구리 당기기**: 양발을 벌리고 한쪽 손은 허리에 두고 나머지 손은 위

로 올리면서 옆구리 근육을 늘린다. 옆에서 봤을 때 복사뼈에서부터 허리, 옆구리가 일자로 당겨지도록 한다. 몸을 앞으로 숙이지 말고 손이 귀와 나란히 일직선이 되도록 한다.

좌(8박자) – 우(8박자)

④ 허리 돌리기: 양손을 허리에 두고 머리끝과 발끝은 움직이지 않으며, 발을 바닥에 붙인 채 아래, 위에서 중심을 잡고 허리만 좌우로 돌린다.

좌(8박자) – 우(8박자)

⑤ 등배 운동: 발을 어깨 넓이로 벌리고 손을 깍지 껴서 앞으로 뻗은 다음, 손바닥 전체가 바닥에 닿을 정도로 몸을 숙인 후 손을 허리에 받치고 몸을 뒤로 젖힌다. 목부터 숙이는 것이 아니라 허리에서 목의 순서로 숙인다.

앞으로 숙이고(4박자), 뒤로 젖히고(4박자)를 두 번 반복한다.

그다음에는 발을 X자로 겹친 상태에서 깍지 낀 손이 바닥에 닿도록 몸을 숙인 후, 손을 허리에 받치고 몸을 뒤로 젖힌다.

앞으로 숙이고(4박자), 뒤로 젖히고(4박자)를 두 번 반복한다.

다시 발을 어깨 넓이로 벌리고 같은 방법으로 몸을 옆으로 틀어(대각선 방향) 앞으로 숙이고, 뒤로 젖힌다.

왼쪽 사선 앞(4박자) 뒤(4박자) – 오른쪽 사선 앞(4박자) 뒤(4박자)

⑥ 등 돌리기: 발을 모은 상태에서 무릎을 구부리지 말고 엉덩이뼈에서부터 목까지 상체를 앞으로 툭 떨어뜨린 후, 팔을 그대로 유지하면서 몸 전체를 360° 돌린다.

좌→우(8박자) – 우→좌(8박자)

⑦ 두 사람씩 짝지어 팔짱끼고 업어주기: 두 사람이 서로 등을 맞대고 뒤로

팔짱을 낀 채 한 사람씩 번갈아가며 몸을 숙여서 상대를 업어준다. 이때 업는 사람은 업히는 사람의 엉덩이(골반) 밑으로 자신의 허리를 낮추어 안정되게 업어야 한다. 등에 업힌 사람은 상대의 등에 자신의 몸을 맡긴 채 편하게 누워서 발과 머리를 떨어뜨리고, 업는 사람은 발을 벌리고 90° 앞으로 몸을 숙여 8박자 바운딩을 해준다.

⑧ **두 사람씩 짝지어 팔 뻗고 업어주기**: 위와 같은 방법으로 하되 두 손을 위로 쭉 뻗어서 팔짱을 끼고 하는 것으로, 팔을 굽히면 효과가 적다.

훈련 5 **몸통 운동(하체)**

하체의 관절들과 연관 근육의 이완을 돕는 훈련이다.

① **무릎 굽혔다 펴기**: 바로 선 자세에서 중심을 바닥에 수직으로 둔 상태로 발바닥을 바닥에 붙이고 무릎을 굽혔다 편다.

굽히기(4박자)–펴기(4박자)

② **무릎 돌리기**: 바로 선 자세에서 발바닥을 바닥에 붙이고 두 손으로 각기 양 무릎을 잡아 반쯤 굽힌 후, 무릎을 바닥과 수평으로 큰 원을 그리면서 돌린다.

왼쪽→오른쪽(4박자)–오른쪽→왼쪽(4박자)

③ **허벅지 근육 풀기**: 바른 자세에서 양손을 허리에 댄 다음 오른발을 앞으로 내딛고 무릎을 90°로 구부린다. 왼발은 뒤로 일직선이 되게 뻗는다. 이때 뒤로 뻗은 다리의 허벅지 뒷부분 근육이 당기게 된다. 허리와 고개를 세워 바닥과 수직으로 유지한 채 그대로 바운딩한다. 앞으로 내디딘 다리의 윗부분과 뒤로 뻗은 다리의 허벅지와 장딴지 근육을 이완하는 것이다. 물론 허리 근육의 이완에도 도움이 된다.

④ **다리 운동**: 바를 잡고(두 사람이 할 때는 서로 바의 기능을 하듯 의지하면

서 행한다) 자세를 바로 유지한 채 중심이 흔들리지 않도록 한다. 한쪽 다리는 수직으로 두고 반대쪽 다리는 골반을 밖으로 제치면서 (turn-out) 바깥으로 뻗친다. 발가락을 포인트로 한다. 이때 어깨가 올라가지 않도록 점검한다.

오른쪽 다리 뻗기(8박자)–왼쪽 다리 뻗기(8박자)를 두 번씩 반복한다.

⑤ **발목 돌리기**: 자세를 바로 하고 몸의 다른 곳을 편안히 둔 상태에서, 중심을 잡고 발끝을 마루에 짚은 후 발목만 돌린다.

왼쪽→오른쪽(4박자)–오른쪽→왼쪽(4박자)

훈련 6 하늘로 솟구치기

몸 전체의 관절에 자극을 주고 근육을 이완하는 운동이다.

① **낮게 솟구치기**: 바로 선 자세에서 그대로 하늘을 향해 높이 뛰는 것이다. 정수리는 위로 솟구치고 발바닥은 아래로 밀면서, 발을 포인트로 하여 두 손을 편안하게 내린 채 펄쩍펄쩍 뛰어 스트레칭한다. 이때 몸의 중심이 높이 뛰는 것이므로 사지를 편안히 두고 어깨와 고개가 같이 올라가지 않게 한다. 위로 솟구칠 때 발은 포인트가 되게 한다.

② **중간 높이 솟구치기**: 마음껏 최대한 높이 솟구친다.

③ **아주 높이 솟구치기**: 무릎을 조금 구부리면서 몸 전체가 하늘을 찌르듯이 아주 크게 솟구친다. 수련생들은 최고로 높이 뛰었지만 지도교사는 "더 높이, 더 높이"라고 외칠 것이다. 실제로는 높이 솟구친 것이 아닐지라도 심리적으로는 더 높이, 더 많이, 더 크게 솟구치도록 의식적으로 노력해야 한다. 신체 중심의 맨 꼭대기인 정수리가 천장을 뚫는다는 생각으로 있는 힘껏 솟구치도록 하자.

앉은 자세에서 몸 풀기

앉은 자세에서 몸 풀기는 서서 하는 몸 풀기와 유사한 것, 그리고 조금 더 진전된 몸 풀기 훈련이 있다.

훈련 1 | **아름다운 앉은 자세 만들기**

① **다리를 뻗고 앉기:** 바닥에 앉아 다리를 앞으로 뻗은 상태에서 발끝을 뻗어 포인트하고, 상체는 바닥과 수직이 되게 한다. 몸의 중심 자리를 유지시켜주는 것이 척추이므로 이것이 바로 서지 않으면 호흡이 담기지 않아서 아름다운 자세를 갖기 어렵다.

② **무릎 풀기:** 앞의 상태로 무릎을 바닥에서 10cm 정도 위로 올렸다가 내리는 것을 되풀이하여 다리의 긴장된 근육을 풀어준다.

훈련 2 | **앉은 자세에서 근육, 관절 이완하기**

① **양발 바깥쪽으로 벌리고 앉기:** 앉은 자세에서 무릎을 모아 바닥에 대고 양쪽 발바닥을 바깥으로 하여 기마자세를 하며, 가볍게 바운딩을 되풀이한다.

② **양발 안쪽으로 모으고 앉기:** 앉은 자세에서 양 발바닥을 서로 마주하여 모으고 두 손은 발목을 잡은 상태에서 몸 쪽으로 당긴다. 이 상태에서 등을 펴 척추를 세우고 올라온 무릎을 바닥에 닿도록 바운딩하며 눌러주기를 되풀이한다.

③ **양발 앞으로 뻗어 팔 뻗기:** 양발을 모아 앞으로 뻗고 앉아서 발끝을 포인트한다. 양팔도 바닥과 수평으로 하여 나란히 앞으로 뻗고, 등과 머리는 그대로 둔 채 팔과 발을 수평으로 유지하면서 엉덩이뼈부터 상체를 앞으로 당긴다. 그리고 이를 되풀이한다. 이때 가슴과 팔은

당기지 않아야 한다.

④ **양발 앞으로 뻗어 다리에 상체 닿기**: 허리를 곧게 편 상태에서 머리가 먼저 나가지 않도록 척추뼈 밑에서부터 차례차례 위로 올라가 목뼈까지 꺾는다는 느낌으로 상체를 다리에 닿게 한다. 상체를 구부리는 것이 아니라 엉덩이뼈부터 상체를 앞으로 밀어서 배-가슴-턱의 순서로 무릎에 붙인다는 것을 잊지 말아야 한다.

⑤ **다리 벌려서 팔 뻗기**: 다리를 양쪽으로 최대한 벌리고 앉아서 양팔을 앞으로 나란히 한 후, 엉덩이뼈부터 상체를 앞으로 내미는 운동을 되풀이한다.

⑥ **다리 벌려서 상체 바닥에 닿기**: 위와 같은 요령으로 다리를 최대한 벌리고 앉은 상태에서 상체를 바닥에 닿도록 바운딩한다. 이때 등은 곧게 펴야 하며 엉덩이뼈부터 배, 가슴, 턱의 순서로 바닥에 닿게 한다. 허벅지 안쪽과 바깥쪽 근육이 긴장되어 있으면 상체가 바닥에 닿지 않게 되므로 근육의 이완 수축 운동을 게을리 하지 않도록 유의하자.

⑦ **다리 벌리고 옆구리 당기기**: ⑥에서와 같이 다리를 양쪽으로 넓게 벌린 상태에서 오른팔을 위로 올리고 왼쪽으로 뻗어 옆구리 당기기를 한다. 다시 왼팔을 오른쪽으로 뻗어 옆구리 당기기 동작을 한다. 이때 장단지가 당기기 때문에 몸을 앞으로 숙이지 않도록 주의하자.

⑧ **다리 앞뒤로 일직선 만들기**: 한쪽 다리를 앞으로, 나머지 다리를 뒤로 일자가 되게 벌리고 상체를 수직으로 만든 다음 앞으로 숙여 스트레칭한다.

⑨ **짝지어 다리 벌리기**: 두 사람이 서로 마주 보며 다리를 맞대어 벌리고 앉는다. 서로 팔을 뻗어 손 또는 팔을 얼싸안듯 잡고 시소 운동을 하는 것처럼 앞뒤로 스트레칭한다. 이때 서로 마주 잡은 두 사람의 팔

이 구부러지지 않게 몸을 완전히 상대에게 맡긴다.

⑩ 엎드려서 개구리 자세로 다리 벌리기: 엎드린 상태로 양팔을 모아 바닥에 대고, 다리는 구부려서 개구리 자세를 취한 뒤 골반이 바닥에 닿도록 한다. 이때 상대방이 엉덩이를 지그시 눌러준다.

⑪ 활 모양 만들기: 배를 깔고 엎드려 다리를 뒤로 젖혀 올리고, 팔도 몸통 뒤로 젖혀서 발목을 잡은 다음 몸을 활처럼 휘게 한다. 상체를 위로 펴 활 모양이 되면 배를 바닥의 중심이 되게 하고 앞뒤로 움직인다.

⑫ 벽에 대고 다리 벌리기: 한 사람은 벽에 대고 두 다리를 벌리고 다른 사람은 뒤에서 앞 사람의 엉덩이를 벽 쪽으로 지그시 밀어준다. 한꺼번에 너무 많은 것을 해내려고 서두르는 일이 없도록 한다.

⑬ 다리 털기: 앉은 자세에서 다리를 앞으로 뻗어 털어줌으로써 긴장된 근육들을 이완시켜준다.

누운 자세에서 몸 풀기

누운 자세에서 몸 풀기는 배와 등의 근육을 강화시켜주는 효과가 있다.

훈련 누워서 근육, 관절 이완하기

① 다리 상하로 흔들기: 바른 자세로 누워 양손을 10cm 정도 바닥에서 올리고 앞으로 뻗은 채 다리를 상하로 흔든다. 발끝은 포인트하고 다리만 올려서 흔드는 것이 아니라 엉덩이부터 들어서 흔들어야 한다. 이때 발끝을 너무 높이 올리면 운동이 되지 않는다. 매일 연습하면서 횟수를 점점 늘리면 배의 근육 강화 및 군살 제거에 큰 도움이 될 것이다.

② **두 발 들어서 머리 뒤로 넘겼다 원위치하기**: 누운 자세에서 양손을 바닥에 짚고 두 발을 들어 바닥과 수직으로 일직선을 만든다. 이때 허리까지 들려야 한다. 그다음 두 발을 어깨 너머로 넘긴다. 다시 천천히 발부터 허리까지 수직이 되게 한 다음 등부터 엉덩이, 다리를 천천히 내려 누운 자세로 돌아간다.

③ **윗몸 일으키기**: 무거운 물체 아래에 두 발을 넣고 깍지를 낀 팔로 머리 뒤를 받쳐서 윗몸 일으키기를 한다.

④ **거꾸로 서서 다리 흔들기**: ②에서와 같이 몸을 수직으로 일직선 상태를 만든 다음 다리를 앞뒤 혹은 좌우로 번갈아 가위 동작으로 흔든다. 이때 다른 사람이 옆에서 받쳐주는 것이 좋다.

지금까지 우리가 해본 동작은 배우가 기본적으로 훈련해야 할 가장 기초적인 몸 풀기와 몸 다스리기이다. 여기서 강도를 조금 더 높이면 난이도가 높아지는데, 어떤 형태의 연극을 하느냐에 따라서 조절해야 한다. 뮤지컬을 하는지, 특별히 양식화된 연극을 하는지에 따라서 상이한 난이도의 훈련이 필요하기 때문이다.

지금까지 다룬 몸 풀기 훈련은 어떻게 신체를 이완시켜서 부드럽고 율동감 있게 만드는가에 대한 기술적인 방법들이다. 이 단계의 운동은 배우 지망생이든 배우를 하고 있는 사람이든 거의 매일 거르지 말고 되풀이해야 하는 신체운동으로 기억해두자.

발레 혹은 한국무용 등은 배우 지망생이라면 율동감 있는 몸을 만드는 데 필수적이다. 또한 아크로바틱, 펜싱, 수영 등은 연기에 반드시 필요하다. 바이엘을 배우지 않고 클래식 연주를 할 수 없듯이, 펜싱이나 발레의 기초 훈련 없이 셰익스피어나 몰리에르 연극을 한다는 건 불가능하다. 배우는 적어도 두세 개의 춤이나 운동을 기초훈련의 일환으로 반드시 해야 한다. 탈춤, 수영, 승마, 구기 종목, 마루운동 등도 좋은 훈련 방법이 될 수 있다. 춤과 운동을 통해 일상에서 쓰지 않는 근육들이 얼마나 굳어 있는지 알게 되고 긴장된 곳을 이완시켜야 하는 필요성을 일깨우게 된다. 이런 훈련 체험은 몸의 균형과 율동감을 갖게 한다. 발레나 한국무용 등에서 얻은 기술과 율동감은 특정한 연극 스타일이나 역할을 수행할 때 필요한 기술로 쓰일 수 있다는 점을 명심하자.

머리와 얼굴 기관의 운동

이번 시간엔 머리와 얼굴에 있는 근육, 관절들을 풀어주는 운동을 훈련해보기로 한다.

우리의 몸은 많은 관절과 복잡한 근육들이 서로 유기적으로 연결되어 있다. 허리가 뻐근할 때 허리와 연결된 척추, 등, 목, 다리의 근육을 늘리는 운동으로 허리 근육을 풀어주는 경우만 보아도 알 수 있다. 우리의 머리와 얼굴 근육도 마찬가지이다. 우리 얼굴에는 80여 개의 근육이 서로 연결되어 있다. 눈, 코, 입, 귀가 있는 얼굴은 배우의 신체 어느 기관보다도 중요한 표현수단이 된다. 배우는 자신의 눈, 코, 입, 귀를 이용해 얼굴 표정을 만듦으로써 정서의 변화와 의사를 표현하고 소리와 말을 만들어내기 때문이다.

더욱이 배우는 주로 말을 통해서 소통하고 느낌과 생각을 표현하기 때문에, 발성과 발음을 만드는 기관들이 대단히 중요할 수밖에 없다. 그런데 이런 기관들은 전부 머리와 얼굴에 있다. 특히 입은 우리의 발성기관의 중심으로 후두와 성대 같은 보이지 않는 기관도 포함되어 있다. 또 이, 혀, 입술 및 입천장 등이 연결되어 소리와 말을 만들어내는 데 중요한 역할을 한다. 우리는 배우들이 혀가 너무 길거나 짧아서 발음이 제대로 되지 않는 경우를 본다. 또는 혀와 입술의 움직임이 자유롭지 못해 발음이 부정확한 경우, 어금니가 맞닿는 악관절이 굳어 있어서 마치 이를 악물고 발성을 하는 듯한 경우도 보곤 한다.

한편 배우는 몸은 움직이지 않아도 얼굴의 근육들을 섬세하게 움직여서 느낌과 생각을 표현한다. 극단적인 예로 일본의 대중전통연극 가부끼(歌舞伎)에는 희로애락의 절정에 다다랐을 때 동작을 멈추고 정지된 상태에서 얼굴 표정만으로 그 감정을 표현하는 '미에'라는 것이 있다. 인도의 카타칼리에서도 화술언어를 대신하여 눈, 코, 입으로만 움직임을 표현하기도 한다. 그만큼 얼굴과 머리에 있는 모든 근육의 섬세한 움직임은 배우에게 매우 중요하다. 따라서 얼굴과 머리의 근육·관절운동은 일상에서 지속적으로 되풀이해야 할 것이다. 배우는 자신의 머리와 얼굴의 근육들을 자유롭게 움직일 수 있도록 이완·수축시키는 훈련을 함으로써 내면으로부터의 미세한 움직임조차도 원하는 만큼 밖으로 표현할 수 있어야 한다는 사실을 항상 명심하고 훈련을 게을리 하지 말자.

머리와 얼굴의 근육 풀기

훈련 머리와 얼굴 근육의 이완·수축

① 손으로 얼굴 문지르기: 이 운동은 먼저 머리와 얼굴 근육의 결에 따라 부드럽게 문질러주어 근육을 푸는 것이 요점이다. 손을 비벼서 열을 낸 다음 코를 중심으로 안에서 바깥으로 원을 그리며 얼굴을 마사지하고 전체적으로 부드럽게 문질러준다. 이렇게 하면 얼굴 근육의 긴장이 이완되면서 얼굴과 연결된 다른 부분, 즉 머리가 맑아지는 것을 느낄 수 있다.

배우가 분장을 할 때도 얼굴 근육에 대한 이해가 전제된다. 베이스를 바를 때 얼굴의 안에서 바깥으로 펴 바르는 이유가 근육 조직의 결대로 펴주어야 하기 때문이다. 마찬가지로 얼굴 근육을 풀 때 이마, 볼, 입술, 턱을 안에서 바깥으로 하여 근육 조직의 결대로 펴준다. 배우는 얼굴 근육을 풀어 필요 없는 긴장을 없애는 훈련을 의식적으로 행하면서 자신의 얼굴을 보배처럼 여기는 마음가짐을 갖도록 해야 한다.

② **목의 근육 풀기**: 오른손을 오른쪽 목, 왼손을 왼쪽 목에 지그시 대고 어깨로부터 목으로 올라가는 근육을 앞에서 뒤로, 뒤에서 앞으로 문지른다. 그다음 오른손을 왼쪽 목에 대고 문지르고, 반대로 왼손을 오른쪽 목에 대고 문지른다. 그러면 근육의 결이 잡혀 근육이 잘 풀린다. 그런 뒤에는 고개를 아래로 숙였다가 위로 젖히고, 다시 좌우로 젖혀 목의 근육을 이완하고 강화하는 훈련을 한다. 마지막으로 고개를 크게 좌우로 돌린다.

③ **손으로 얼굴 가볍게 두드리기**: ①에서와 같이 근육의 결대로 안에서 바깥으로 얼굴을 두드린다. 이때 긴장하지 말고 표피 안의 복잡한 근육의 결을 따라 마사지하듯 편안하게 두드린다. 앉은 자세 혹은 선 자세에서 하면 되고 혼자 할 때는 앉은 자세에서, 두 사람이 함께 할 때는 서서 마주 보고 하는 것이 좋다.

④ **눈 크게 뜨기**: 눈을 마음의 창이라고 하듯이 마음속 미세한 정서의 움직임은 눈을 통해 밖으로 표현된다. 때로는 미세한 눈빛 하나의 움직임이 크고 작은 몸동작이나 말보다 몇 배의 극적인 표현이 될 수 있다. 그러므로 배우들은 눈을 맑고 건강하게 좋은 눈으로 유지하는 것이 당연하다. 앉은 자세 혹은 선 자세에서 시선을 정면에 두고 눈을

크게 뜬다. '하나, 둘, 셋' 세 박자를 세고 네 박자째 눈을 크게 치켜 뜬다. 로렌스 올리비에가 연기한 오셀로의 눈을 기억해보자. 눈동자를 한 바퀴를 굴려 흰자위만 보일 정도로 치켜뜬 오셀로의 눈은 질투와 분노에 사로잡혀 있음을 강렬하게 보여준다. 그만큼 눈은 배우의 얼굴 중에서도 가장 중요한 표현수단이다.

눈을 부릅뜨고 하나부터 여덟까지를 세어본다. 눈 크게 뜨기는 하찮은 훈련으로 보일지 모르지만, 이것은 배우에겐 생명처럼 중요한 훈련으로서 매일 반복해야 할 것이다.

⑤ 눈동자 돌리기: 위로는 이마 위를, 아래로는 발끝을, 옆으로는 귀를 본다는 생각으로 눈동자를 돌린다. 그다음은 왼쪽 위에서 오른쪽 아래로, 오른쪽 위에서 왼쪽 아래로 사선을 그리며 바라본다는 생각으로 눈동자를 돌린다. 마지막으로 눈동자를 위로 치켜떠서 왼쪽 끝에서 오른쪽 끝을 지나 제자리로 돌린다. 반대 방향으로 한 번 더 한다.

이런 방법으로 점점 속도를 빠르게 하여 훈련한다.

위-아래-오른쪽-왼쪽-왼쪽 위/오른쪽 아래-오른쪽 위/왼쪽 아래-돌리기(왼쪽→오른쪽)-돌리기(오른쪽→왼쪽)

그다음은 양손으로 두 눈을 가볍게 눌러주며 지그시 눈을 감았다가 뜬다. 지도교사가 손뼉을 치거나 지휘봉을 사용해 배우의 훈련을 도울 것이다.

⑥ 눈썹: 눈썹을 중앙으로 모았다 편다. 그다음 위로 치켜올렸다 내렸다 한다.

⑦ 귀: 귀를 움직인다는 느낌을 가지고 두 손으로 양쪽 귀를 잡고 위아래, 앞뒤로 손으로 당기며 움직여준다. 의식적으로 귀가 움직인다는 느낌을 가지고 훈련하면 실제로는 귀가 움직이지 않더라도 관객은

배우의 귀가 움직이는 것처럼 느끼게 된다고 믿으라.

⑧ 코: 코 전체를 크게 확장했다가 수축시키기를 반복한다. 이때 코의 확장과 수축이 호흡을 전제로 이루어진다는 것을 명심하자. 호흡의 들숨과 날숨은 몸의 팽창과 수축과 관계 있다. 모든 운동은 근육의 확장과 수축 운동이며 확장은 들숨, 수축은 날숨이다. 지도교사는 배우들의 움직임을 보고 이것이 팽창하는 움직임인지 수축하는 움직임인지를 체크하면서 지도해줄 것이다.

발성과 발음 기관의 근육 풀기

발성 역시 호흡을 바탕으로 발성기관을 통해 소리를 내는 것을 말한다. 소리를 낸다는 것에는 말을 한다는 의미가 함축되어 있다. 말은 글자로서의 정보 이외에 마음속에서 일어나는 움직임, 즉 정서를 외적으로 표현하는 가장 중요한 수단이다. 그렇기 때문에 움직임과 화술 언어 중 어느 것이 더 중요한가 할 때, 강도의 세기에 있어서는 움직임이 더 중요하지만 일반적으로 소리와 말이 차지하는 비중이 크다고 할 수 있다.

전통적인 연극에서 소리, 즉 화술언어는 내면의 움직이는 모양새를 표현하는 데 가장 기본적이고 중요한 표현수단으로 여겨지고 있다. 그러므로 말을 제대로 할 수 없다면 배우가 될 수 없을 것이다. 그만큼 발성과 발음 기관의 근육 풀기는 아무리 강조해도 지나치지 않다. 배우가 이 부분에 문제가 발생하면 그 즉시 지도교사를 찾아가 다시 훈련해야 할 것이다.

발성기관은 근육이 작용하지 않는 부분으로 잘못 아는 경우가 있는데, 이번 시간엔 발성기관이 목의 근육과 연결되어 있다는 것만 확인해보기로 한다. 발성과 발음의 실제에 대해서는 다음 강의에서 자세히 다루기로 하겠다. 다만 이 시간에는 목의 근육을 풀어주기 위해 목 운동을 해야 한다는 것을 우선 강조해둔다.

훈련 입과 혀 운동

① **입을 벌려 하품하기**: 의식을 하면서 자연스럽게 입을 크게 벌리고 하품을 한다. 이때 악관절이 열려서 벌어져야 한다. 이를 위해 두 손가락 혹은 엄지를 입에 넣고 하품을 한다. 필요에 따라 팔을 뒤로 젖히며 기지개를 켜고 하품을 해도 좋다. 목으로부터 입 바깥으로 벌어지는 입의 크기가 매우 중요하다. 하품하면서 입과 연관된 기관들, 즉 입술, 입천장, 목 안, 목 바깥의 근육을 의식적으로 이완한다고 생각하라. 발성연습의 시작은 하품하기이며 이것이 매우 중요하다는 것을 명심하자. 근육 이완이 어느 정도 된다 싶을 때까지 몇 차례 되풀이한 다음, 입을 하품하듯 벌려 아래턱을 좌우 그리고 다시 상하로 움직인다. 일상생활에서도 칫솔질할 때 칫솔을 세워 입 안에 넣고 이를 의식하며 훈련할 수 있다. 배우들은 이 운동을 게을리 하지 말아야 한다.

② **입술**: 우선 아랫입술과 윗입술로 오므렸다 펴기를 한 다음 오므려서 앞뒤로 밀고 당기기를 한다. 입술은 소리를 내는 데 필요할뿐더러 입술의 작용에 의해 말을 하는 것이므로 입술 운동은 굉장히 중요하다. 입술 운동이 제대로 안 되면 발음이 되지 않는다. 입술은 혀와 유기적으로 연관되어 있으므로 말의 모양을 만들어내려면 입술을 움직여야 한다. 그런데 대부분의 배우는 입술을 제대로 움직이지 않는다. 특히 윗입술이 수동적인 경우가 있는데 윗입술 또한 섬세하게 움직

여야 할 것이다.

③ **입술로 바람 불기**: 윗입술에 힘을 빼고 자연스런 상태에서 '푸르르르르' 바람을 불어낸다. 길게 반복 훈련을 하다 보면 유성음에서 무성음으로 바뀌게 된다. 그다음 입술을 오므려서 밀고 벌리는 것과 당기고 벌리는 훈련을 한다. 이때 입술에 있는 긴장을 없애야 한다. 우리는 간혹 '긴장하라'는 말을 쓰는 경우가 있는데, 이는 근육을 긴장시키라는 말이 아니라 '정신을 바짝 차리라'는 뜻이다.

④ **혀 운동**: 혀를 앞으로 길게 뻗기, 혀를 뻗어 코에 닿기(코에 닿는다는 느낌을 가지고 한다), 혀를 뻗어 턱 아래로 내밀기를 차례로 한다. 그런 다음 혀끝을 위로 하여 입 안쪽으로 말고, 말린 혀의 뒷부분을 밖으로 뻗게 해서 이로 지그시 문다. 반대로 혀끝을 아래로 하여 입 안쪽으로 말고 말린 혀의 윗부분을 물어서 바깥으로 민다. 혀를 접어서 밀기를 하는 것이다. 우리말의 자음은 혀의 움직임에 따라 만들어지기 때문에, 입술과 더불어 혀가 자유롭게 움직일 수 있게 하는 훈련은 배우에게 필수적임을 명심하자.

⑤ **혀로 호루라기 불기**: 입술과 혀를 이용해 '호르르르르' 하며 호루라기를 부는 것처럼 한다.

3

몸의 세포가 움직임을 부호로서 기억하기

우리는 편의상 배우의 정신과 육체, 정서와 몸을 분리하여 언급하곤 하지만, 우리 몸이 세포조직인 것처럼 우리의 느낌과 생각도 세포들의 반응이고 움직임이라 할 수 있다. 우리의 육체와 정신은 분리해서는 존재할 수 없으며 하나로 결합되어야만 의미를 지닌다. 그래서 배우의 훈련 방법에 있어서도 마음 다스리기와 몸 다스리기를 함께 훈련해야 한다. 정신이나 느낌 또는 생각에 대한 부분을 이해하지 못하면 몸의 실체도 이해할 수 없기 때문이다.

우리의 일상을 들여다보면 사람들의 아주 작은 움직임에도 어떤 목적이 있다. 목적이 있다는 것은 그 안에 느낌과 생각이 포함되어 있다는 말이다. 가령 '내가 커피를 마신다'고 했을 때, 내 내면에서 커피를 마셔야겠다고 느끼고 그것을 생각으로 정리해 몸을 유기적으로 움직였을 때 커피를 마시는 움직임이 이루어지는 것이다. 몸이 그 중심으로부터 유기적으로 움직일 때 운동이 이루어지는 것과 같은 이치이다. 커피를 마셔야겠다는 느낌이 들면 커피를 마시기 위해 손이 가야 하고, 손이 가기 위해서는 팔이 가야 하며, 팔을 움직이기 위해서는 어깨가 움직여야 하고, 그러기 위해서는 다리를 움직여야 하는데, 이렇듯 몸 전체가 유기적으로 작용함으로써 커피를 마시게 되는 것이다. 느낌과 생각 없이 손만 기계적으로 움직여 마시는 것이 아니다.

움직임은 나의 생각과 느낌이 정리된 다음 몸의 중심 자리로부터 몸 전체가 유기적으로 작용함으로써 이루어진다. 이것은 신체적인 움직임과 정신을 분리해서 생각할 수 없다는 뜻이기도 하다. 그러므로 어떤 순간의 신체 움직임이든 배우의 움직임은 이미 하나의 표현부호, 즉 기호로서 의미를 갖게 된다. 따라서 배우는 의미가 부여된 동작을 하나의 표현부호로서 이해하여 세포가 받아들이게 하고 이를 내면에 저장할 필요가 있다. 그리하여 언제든 특정한 움직임이 필요한 경우 세포에 저장된 부호를 끄집어내어 사용할 수 있도록 신체 움직임을 기호체계로서 이해하는 것이 중요하다.

예를 들어 마루운동, 철봉, 평행봉과 같은 종목의 기계체조 선수들을 보자. 겉으로는 순전히 신체적인 움직임만 하는 것처럼 보이지만 사실 어느 한 순간도 자신의 느낌과 생각을 정리하지 않고 움직이는 법이 없다. 매 순간마다 자신의 느낌과 생각을 정리하여 몸의 세포들이 기억하고 있는 움직임을 몸의 중심으로부터 다시 만들어내는 것이다. 앞서 몸 풀기와 다듬기, 머리와 얼굴 기관의 운동 시간에 다루었던 훈련에서의 신체 움직임들 역시 하나의 표현부호로서 내면에 저장해두어 필요한 때 환기할 필요가 있다.

중심으로부터 느리게 길 찾아가기

오늘은 그동안 해왔던 몸 풀기와 다듬기, 머리와 얼굴 기관의 운동들을 처음부터 다시 해볼 것이다. 그런데 이번엔 그 운동들을 아주 느린 동작으로 해보도록 하자. 우리 몸의 세포들이 이러한 운동 과정을 의미가 부여된 부호로서 기억할 수 있도록 느낌과 생각, 그리고 몸을 하나의 유기체로 움직일 수 있게 해보는 것이다. 이 훈련 과정은 아주 느리게, 차근차근, 그러나 철저하게 이루어져야 한다.

예를 들어 앞 장의 강의에서 실습했던 목 운동이 기본 8박자로 목을 한 번 돌렸다면, 이번에는 길이를 8배 이상으로 하여 아주 천천히 느린 동작으로 돌려보는 것이다. 가능한 한 느리게 움직이면 근육이나 관절 등 모든 것이 이완되면서 불필요한 긴장이 사라지는 것을 느낄 수 있고, 동시에 움직임에 더욱 집중하게 되면서 어느 순간도 그냥 지나치지 않게 된다. 다 같이 한번 해보자. 목을 천천히, 아주 느리게 움직여보자. 앞 시간에서는 단순히 목 운동으로 보였던 것이 천천히 움직이게 되면 그 움직이는 순간순간들이 어떤 의미를 갖게 됨을 느낄 것이다. 이때 몸의 세포들은 운동의 매 순간을 특별한 움직임으로 기억하게 된다. 이런 운동은 정신과 육체가 하나가 되어 몸의 중심으로부터 유기적으로 움직이는 훈련의 하나이다.

앞서 '1. 몸 풀기와 다듬기', '2. 머리와 얼굴 기관의 운동' 시간에 해보았던 모든 움직임을 8배 정도 느리게 하여 '중심으로부터 느리게 길 찾아가기' 훈련을 해볼 것이다. 여기서는 두 가지의 훈련만 실습해보겠다.

훈련 1 허리 굽혀 두 손 바닥에 닿기
바로 선 자세에서 몸의 중심 자리로부터 움직여 허리를 앞으로 굽히고 두 손을 바닥에 닿게 한다. 처음엔 보통 속도인 8박자로 한 다음, 다시 이를 8배 이상 아주 느린 동작으로 한다.

훈련 2 두 팔을 수평으로 뻗고 가슴을 무릎에 닿기
바닥에 앉아서 두 팔은 앞으로 수평으로 뻗고 두 다리는 쭉 편다. 골반-

허리-척추-목뼈의 순서로 아주 천천히 발끝을 향해 가슴을 무릎에 닿게 한다. 보통 속도보다 10배 이상 느린 동작으로 한다. 그리고 다시 골반-허리-척추-목뼈순으로 아주 느리게 일어난다.

몸 다스리기 훈련의 모든 과정을 이와 같은 순서로 차례차례 다시 실습해본다.

움직임의 흐름과 맺고 끊고 가기

10배 이상 느린 움직임을 통해 우리 몸의 세포가 매 순간의 운동을 하나의 부호로서 기억하고 저장하는 과정을 여러 차례 되풀이해서 충분히 소화했다면, 그다음은 모든 운동을 네 토막으로 끊어서 중간에 멈추어 정리하고 다시 시작해서 멈추고, 다시 시작하여 멈추기를 연속해서 해본다.

예를 들어 바로 선 자세에서 목을 뒤로 젖히는 동작을 8배 이상으로 느리게 할 때, 아주 느리게 4박자 움직이다 한 번 끊어서 맺는다. 즉, 한순간을 정지한다. 그리고 정지한 상태에서 4박자를 천천히 쉬면서 기다리고, 다시 천천히 4박자를 움직이다가 끊어서 맺고, 또다시 천천히 4박자를 기다린다. 이것은 움직임의 흐름과 정지 모두가 하나의 의미 있는 부호가 된다는 것을 보여주는 것이다. 직접 훈련하고 있는 수련생이나 이 과정을 보고 있는 수련생 모두 몸의 세포들이 움직임과 정지된 동작을 하나의 부호로서 이해하고 기억하게 된다는 것을 느끼게 될 것이다.

이제 느리게 움직이다가 중간에 끊어서 맺고, 다시 움직임을 연결하는 방법을 몸 풀기의 과정에서 했던 모든 운동에 다 시도해보자. 훈련이 진전되면, 중간에 한 번 정지하고 그다음 다시 움직일 때는 지금보다는 조금 덜 느리게(아주 느린 것보다는 조금 빠르게) 움직이고, 다시 정지할 때는 좀 더 길게 해본다. 우리는 여기서 '움직임의 흐름과 맺고 끊고 가기' 훈련을 위해 두 가지만 실습해보기로 한다.

훈련 1 8박자 동안 움직이고 4박자 동안 정지하기

바로 선 자세에서 보통 속도보다 8배 이상 아주 느리게 8박자 동안 팔을 앞으로 뻗는다.
- 정지하여 완전히 앞의 동작을 맺은 다음 4박자 동안 움직이지 않고 그대로 쉬면서 기다린다.
- 앞으로 뻗은 팔을 다시 위로 천천히 4박자 동안 들어올린다.
- 아주 느리게 4박자 동안 멈춰서 기다린다.
- 두 팔을 양옆 수평으로 천천히 8박자 동안 내린다.
- 아주 느리게 8박자 동안 멈춰서 기다린다.
- 차렷 자세로 두 팔을 천천히 8박자 동안 내린다.

이 과정을 한 그룹은 실천하고 다른 그룹은 관찰하여 정지해 있는 순간 그 자세에 어떤 의미가 부여되는지 느껴보자.

훈련 2 정지된 순간을 길게 해보기

위의 동작을 하되, 조금 덜 느리게 움직인 다음 정지된 순간을 더 길게 가져본다. 정지된 동작을 더 길게 하는 것이 이 훈련의 포인트이다. 바로 선 자세에서 팔을 천천히 들어올릴 때도, 팔만 움직이는 것이 아니라 몸의 중심으로부터 발은 아래서 당기듯 바닥에 안정되게 딛고 허리부터 팔은 위로 당겨 올리는 듯한 느낌을 가지면서 몸이 유기적으로 반응하여 몸 전체가 하나로 움직인다는 것을 잊지 않도록 한다.

이러한 연습은 앞서 몸 다스리기 훈련처럼 단순한 근육 스트레칭 운동으로 끝나는 것이 아니라, 움직임에 보다 집중해 육체가 매 순간 어떤 의미를 만들며 움직인다는 것을 느끼게 할 것이다.

공간 익히기

움직임의 방향, 속도, 무게, 강약

공간에서의 움직임에는 움직임의 방향과 속도 그리고 무게와 강약 등이 있을 수 있다. 기본적으로 움직임의 방향이란 앞으로 가고, 뒤로 움직이고, 좌우로 도는 것 그리고 상하로 움직이는 것이다. 여기서는 앞으로 조금 더 빨리 걷거나 뒤로 천천히 걷거나 제자리에서 방향을 바꾸어 도는 것 등 다양하게 변형된 움직임을 훈련해보기로 하자.

훈련 1 느리게 움직이기 1

- 처음에는 보통 속도의 걸음으로 앞을 향해 여덟 발짝 걷는다.
- 뒷걸음으로 여덟 발짝 걷는다.
- 다시 앞으로 여덟 발짝 걸어서 왼쪽으로 8박자 한 바퀴 돌고, 반대로 오른쪽으로 8박자 한 바퀴 돈다.
- 그다음 높이 뛰어오르기를 한다.

여기서 우리는 신체 운동의 어떠한 것도 단지 방향과 속도와 무게가 달라질 뿐 일상의 움직임이 아닌 것이 없다는 것을 인식하게 된다.

훈련 2 느리게 움직이기 2

지금까지의 동작을 8배 이상 아주 느린 동작으로 한다. 정상 속도에서 느린 속도로 변화를 주는 것이다. 앞뒤로 느리게 걷거나 좌우로 도는 것은 균형 잡기에 어려운 동작들이다. 중심을 잃지 않게 주의하고 몸을 유기적으로 균형을 맞추도록 노력하자. 이 훈련을 통해 지금까지는 걷거나 도는 것이 무심히 행해지는 것이라고 생각했는데 실제로는 그렇지 않다는 것을 깨닫게 될 것이다.

훈련할 때 수업을 듣는 수련생들을 반으로 나누어 반은 걷고 나머지 반은 걷는 행위자들을 관찰한다. 이때 걷는 행위자들은 균형을 잡으려다가 시선을 아래로 떨어뜨리거나 가슴을 앞으로 내밀어 지도교사의 지적을 받는 일이 없도록 유의해야 한다.

훈련 3 빠른 속도로 움직이기

지금까지 정상 속도와 느린 속도로 훈련했다면 이번에는 아주 빠른 속도로 움직여본다.

- 눈은 수평을 유지한 채 중심의 자리로부터 몸이 하나가 되어 제자리에서 오른쪽으로 8박자 돈다.
- 다음은 8배 이상 아주 느리게 돈다.
- 그러고 나서는 아주 빠르게 돈다.

훈련 4 무게 느끼기

앞의 움직임에 무게와 강약을 더한다. 움직임에 무게를 가하기 위해 손과 발에 큰 쇳덩어리를 달았다고 느끼면서 움직여본다. 몸의 아래위로 쇳덩어리를 달고 움직인다고 생각하며 한다. 그다음은 아주 깃털같이 가볍다고 느끼면서 '훈련 3'의 움직임을 연습해본다.

움직임에 강약 주기

지금까지의 움직임에 강약, 즉 악센트를 주는 방법이다.

먼저 몸에 무게를 더해 팔을 아주 무겁게 앞으로 뻗는다. 그런 다음 갑자기 속도를 가해 팔을 위로 획 올리는 악센트를 준다. 그리고 옆으로 내려 다시 차렷 자세를 한다. 그런 다음 앞 장에서 했던 모든 운동에 이러한 악센트를 부여하면서 다시 훈련해보자.

이런 움직임에는 속도와 방향, 무게가 동반되면서 어떤 의미가 만들어지기 시작한다. 속도와 무게 느끼기를 병행해서 하는 훈련이다.

음악의 경우 정해진 음계 안에서 고저, 강약, 느리고 빠름의 변주를 통해 무궁무진하게 변화하는 음악을 만들어내는데, 이와 마찬가지로 우리는 방향, 속도, 무게, 강약의 변화를 통해 다양한 움직임의 변주를 만드는 훈련을 해보았다. 이것이 방향, 속도, 무게, 강약을 통한 공간 익히기 훈련이다. 훈련을 통해 경험했듯 다양한 변주를 통한 움직임에서 부호가 만들어지기 시작하는 것이다.

이번에는 '얼굴과 머리의 움직임'에서도 이러한 변주를 적용해 움직여본다. 앞서 '2. 머리와 얼굴 기관의 운동'에서 실습했던 모든 과정에 지금의 방향, 속도, 무게, 강약 주기를 같은 방법으로 되풀이해서 훈련해본다.

기관들의 결합을 통한 율동 창작

기관들의 결합을 통한 율동 창작이란 지금까지 훈련한 모든 기관들의 움직임을 반응과 행동으로 연결시켜보는 것을 말한다. 그러니까 지금까지는 목 운동과 팔 운동을 따로 했다면, 이제는 목 운동과 팔 운동, 입

운동과 어깨 운동, 옆구리 운동과 얼굴 운동, 혀 운동과 팔 운동 식으로 서로 결합하고 연결시켜서 각 기관의 움직임을 상호간 반응을 통한 율동으로 창작해보는 것이다.

가령 목 돌리기 운동을 하면서 눈을 치켜뜨고 그다음 반응으로 입을 벌리고 혀를 내민다든가 하는 식으로, 여러 기관 운동들 간의 무궁무진한 결합을 통해 율동을 만들어낼 수 있다. 이러한 운동으로 만들어진 연극의 극단적인 예가 인도의 '카타칼리'이다. 카타칼리의 경우 행위자의 모든 기관들이 각기 따로 움직이면서도 완벽한 조화를 이루어 하나의 기호를 만들어내는 극치를 보여준다. 입은 입대로, 눈은 눈대로, 팔은 팔대로 움직이면서 신체의 모든 것과 소리까지 더해져, 각자 따로 움직이면서도 상호간에 연결·결합된 하나의 기호로서 보이게 만든다.

특히 카타칼리 행위자들이 보여주는 기관 간의 결합된 움직임은 강렬한 내면의 충동(impulse)으로부터 만들어진 것이므로 대단히 격정적인 움직임과 이야기를 만들어낸다. 그렇기 때문에 보는 사람이 이렇게 만들어진 부호들을 모르더라도 충분히 분노, 기쁨, 복수 등과 같은 강렬한 의미를 전달받아 이야기를 따라갈 수 있다.

이렇게 각 기관들을 결합시켜 율동을 만들어내는 훈련만 하는 것도 한 학기 수업이 모자랄 만큼 오랜 수련 과정이 필요하다. 우리는 얼굴의 기관을 움직여야 감정을 드러낼 수 있다고 생각하지만 이미 신체의 움직임에서부터 정서가 드러난다. 가령 단순한 마루운동이라 해도 그것을 하면서 팔을 벌리고 입을 벌려보라. 기관들을 결합한 움직임, 율동이 만들어질 때 거기에는 이미 감정이 드러나고 의미가 함축된다는 걸 느낄 수 있다.

여러분은 신체의 여러 기관들을 서로 결합하여 연결시키는 훈련을 통해 다양한 움직임을 창작할 수 있을 것이다. 지금까지 해본 움직임들을 결합하여 한 토막의 율동을 만들어보자. 이때 음악을 배경으로 하는 것도 큰 도움이 될 것이다. 음악이 들어가면 일종의 안무가 만들어진 한 토막 무용이 된다는 것을 느낄 수 있다. 다음의 몇 가지 훈련 예를 실습해보자.

훈련 고개-눈-입-혀-눈 운동을 결합하기

바른 자세에서 목 운동을 앞-뒤-좌-우로 한다. 다음으로 얼굴(표정) 운동을 한다. '2. 머리와 얼굴 기관의 운동'에서 했던 운동 중 고개를 움직이면서 눈 운동, 입 운동, 혀 운동을 같이 한다(예: 고개를 뒤로 젖히면서 혀를 내민다-고개를 숙이면서 혀가 들어간다). 다음은 고개와 혀의 움직임에 눈 운동까지 결합한다. 이 실습에서 움직임은 이미 하나의 부호가 되는 것을 느낄 수 있다.

이와 같은 방법으로 여러 가지 변형을 시도해본다. 난이도가 심하게 높지 않은 마루운동을 비롯해 앞에서 다루었던 모든 움직임을 결합하여 여러 가지 동작과 율동을 창작한다.

음악을 틀어놓고 안무를 짜보도록 하라. 신체의 각 부분을 따로 움직이는 훈련에서 다양하게 서로 결합하는 움직임으로 발전시키는 훈련은, 신체의 여러 부분을 연결하고 결합해 서로 대화하는 듯한 율동을 찾는 훈련이다. 처음에는 기관 간에 서로 조율이 힘들어 어려울 수도 있다. 그러나 천천히 생각하면서 되풀이하고 발전시켜 나가면 재미있는 결과를 생산해낼 수 있다. 이러한 훈련이 과제로 주어지면 집에서 충분히 연습하고 그 결과를 수업 중에 시행해보는 것이 좋다.

4

인물 간 움직임으로 교감하기

지금까지의 움직임이 혼자서 수련하는 개인 훈련이었다면, 이번 시간부터는 2인, 3인 또는 여러 사람이 서로 동작을 주고받는 훈련을 해보자. 모든 움직임은 작게는 움직임(movement), 크게는 행동(action)이라 하며, 특히 연극적 행동을 일컬어 극적 행동(dramatic action)이라고 한다. 그런데 여기서 행동이란 어떤 행동에 대해 반응하는 움직임(reaction)이란 것을 기억할 필요가 있다. 연극은 배우가 무대 위에 등장함으로써 시작된다. 그래서 배우가 최초로 무대에 등장하는 것을 제일 처음 시작하는 행동(action)이라고 생각하게 된다. 그러나 이것은 엄밀히 말하면 무대 밖이나 안에서 이미 일어난 어떤 행동에 대한 하나의 반응(reaction)이다. 항상 반응(reaction)이 먼저 나오고 뒤따라 행동(action)이 나오며 이 행동(action)이 다시 반응(reaction)을 만드는 것이다. 이렇게 반응과 행동은 끊임없이 되풀이하면서 진행된다.

그렇다면 배우가 처음 무대에 나오는 것이 왜 반응(reaction)인가? 배우가 무대에 나올 때는 어떤 이유가 있기 때문이다. 즉, 그 이유에 대한 반응(reaction)으로 무대에 등장하는 것이다. 여기서 반응에 대한 한 가지 실례를 보자. 반응의 대상은 반드시 인물만이 아니라 사건 또는 음향, 조명일 수도 있다. 〈갈매기〉에서 마샤와 메드베젠코가 등장하는 첫 장면을 생각해보자. 극중 이들은 무대에서 연극이 공연된다는 사실을 알고 그 연극을 보기 위해 등장한다. 먼저 마샤가 등장하는 이유는 뜨레쁠예프를 찾기 위한 것으로, 무대에서 뜨레쁠예프가 마샤를 끌어당기고 있기 때문에 그 힘에 의해 끌려나오게 되는 것이다. 메드베젠코 또한 이미 먼저 무대에 나간 마샤가 이끌고 있기 때문에 그 힘에 이끌려 등장한다. 한편 뜨레쁠예프가 무대로 나오는 이유는 니나를 만나기 위해서이며, 니나는 뜨리고린을 향해 반응하기 위해서이다. 뜨리고린은 아르까지나의 힘에 이끌려 그녀와 함께 나온다.

메드베젠코는 마샤에 대한 반응으로, 마샤는 뜨레쁠예프에 대한 반응으로, 뜨레쁠예프는 니나에 대한 반응으로 등장한다. 그리고 니나는 뜨리고린에 대한 반응으로, 뜨리고린은 아르까지나에 대한 반응으로 등장한다. 즉, 어떤 인물이든 무대에서 자신을 당기는 힘이 있기 때문에 나온다는 것을 알 수 있다. 그러니 마샤의 첫 번째 등장은 뜨레쁠레프의 당기는 힘에 이끌린 반응이라고 할 수 있다. 이렇듯 배우의 움직임, 인물 간의 반응은 서로 쫓고 쫓는 선명한 움직임으로 나타나야 한다. 모든 움직임은 반응에 의한 것이며 반응-행동-반응의 지속적인 관계 속에서 이루어진다. 이런 반응-행동-반응의 관계를 염두에 두고 복수의 인물들이 서로 어떤 움직임을 주고받는지 연습해본다.

움직임의 반응-행동-반응

그동안 혼자 하는 운동들을 다양하게 변형시키는 것을 충분히 훈련했다면, 이번에는 두 사람이 주고받는 게임을 해보자. 분명한 것은 반응-행동-반응의 관계에서 진행되어야 한다는 것이다. 먼저 두 사람이 나와 바른 자세로 서로 마주 보고 선다. 한 배우가 어떤 움직임으로 상대에 대한 반응을 하면 그 상대방 역시 이에 대한 반응을 해서 서로 주고받는 움직임을 계속 만들어나간다. 여기서의 반응은 지금까지 훈련해온 신체 움직임을 이용한 것으로, 특별한 의미를 부여한 움직임이 아닌 기계적으로 반응하는 단순한 움직임이면 된다. 몇 가지 예를 들어보겠다.

훈련 1 **두 사람의 반응-행동-반응 연습**

A, B 두 사람이 마주 보고 서서 바른 자세를 취한다.

- A가 제자리에서 점프를 한다.
- B가 이에 반응하여 허리를 곧게 펴고 다리를 90°로 들어올린다.
- A가 이에 대한 반응으로 팔을 앞으로 펼친다.
- 이에 대해 B가 다리 찢기로 반응한다.

  이 훈련에서 반응으로서의 움직임은 몸 전체의 움직임에서부터 얼굴, 표정의 움직임까지 어떤 것이어도 좋다.

훈련 2 **즉흥적인 반응-행동-반응 연습**

이번 훈련은 참여자들이 인지할 수 있도록 큰 동작으로 한다. 그리고 반응을 할 때 앞 동작과 전혀 상관없는 움직임을 한다.

- A가 먼저 두 팔을 앞으로 쭉 뻗는다.
- B는 높이뛰기로 반응한다.

  이 높이뛰기는 A가 두 팔을 뻗은 동작에 대한 반응일 수 있다. 이때 두 사람은 서로 상대방의 움직임에 어떤 의미도 부여하지 말고 의식도 하지 않은 채 로봇처럼 기계적으로 반응하는 것이 중요하다. 이러한 즉흥적인 반응-행동-반응을 계속해서 이어가보라.

이러한 기계적인 움직임의 결합은 특별한 의미를 두지 않은 단순한 동작일 뿐이다. 그러나 이를 관찰하는 사람들이 볼 때는 어떤 의미가 있는 움직임으로 보일 수 있다. 또한 보는 위치에 따라, 보는 각도에 따라 그 움직임의 의미가 달라질 수도 있다. 높이뛰기는 정면에서 볼 때 아래위로 움직이는 것으로 보이지만, 옆에서 보면 수평의 움직임으로 보일 수 있다. 지구 운동으로 비유하자면, 지구가 태양계를 중심으로 원 운동을 하는 것이 위에서 볼 때는 원 운동으로 보이지만 앞에서 보면 수평의 직선 운동으로 보이는 것과 마찬가지이다. 위의 반응-행동-반응의 움직임들을 여러 각도에서 보면 그 움직임에서 여러 가지 다양한 의미소를 발견하게 된다.

두 사람씩 짝지어 훈련했던 여러 가지 움직임을 다양하게 활용하고, 과제를 통해 집에서 움직임을 발전시켜 오도록 한다. 여러분이 스스로 즐기면서 과제를 발전시킬 수 있다면, 훈련 자체가 이미 어떤 의미를 가진 무용의 한 장면같이 보일 것이다.

군중 속에서 중심 찾기와 이동

지금까지 한 사람에 대한 중심의 자리를 언급했다면, 이제는 여러 명이 있을 때 중심의 자리가 어디 있는지에 대해 알아보기로 하자.

훈련 1 두 사람이 차례로 나와 중심 찾기
- A가 무대에 나와서 그냥 선다.
- B가 나와서 선다.
- A가 들어간다.
- B가 들어간다.

이 간단한 움직임을 통해, 우리는 누구든 혼자 나와서 서게 될 경우 대개 중앙에 서는 것을 알 수 있었다. 여러분 중 A 수련생이 나와서 자신을 부른 지도교사를 향해 섰다. 그리고 다시 B 수련생이 나왔는데 이번에는 수련생인 여러분을 향해 중앙에 섰다. 이것은 두 사람이 스스로 중심을 찾은 것이다. 즉, 처음에 나온 A는 지도교사를 향해 강의실을 중심으로 서고, 두 번째로 나온 B는 여러분을 중심으로 서서 원심력과 구심력에 의한 중심 찾기를 한 것이다. 이처럼 강의실 내의 중심을 수련생 스스로 만들어내고 있는 것이다.

훈련 2 **두 사람이 동시에 나와 중심 찾기**
- 이번에는 A, B, 두 사람이 동시에 나와서 선다.
- 두 사람이 동시에 들어간다.

이번에는 훈련 1에서와 달리 여러분 중에 두 사람이 나와서 서로 적당한 거리를 두고 나란히 섰다. 이들이 나와서 서는데 지도교사가 어떤 특별한 조건을 부여하지는 않았다. 그런데도 두 사람은 이 강의실 공간을 균등하게 둘로 나누어 섰다. 그러면서 자연스럽게 중심의 자리를 만든 것이다.

훈련 3 **세 사람 사이에서 중심 찾기**
- A, B, C, 세 사람이 나와서 강의실 가운데 선다.
- 다시 동시에 들어간다.
- 그다음 또 다른 세 사람이 나와서 강의실 가운데 선다.
- 다시 동시에 들어간다.

여러분 중 세 사람이 모두 지도교사를 향해 적당한 거리를 두고 섰다. 이번에도 누가 시키지도 않았는데 세 사람이 적당히 균형 있게 공간을 나누어 차지했다. 그다음 나온 세 사람은 처음엔 삼각형 구도로 섰다가 다시 한 사람이 이동하여 나란히 일렬로 섰다. 삼각형 구도로 섰을 때는 분명히 세 사람이 균등하게 공간을 나누었다. 그리고 일렬로 섰을 때도 세 사람은 평면상의 거리를 적당히 균등하게 나누었다. 이 두 가지 형태의 공간 나누기는 바라본 각도만 다를 뿐 동일한 형태이다. 위에서 본 평면도에서는 삼각형 구도의 형태이지만 입면도로 바꾸면 좌우로 세 사람이 일렬로 선 것으로 보이기 때문이다. 삼각형 구도로 선 것이나 일렬로 선 것이나 모두 공간이 균등히 나누어졌고 그 공간에 중심이 있다는 점에서는 동일하다.

어떤 공간이 있을 때 거기에는 중심점이 있기 마련이다. 그래서 움직임은 중심의 자리를 찾아 그 중심을 유지하기 위한 반응으로서의 이동이라는 점에서 늘 같다. 여러 사람, 다수의 군중이라 해도 그들의 이동은 중심의 자리를 찾는 것이며, 이것은 세 사람의 중심 찾기와 동일한 원리를 따른다. 이런 움직임을 사람의 수를 차츰 더 늘려가면서 진행해 보자.

균형과 조화를 이루는 반응, 행동

중심의 자리를 잘 이해하면서 움직이면 그 움직임은 자연스럽게 균형과 조화를 이루게 된다. 이제 이 훈련을 확대하고 각기 소그룹으로 나누어 중심 찾기를 해본다. 그러면 다수의 사람이라 해도 전체적으로 중심을 잃지 않고 균형과 조화를 이루는 움직임을 하게 될 것이다.

훈련 1 중심의 자리를 유지하며 서고 이동하기

- A가 나와서 선다.
- B가 나와서 두 사람이 서로 마주 보고 선다.
- A가 어떤 움직임을 한다.
- B가 반응하여 움직인다.

여기서 중요한 것은 중심의 자리를 의식하면서 훈련해야 한다는 것이다. 처음 마주 본 두 사람은 서로 적당한 거리를 두고 중심의 자리를 유지하면서 서게 된다. 이때 A가 움직이면 두 사람 사이의 중심이 이동하기 때문에 B도 다시 중심을 찾아 어디론가 이동하게 된다. 여기서 두 사람 사이의 움직임에는 시간차가 있을 수 있으며, 자연스럽게 중심의 자리가 이동하게 된다. 이처럼 중심이 움직이면 다른 움직임은 자연스럽게 뒤따르는 것이다.

훈련 2 세 사람이 균형 찾기를 하며 움직이기

- 두 명의 수련생이 교실 가운데 서 있다.
- 한 사람이 더 나와 세 명이 적당히 선다. 여기서 우리는 세 사람이 자연스럽게 삼각 구도를 이루게 된 것을 볼 수 있다.
- 한 사람이 어느 방향으로 조금 움직이면 나머지 두 명도 자연스럽게 중심을 찾아 움직인다.
- 이런 방식으로 세 사람이 중심을 두고 서로의 균형 찾기를 해본다.

무대 위에 행동선을 만들 때 이와 같이 중심 찾기와 그에 따른 이동 방식에 접근하면, 자연스럽게 인물 간의 관계가 드러나고 인물 상호간 균형과 조화를 유지할 수 있다.

상대방과 중심을 이동하는 움직임을 할 때, 그동안 훈련한 여러 가지 혼자서 하는 움직임을 연결하고 결합·적용시킨다. 여러 신체 기관들을 결합한 율동을 연결시켜 이에 대한 반응을 하며 움직여보기도 한다. 이때 빠르게 움직이기보다 반응하는 시간을 충분히 가지는 것이 좋다.

- 무대에 두 사람이 마주 보고 선다.
- A가 제자리에서 뛴다.
- B는 마주 보던 상대방을 등진 채 눈을 크게 뜨고 걸어간다.
- A는 B가 있던 자리로 따라간다.

A가 뛰었을 때 B는 바로 따라가도 좋고, 조금 오래 있다가 반응을 해도 좋다. 생각할 시간을 충분히 가진 후 반응하며 움직여도 상관없다는 뜻이다.

중심 찾기와 이동은 앞 시간에 했던 모든 운동을 연결해서 훈련해야 하고, 여기에 방향, 속도, 강약, 무게까지 연결시킬 수 있어야 한다. 혼자 하는 운동에서는 몸의 중심을 잡으며 춤을 출 수 있고, 두 사람일 경우에는 두 사람 간의 중심을 찾으며 서로 반응함으로써 한 장면의 춤을 만들 수 있다. 그리고 더 발전하여 다수의 군중이 할 때는 중심 찾기와 이동을 통해 작은 춤판을 만들 수도 있다.

여기에서 군중 장면을 만드는 다른 예를 한 가지 더 생각해보도록 하자. 군중 역시 중심의 자리를 찾아 그 중심점에서 반응과 행동을 주고받으며, 계속 중심을 잃지 않기 위해 중심을 이동하며 움직인다. 가령 1개 사단에 3개 연대가 있어 각 연대를 대표하는 깃발이 있다고 하자. 각각의 연대 안에는 여러 중대가 있으며 중대 안에는 각각의 소대가 있다. 이때 소대원들은 자신의 중대 깃발을 따라가고 각각의 중대원은 연대의 깃발을 따라가면 된다. 세 개의 연대는 중심의 자리를 찾아 계속 이동하기 때문에, 군중들은 연대의 깃발만 따라다니면 저절로 중심을 찾으며 이동하는 것이 되기 때문이다. 아무리 많은 등장인물이 무대에 나온다 해도 이러한 중심 찾기와 이동을 적용하면 모든 움직임이 질서 있고 명확해진다.

이것이 바로 균형과 조화를 이룬 반응과 행동 연습이다. 물론 중심의 자리를 찾는 과정에서 균형과 조화가 파괴되는 소용돌이(chaos)와 혼란의 현상이 생기기도 한다. 하지만 한 중대가 몰살당할 경우 그 중대원들은 살아 있는 중대로 흡수·편입된다. 이것이 무질서에서 질서로 들어가는 과정이다. 이 모든 것이 균형을 잃지 않기 위해 중심의 위치를 찾아가는 훈련을 통해 이루어진다.

5
의미 있는 움직임 해보기

전 시간에는 모든 움직임들을 통해 중심 찾기와 이동, 균형과 조화를 이루기 위한 반응–행동–반응 훈련을 몇 가지 해보았다. 이제는 이러한 움직임 안에서 어떤 의미를 찾아보려고 한다. 의미 안에서 반응하고 행동하고 반응하는 훈련을 해보는 것이다. 이 훈련은 움직임에서 의미를 만들기 전에 반응과 행동을 익숙하게 충분히 즐기면서 하는 일이 중요하다.

의미 있는 반응–행동–반응

훈련에 앞서, 지도교사가 양팔을 쭉 뻗고 무릎을 구부리는 움직임을 하면, 여러분은 각자 지도교사의 움직임에 반응을 해보라(각자 여러 가지 반응을 보인다). 여러분은 각기 다른 반응을 보였는데, 여러분 자신과 지도교사와의 사이에 중심을 잃지 않기 위해 주의를 기울인다는 것을 알 수 있었다. 지금 했던 움직임으로 반응–행동–반응을 해보자. 그 움직임들에 의미가 생기기 시작한다. 이런 식으로 움직임을 주고받으며 다음의 연습들을 해보자.

• 1단계 : 단순한 움직임으로 주고받는 반응–행동–반응 / 의미 있는 반

응-행동-반응

• 2단계 : 단순한 소리로 반응-행동-반응/말, 대사로 반응-행동-반응

1단계를 하지 않고 바로 말, 대사로 반응할 경우 그 말들이 제대로 표현되지 않는다는 것을 체험하게 될 것이다. 무국적 언어인 지버리시(Gibberish), 또는 이상적 세계 언어인 에스페란토를 통해 정서를 표현하는 방법을 사용할 수 있다.

• 3단계 : 소리와 움직임이 결합된 반응-행동-반응

[훈련 1] 기계적인 반응-행동-반응과 의미 있는 반응-행동-반응 연습

- 두 사람 A, B가 마주 선다.
- A가 양팔을 벌린다.
- B가 오른쪽 손을 앞으로 뻗고 왼쪽 다리는 뒤로 뻗는다.
- A가 다리를 벌리고 서서 고개를 젖힌다.
- 이에 대해 B는 격파 동작을 한다.

이것은 아주 단순하게 기계적인 반응을 한 경우이다. 까닭이나 이유 없이 즉각적으로 움직임이 나올 수 있어야 한다. 만일 몸이 잘 훈련된 체조 선수들이라면 아주 자연스럽게 어떤 움직임이든 나올 것이다. 그런데 신체 훈련이 되어 있지 않은 사람이라면 처음에는 어색한 움직임만 주고받는 한계를 보일 것이다. 이 경우 한 번 했던 움직임을 다시 시작해서 되풀이하며 즐겨보자.

- A가 두 팔을 벌리고 선다.
- B가 한쪽 무릎을 세우고 한쪽 다리를 뒤로 뻗는 스트레칭 자세를 한

채 총을 겨누듯 팔을 뻗어 상대방을 향하는 움직임을 한다.

- A가 손을 내민다.
- B는 양손을 든다.
- A가 고개를 숙인다
- B가 돌아선다.

이는 처음에 했던 기계적인 반응에 비해 시간이 더 걸리더라도 움직임에 어떤 의미를 부여한 것으로 의미 있는 반응-행동-반응을 한 것이다. 가능한 한 큰 움직임을 활용하여 훈련하도록 하자. 크고 분명한 동작을 통해 의미 있는 반응-행동-반응이 가능해지기 위해서는 어떠한 움직임도 자연스럽게 표현할 수 있도록 신체 훈련에 익숙해져야 한다. 신체 훈련이 충분히 이루어진 단계에서는 기다림 없이 즉흥적으로 반응이 나온다는 뜻이다. 이 시점에서 앞 장에서 해보았던 신체 훈련의 중요성이 다시 한 번 환기된다.

훈련 2 정서를 가진 움직임으로 의사소통하기

정보가 담긴 말이 아닌 지버리시 혹은 에스페란토를 하며 정서를 주고받는 대화를 한다. 이는 말에 정보는 없지만 구체적인 정서로 표현하여 서로 의사소통을 하는 훈련이다. 다시 말해 정보로서의 화술언어가 아닌 정서 표현의 대화를 나누는 것이다. 원시시대 어떤 부족에게는 말이 한 가지밖에 없는데도 그 말 하나로 모든 의사소통이 된다고 하는데, 이런 예를 생각하면 이해하기 쉬울 것이다.

가령 '사랑한다'는 말보다 '사랑한다'라는 내면의 정서를 가지고 움직여보자. 움직임은 내면에서 정서가 우러나와야 표현될 수 있는 것이지만, 말은 그 자체가 정보를 갖고 있기 때문에 내면에서 정서가 일어나지 않아도 그 정보만 전달할 우려가 있다. '사랑한다'라는 말은 정보의 전달만으로 끝날 수도 있지만, 마음으로부터 우러나온 행동은 진실되게 보일 수 있다. 따라서 먼저 움직임으로 '사랑한다'를 표현한 다음 거기에 말이라는 정보를 입혔을 때 진정한 배우의 대사가 된다. 그러나 대사부터 먼저 하면 대사인 말에 구속되어 내면의 정서로부터 우러나온 말을 할 수 없게 된다. 그러므로 말은 제쳐놓고 우선 의미를 갖는 움직임부터 찾는 훈련을 한다.

훈련 3 서로 다른 외국어를 가지고 의사소통하기

예를 들어 한 사람은 중국어를 하고 다른 사람은 스페인어를 하면서 말을 주고받아본다. 서로의 말을 알아듣지 못하지만 의미는 통할 수 있다. 왜냐하면 마음을 주고받으며 소통하는 것이기 때문이다. 처음에는 두 명씩, 그다음에는 세 명씩 주고받기를 하고 나머지 학생들은 이를 관찰한다.

반응-행동의 율동화

'반응-행동의 율동화'란 반응-행동-반응의 지속적인 움직임을 통해 한 장면의 무용을 만드는 것을 말한다. 먼저 두 사람이, 그다음 세 사람이 중심의 자리를 찾아 주고받는 움직임을 연결함으로써, 아름다운 자세로 무용을 하듯 균형 있고 조화로운 율동을 만들어보자. 즉, 반응-행동-반응의 움직임을 통해 일종의 간단한 안무를 해보는 것이다.

여기서 무용처럼 균형 있고 조화로운 움직임은 우리가 앞 장에서 실

습했던 단순한 기초 과정의 움직임으로부터 출발한다. 이를테면 발레리나나 피겨 스케이트 선수의 아름다운 몸짓 혹은 무용 동작들이 처음부터 의미 있는 움직임으로 시작하는 것과 같다. 그들은 처음 기초 과정에서는 단순한 동작들을 반복적으로 훈련한다. 그러다가 그 기술이 자기 것이 될 만큼 연마한 후, 여기에 동작들을 연결하며 의미를 부여하고 아름다운 움직임을 만들어 예술로 승화시킨다. 처음부터 〈백조의 호수〉라는 무용이 만들어진 것이 아니다. 반복적인 작은 동작에 의미와 율동이 더해져 아름다운 예술이 탄생된 것이다. 배우 역시 기초적인 단순한 움직임을 반복적으로 훈련하여 그 움직임을 자유롭게 연결할 수 있을 때, 그 연결되어 만든 움직임이 새로운 의미를 지니게 된다.

훈련 1 세 사람이 즉흥적인 움직임을 만들기

두 사람의 움직임은 단조로울 수 있으므로 세 사람이 재미있고 즉흥적인 율동을 만들어보자.

주고받는 움직임을 통해 서로 중심의 자리를 찾고, 하나의 흐름을 가지고 이동하면서 조화를 이루어본다. 마치 무용을 하듯 아름답고 즉흥적인 움직임을 만들어보는 것이다.

훈련 2 그 움직임을 되풀이하여 익히기

한번 만들어본 반응-움직임을 놓고 서로 의견을 나누어 조금 발전된 상태로 진전시켜본다. 그리고 그것을 되풀이해서 익혀본다. 그 움직임이 완전히 자기 것이 되어 익숙해지면 집중하되 즐기면서 연습해본다. 즐기면서 할 수 있는 단계에 이르면, 그 움직임을 객관적으로 보는 사람에게는 이미 어떤 의미를 가진 장면으로 느껴질 것이다.

훈련 3 각 신체 기관들의 움직임을 첨가하기

이러한 움직임에 여러 신체 기관의 움직임을 첨가해본다. 그리고 참가하는 수련생의 수를 하나 둘씩 늘려서 해본다. 여기에 음악을 배경으로 들려준다.

이런 움직임을 과제로 만들어와 강의실에서 발표해본다. 그리고 관찰자들이 비평을 하면 그 내용을 참고로 해서 조금씩 발전시켜나간다. 이 과정은 수련 중간 또는 수련의 마지막 과제로서 부여할 수도 있을 것이다.

숨쉬기와 소리내기 및 부호화

AC
TOR
TRAIN
ING

이제 강의를 좀 더 진전시켜 숨쉬기와 소리내기 및 부호화 작업에 대해 얘기해보겠다. 숨쉬기와 소리내기 및 부호화 작업이란 몸의 움직임에서 몸 다스리기를 훈련한 후 그것을 기초로 움직임을 다시 부호화하는 과정과 흡사하다. 물론 여기서는 숨쉬기와 소리 만들기를 위한 훈련을 다루지만, 이 또한 몸의 작동이므로 부호화할 필요가 있기 때문이다. 그러므로 숨쉬기는 소리내기로 자연스럽게 연결되고 소리내기 훈련은 부호화하는 과정으로 연결될 수 있다. 앞에서 살펴본 숨쉬기, 즉 호흡은 사람들이 건강을 지키기 위해 하는 호흡운동이나 종교인들의 기도와 묵상같이 명상에 들어가기 위한 자연스러운 호흡을 말한 것이었다. 그러나 여기서의 호흡이란 연기 훈련으로서의 호흡, 특히 바르게 소리내기와 말하기를 위한 호흡이다.

호흡이란 숨을 쉬는 것이다. 숨을 쉰다는 것은 공기를 몸 안에 집어넣고 이를 곳곳에 배분하여 생명을 유지하게 하는 폐 운동이라고 할 수 있다. 만일 호흡을 하지 못한 채 10분이 지난다면 우리는 죽게 된다. 그러니 호흡은 생명의 상징이며, 생명 운동 그 자체라 할 수 있다. 우리는 태어나면서부터 숨을 쉬고 살아가는 동안 계속해서 숨을 쉼으로써 살아서 움직인다. 따라서 호흡 자체가 움직임을 전제로 한다고 말할 수 있다.

실제로 우리가 가시적으로는 움직이지 않는다 해도 호흡을 하고 있다면 생명 운동을 하고 있는 것이다. 그러므로 우리의 크고 작은 모든 움직임은 호흡 운동에 의해 가능하며, 따라서 모든 운동은 호흡 운동이 있기 때문에 가능하다는 사실을 알게 된다. 그런데 배우에게는 일상의 움직임을 뛰어넘는 보다 특별한 움직임이 요구되는 경우가 많으므로 그에 상응하는 특별한 호흡이 필요하다. 예를 들면 배우가 대사를 할 때, 즉 소리를 낼 때 호흡이 뒷받침되지 않고서는 제대로 해낼 수 없다. 호흡이 있어서 소리를 내는 것이며, 소리를 내므로 말을 할 수 있고, 말을 하기 때문에 대사를 할 수 있는 것이다.

그런데 인간의 모든 신체 기관 중 호흡하는 기관은 외형적으로 눈에 보이지 않는다. 다리를 움직인다든가 팔을 움직이는 것은 눈으로 보이지만 호흡하는 것은 눈에 보이지 않는다. 기도나 폐 등 호흡에 관련된 기관들은 우리의 눈으로 볼 수 없는 내부에 숨겨져 있기 때문이다. 그래서 소리를 낼 경우 어떤 기관을 어떻게 움직이는지 그 과정이나 방법을 모른 채 그냥 지나쳐버리기 쉽다.

그런데 우리 몸의 내장 기관인 위장, 간, 심장, 췌장, 비장 같은 기관들은 그 운동을 조절하려 해도 잘 되지 않는다. 그렇지만 호흡기관인

기도와 폐는 어느 정도 의식적인 조절이 가능하다. 숨을 내쉬는 것을 빠르게, 느리게, 혹은 한 번에 하는 등 숨을 조절하는 조식(調息)이 가능하다는 말이다. 따라서 특별한 호흡을 해야 하는 배우들은 호흡의 길이를 확장하거나 단절 혹은 파열시키는 등, 의식적으로 호흡 조절 능력을 배양하는 훈련을 해야 할 것이다. 마찬가지로 소리내기 역시 반드시 호흡이 전제되므로 호흡에서와 같은 방법의 조식을 해야 한다. 소리의 확장, 단절, 파열, 끌어당김의 조절이 호흡 작용에 의해서 이루어지는 것인 만큼, 호흡 조절 운동을 통해 소리를 조절할 수 있어야 할 것이다.

한편 소리가 호흡을 전제로 한다는 것은 소리내기가 정서와 밀접한 관계가 있다는 것을 뜻한다. 예를 들어 우리는 놀랐을 때 호흡을 급히 들이마시고는 한동안 정지하게 되고, 기쁘고 행복해할 때는 호흡이 빨라지면서 심장이 빠르게 뛴다. 이렇듯 정서와 호흡 작용은 바로 연결되어 있으며 감성이 변하면 호흡도 변한다. 그러므로 감각이 반응하는 모습을 움직임 하나하나로 부호화하는 것처럼, 호흡과 소리의 작동도 길고 짧게, 혹은 높고 낮게, 강하고 약하게 부호화할 필요가 있다. 그래서 이 시간에는 호흡과 소리내기를 훈련하고, 이것을 다시 부호화하는 훈련 방법을 실습하려고 한다.

성악가는 발성 훈련을 할 때 음표와 음계라는 부호체계를 따라 한다. 이처럼 배우도 소리를 낼 때 그 소리를 부호체계로서 이해하고 훈련함으로써 언제든지 자유롭게 소리를 낼 수 있어야 할 것이다. 다만 소리의 부호화는 기술로서만 머물러서는 안 되고, 느낌과 생각이 함께 할 때 진정한 의미가 완성된다. 예를 들어 우리가 무엇에 깜짝 놀라서 탄성을 지를 경우 정서와 소리가 자연스럽게 함께 하듯 말이다. 우리 육체의 세포들이 세계적인 성악가나 발레리나와 똑같이 완벽하게 소리를 내고 움직일 수만 있다면, 우리의 소리와 움직임도 그 성악가나 발레리나와 똑같이 아름답게 될 것이다. 즉, 단순히 기술을 흉내 내는 차원이 아니라 기술과 더불어 느낌과 생각이 함께 할 경우에만 진정한 의미를 가진 아름다운 소리를 내고 움직일 수 있다는 말이다.

1
숨쉬기의 바른 방법

강의에 들어가기 전에, 앞 강의에서 언급했던 갓난아기의 울음소리에 대해 기억해보자. 잠을 자다 배가 고파서 깨어난 갓난아기의 울음소리는 멀리 들에서 일하던 엄마가 들을 수 있을 정도로 전달이 잘 된다고 했다. 바로 이런 갓난아이의 울음소리가 배우가 만들어내야 하는 소리이고, 어린아이가 울 때 만들어내는 호흡이 바로 배우가 만들어내야 하는 호흡이다. 따라서 배우가 해야 할 숨쉬기의 올바른 방법은 갓난아기의 호흡에서 배워야 한다.

그런데 어린아이가 잠자는 것을 가만히 들여다보면 몸 전체가 하나로 호흡한다는 것을 알 수 있다. 아이는 호흡할 때 온몸이 부풀었다가 원래대로 돌아가고 다시 부풀었다가 또 원래대로 돌아간다. 아이의 호흡은 배를 중심으로 몸 전체가 풍선처럼 확장되었다가 제자리로 수축되는 것이다. 배만 움직이는 것이 아니라 손끝에서 발끝까지 온몸 전체에 호흡이 고루 퍼져 있다. 이것이야말로 가장 완전하고 편안한 호흡으로서 배우가 익혀야 할 호흡 방법이다.

아이가 호흡할 때는 몸의 어느 부분도 긴장된 곳이 없다. 바로 이렇게 긴장 없는 이완 상태가 호흡 훈련의 전제가 된다. 따라서 배우는 호흡 훈련을 할 때 자신의 몸에 긴장된 곳이 있는지 점검하고, 바로 앞에서 다룬 신체 훈련의 운동들을 활용하여 몸을 이완시키는 것에서부터 출발해야 한다. 만일 몸의 어느 부분이 긴장 상태에 있다면 우선 몸을 이완시킨 다음 호흡 훈련에 들어가야 한다. 그런데 간혹 배우들 중에는 긴장의 이완을 마치 잠을 자는 것과 같은 상태로 오해하는 경우가 있다. 그러나 이완이란 몸과 마음의 불필요한 경직 상태를 풀어주는 것을 말한다. 몸 전체가 호흡한다고 생각하면서 몸 전체에 고르게 힘을 배분하여 몸의 기관들이 움직임에 적합하게 작동할 수 있도록 준비하는 것이다.

여러분이 첫 강의에서 사람들 앞에 나와서 자기소개를 했을 때를 기억해보라. 생각이 혼란스러워지면서 말에 조리가 없어지거나 목이 타들어가는 등 자율신경이 제대로 작동되지 않는 체험을 해보았을 것이다. 바로 그런 긴장 상태를 제거시키는 것이 이완이다. 끊임없이 훈련하여 우리의 몸을 깃털과 같이, 햇살이 쏟아지는 잔디 위에 누운 것같이 편안하게 이완시켜야 한다. 긴장은 우리 몸에서 계속 돌아다니는 특성이 있기 때문에 항상 스스로 점검해야 하고, 앞에서 다룬 신체 훈련을 반복하여 긴장을 이완시키는 노력을 해야 한다.

이번 시간에는 숨쉬기 기관들을 이해하면서 호흡의 순서와 요령을 터득해보자.

숨쉬기 기관과 여러 가지 호흡

호흡을 하기 위해서는 먼저 숨쉬기 기관의 이완이 전제되어야 한다. 숨쉬기란 코로 숨을 쉬어서 기도를 통해 공기를 양쪽 폐 속에 집어넣고, 폐가 팽창한 상태에서 다시 공기가 빠지면서 호흡기관들이 수축하는 것을 말한다. 숨을 들이마시면 공기가 폐에 차오르는데, 이때 폐를 둘러싸고 있는 주변 기관인 늑막, 늑골(갈비뼈)과 몸의 상부에 있는 기관들, 그리고 배를 가르는 횡격막이 서로 연결된다. 그러니까 우리가 숨을 들이마실 때 공기가 폐에만 작용하는 것이 아니라 늑막, 늑골과 같은 다른 기관에도 작용하는 것이다.

위 늑골은 위로 팽창·확대되고 아래 늑골은 아래로 그리고 좌우, 앞뒤로 팽창한다. 그 결과 횡격막이 밑으로 처지면서 공기가 아랫배까지 가득 찰 수 있게 공간이 마련된다. 조용히 들숨을 들이마시면 이런 기관들이 전후, 상하로 팽창·확대되고, 천천히 날숨을 내뱉으면 호흡이 빠져나가 기관들이 수축하여 원래 위치로 돌아오는 것을 느낄 수 있다.

호흡에는 여러 가지 종류가 있지만 크게 복식호흡, 흉식호흡, 단전호흡이 있다. 어떤 호흡도 서로 무관한 법은 없으며 필요치 않은 호흡 또한 없다.

복식호흡

연기 훈련에 있어서 모든 호흡의 중심이 되는 호흡으로, 공기를 최대한 많이 마실 수 있는 호흡이다. 특히 어린아이들이 몸 전체를 부풀리며 숨 쉬는 호흡과 같은 것으로, 숨을 들이마시면 배를 중심으로 호흡기관들이 전체적으로 팽창한다. 그리고 날숨을 쉬면 그 기관들이 원래의 위치로 돌아온다.

흉식호흡

폐를 중심으로 하는 가슴 호흡으로서 상체로 호흡하는 방법이다. 필요치 않은 호흡이란 없음에도 흉식호흡은 가슴으로만 하는 호흡이므로 가슴이 부풀고 어깨가 올라간다는 점에서 좋은 호흡이라고 볼 수 없다.

사람이 나이가 들수록 호흡이 상체로 올라가는데, 이때의 호흡이 바로 흉식호흡이다.

호흡을 할 때 바른 자세에서 가슴을 편다는 것은 단지 가슴만 펴는 것이 아니다. 몸의 중심으로부터 상체는 위로, 하체는 아래로 안정감 있게 척추를 세우고 어깨의 힘을 뺀 상태에서 가슴을 펴는 것을 말한다.

아랫배 호흡(단전호흡)

배꼽에서 손가락 두세 개 아래에 위치한 단전으로 호흡하는 방법이다. 주로 요가 수련을 하는 사람들이 사용하는 호흡이다. 흉식호흡을 해서 마음껏 숨을 들이마신 뒤 아래로 내렸을 때의 호흡법인데, 호흡을 단전까지 내리게 되면 장기의 운용이 용이해져서 건강 훈련으로 유익하다. 호흡의 중심을 단전에 집중함으로써 중심을 찾아가는 훈련으로 종교적인 묵상, 명상, 참선의 세계로 들어가게 하는 호흡 방법이기도 하다.

이외에도 의식 중에 호흡의 중심을 다르게 하는 다양한 호흡 방법들이 있다.

중심 찾기와 바른 자세

우리는 늘 숨을 쉬고 살면서도 실상 그 호흡의 중심이 어디인지 알기 어렵다. 그런데 어린아이를 가만히 들여다보면 호흡의 중심이 어깨도, 가슴도, 아랫배도, 머리도 아닌 배의 중심이라는 것을 알 수 있다. 그런데 어른이 되면서 호흡이 점차 가슴으로 올라가게 되고, 급하게 달리기라도 하면 가쁘게 숨을 쉬면서 어깨가 호흡의 중심이 되어버린다. 그래서 가슴은 올라가고 배가 꺼지게 되니 말이 나오지 않는 것이다. 배우는 필요에 따라서 여러 가지 움직임을 해야 하므로 다양한 호흡을 필요로 한다.

호흡 훈련의 첫 번째는 조식(調息) 운동을 통해 바른 자세를 취하여 호흡의 중심을 찾는 것이다. 그리고 숨을 몸의 중심으로 내려서 몸통으로 호흡하는 훈련이 필요하다. 중심을 찾기에 가장 좋은 방법은 마룻바닥에 반듯하게 눕는 것이다. 서 있을 때는 몸을 두 발로 지탱해야 하기 때문에 자연히 다리에 긴장이 들어가 중심 찾기가 어렵다. 가만히 마룻바닥에 누워 편안한 자세로 몸을 흔들어 긴장을 풀어준다. 이렇게 누운 자세에서는 척추가 편하게 놓이게 되므로 어깨나 가슴의 긴장을 방지할 수 있다.

이때 지도교사는 수련생들에게 발가락에서부터 발목, 무릎에서부터 목까지 각 부분의 명칭을 소리내 불러주어, 수련생들이 의식적으로 몸의 각 부분들의 긴장을 풀도록 도와주고 자연스럽게 호흡하도록 유도할 것이다. 누운 자세에서는 자연스럽게 복식호흡을 하게 되므로, 서 있는 자세에서 느낄 수 없었던 편안함과 호흡 작동을 느낄 수 있다. 이제 누운 채로 몸 전체의 긴장을 풀기 위해 기지개를 크게 켜본다. 온몸의 근육이 늘어나면서 긴장이 풀릴 것이다.

나중에 언급하겠지만 발성과 연결된 기본 호흡 훈련에서 가장 중요한 것은 숨을 코로 마시고 입과 코로 동시에 내보낸다는 점이다. 숨을 마음껏 천천히 깊이 들이마시고 이를 유지하다가 적당한 때 반드시 입과 코로 내쉰다. 이것을 선 자세에서 해보자. 그런 다음 누워서 해보자. 누워서 할 때 더 편안하면서 자연스럽게 복식호흡이 되는 것을 느꼈을 것이다. 코로 숨을 들이마시면 공기가 기도를 지나 늑골 사이로 들어가고, 다시 늑골 좌우로 팽창하면서 횡격막이 늘어나고 배가 부풀게 된다. 횡격막의 팽창은 등이 바닥에 닿는 힘이 다르게 느껴지는 것으로 인식할 수 있다. 이와 같이 복식호흡은 숨을 최대한으로 마실 수 있는 호흡 방법으로 훈련 초기에는 특히 이 방법으로 훈련할 필요가 있다.

다시 한 번 호흡에 집중하여 천천히 세 박자에 들숨, 네 박자에 날숨을 해보자. 몸의 안과 밖에서 어떤 현상이 일어나는지 느껴보라. 들숨을 하면 공기가 몸 안에 들어오면서 중심의 자리로부터 몸 전체가 팽창되는지, 날숨을 하면 중심의 자리로부터 발끝, 머리끝까지 호흡이 한 바퀴 돈 다음 다시 기도를 통해 빠져나가는지를 느껴보자. 몸 전체로 호흡하는 느낌이 어떠한가. 무대에 선 배우가 손끝에서부터 발끝까지 호흡이 가득 차 있어 몸 전체로 호흡할 경우, 배우는 살아 있는 사람이 되어 관객을 압도할 수 있다. 그러나 배우가 몸 전체로 호흡하지 않으면 마치 죽어 있는 사람처럼 보인다. 이처럼 배우는 호흡이 늘 온몸에 가득 담겨 있는 상태를 유지해야 한다.

숨과 몸의 반응

실제로도 우리는 일상생활에서 몸 전체로 호흡한다. 온몸에 숨구멍이 있기 때문이다. 만일 몸 전체의 숨구멍을 비닐로 다 싸버린다면 숨을 쉬지 못하게 될 것이다. 나뭇가지 한쪽을 반쯤 잘랐을 때 잘려 나간 가지에는 숨이 전해지지 않아 시들어버리고 결국 죽은 상태가 된다. 마찬가지로 우리의 몸도 어느 한 부분에 호흡이 통하지 않으면 근육이 썩게 되고 피가 탁해져 몸 전체가 죽게 될 것이다. 이렇게 생리적인 면에서도 우리의 몸 전체가 호흡해야만 살아갈 수 있다는 것을 알 수 있다.

그러나 보다 중요한 것은 호흡이나 소리를 내는 기관은 전부 몸 안에 있어 보이지 않기 때문에, 의식적으로 몸 전체에 호흡이 균형 있게 퍼질 수 있도록 해야 한다는 점이다. 만일 무대에 선 배우의 몸 전체에 호흡이 고르게 퍼져 있지 않으면, 호흡이 외부로 뻗어나갈 수 없어 배우의 생기가 무대를 가득 채울 수 없다. 배우의 몸 전체에 호흡이 확장되어 있어야만 균형 잡힌 아름다운 자세로 무대 위에 서 있을 수 있기 때문이다. 배우는 의식적으로 몸 전체를 통해 호흡한다는 느낌을 가져야만 실제로 몸 전체로 호흡할 수 있다. 무한한 시공간을 의식하며 숨을 들이마시고 내쉬어야 우주가 내 안에 들어오고 나 자신이 호흡의 중심이 되는 것이다. 또는 그와 반대로 나의 호흡이 무한한 시공간 밖으로 뻗어나가 내가 우주의 중심 자리에 선다는 느낌과 믿음을 가져야 한다. 배우는 이런 의식 작용으로 가능한 멀리 호흡을 뻗어낼 때 살아 있는 걸음을 걸을 수 있고 살아 있는 존재로서 관객을 압도하고 정서적 교류를 이룰 수 있다. 이를 위해 배우는 폐활량을 가능한 많이 늘려 자유롭게 조절할 수 있도록 호흡의 기초훈련을 지속해야 한다.

2
여러 가지 자세의 숨쉬기

고르게 숨쉬기·불규칙하게 숨쉬기

누워서 하는 호흡은 기본적으로 고르게 숨쉬기에 해당한다. 누워서 하는 호흡을 체험한 다음에 불규칙하게 숨쉬기 단계로 넘어가 본다. 먼저 한 번 숨을 들이마신 후, 길고 고르게 날숨을 내쉬는 것을 여러 가지로 변형시켜서 실습해본다.

일반적으로 사람들은 일상에서 아주 길게 호흡을 내쉬는 일이 흔치 않다. 그러나 배우에게 있어서 길게 내뱉는 호흡은 다른 여러 변형된 호흡을 위한 기본으로 매우 중요하다. 예를 들어 오페라 가수들은 악보에 찍혀 있는 쉼표의 위치대로 정확히 숨을 쉬어야 한다. 그런데 대중가요 가수들의 경우 숨쉬기를 말의 의미와 관계없이 자기 호흡의 역량대로 운영하는 경우가 있다. 이를테면 노래가 끝나기 직전 마지막 소절에서 임의대로 호흡을 끊고 들숨을 한 번 쉬고는 호흡이 다할 때까지 길게 음을 내면서 마무리짓는 것을 자주 보게 된다. 그것은 호흡이 짧기 때문에 그런 것으로, 결국 가사에 담긴 말의 의미는 날아가버리는 수가 있다. 배우는 자신의 대사를 작곡하고 움직임을 안무해야 하는 창조자로, 이를 위한 기초로서 무엇보다도 고르고 길게 날숨을 내쉬는 훈련이 필수적이다.

훈련 1 기본 호흡하기

- 1단계 : 처음에는 들숨과 날숨 사이에 의도적으로 숨을 멈추지 않아
  도 자연스럽게 잠깐 쉬게 되므로 들숨, 날숨 기본 호흡을 한다.

  들숨(3박자)-날숨(6박자)

  지도교사가 숫자를 세면서 손뼉을 치거나, 지휘봉으로 마루를 쳐서
  수련생들의 호흡을 도와줄 것이다.

- 2단계 : 날숨만 앞 단계보다 2배로 늘린다. 폐활량을 늘려 숨을 길고
  고르게 내뿜는 훈련을 하기 위해서이다. 자연스럽게 호흡을 멀리 위
  로 띄워서 보낸다. 일상에서는 길게 내뿜는 호흡을 하지 않으므로 지
  속적인 훈련이 필요하다.

  들숨(3박자)-날숨(12박자)

  지도교사가 수련생들의 호흡을 끄집어내 주듯이 내뿜는 숨을 이끌어
  주고, 뒤로 더 뒤로 물러나면서 그들의 긴 호흡을 도와줄 것이다.

- 3단계 : 날숨이 길어질수록 훈련을 쫓아가기가 힘들어질 수 있다. 이
  럴 땐 절대 무리하지 말고 자신의 호흡이 끊기는 곳에서 다시 처음부
  터 시작, 반복 훈련하면서 호흡의 길이를 늘려가는 것이 좋다.

  들숨(3박자)-날숨(18박자)

- 4단계 : 변형된 호흡을 해본다. 이때 정확하게 내쉬고 정확하게 멈추
  는 것이 중요하다. 어중간한 훈련은 도움이 되지 않는다.

  들숨(3박자)-날숨(6박자)-멈춤(6박자)-날숨(6박자)

- 5단계 : 들숨(3박자)-날숨(6박자)-멈춤(3박자)-날숨(6박자)-멈춤(3
  박자)-날숨(6박자)

  지도교사는 특히 멈춤 박자에서 숫자를 크게 세며 손뼉을 크게 쳐서
  수련생들에게 호흡을 멈추고 있는 시간을 알려줄 것이다.

4단계, 5단계와 같은 변형된 호흡은 변화하는 정서의 모양을 표현할 때 적절하게 쓰일 수 있다. 정서의 모양은 얼음 같은 고체가 아니라 항상 유동적으로 변하는 특성을 갖고 있다. 정서는 하나의 정서에서 또 다른 정서로 끊임없이 파동치고 변화하는 것으로서 한 가지 모양으로 고정되어 있지 않다. 가장 기본적 정서인 '놀람'을 예로 들어보자. 놀람이란 일단 호흡을 멈추는 것이다. 멈춘 후 서서히 다른 것으로 변하고 다시 멈춘 후 또 다른 것으로 변한다. 오랜만에 생각지도 않은 누군가를 만났다고 하자. 먼저 "어! ○○야!" 하면서 들숨에서 그대로 멈추게 된다. 공기를 들이마셔서 배 안에 가득 차게 하는 것을 한 번에 하는 것이다. 그러다 천천히 "그래, 잘 지냈어?" 하면서 숨을 내쉬며 호흡을 변화시킨다.

여기서 기억할 것은 날숨에서는 코와 입을 동시에 사용해야 한다는 점이다. 앞에서 다루었던 명상호흡에서는 입으로 숨을 내쉬지 않아도 되었지만, 배우수련을 위한 호흡 훈련에서는 반드시 입과 코로 동시에 날숨을 내뱉어야 한다. 숨을 깊이 들이마셔서 폐와 가슴 아래로 공기를 가득 차게 한 다음 날숨에서 입과 코로 동시에 내보낸다. 배우는 대사를 말해야 하기 때문에 코와 입으로 길게 숨을 내뿜는 훈련을 해야 한다. 코가 뚫려 있어야 호흡이 되고 공명을 얻어서 바로 소리를 낼 수 있기 때문이다.

훈련 2 짧은 들숨으로 변형된 호흡하기

이 훈련에서도 지도교사는 소리를 내어 숫자를 세고, 손뼉을 치거나 지휘봉으로 마룻바닥을 쳐서 박자를 만들며 수련생의 훈련을 도울 것이다. 이전과 같은 방법으로 훈련하되 들숨의 박자를 줄여서 해본다.

- 1단계 : 들숨(1박자)−날숨(6박자)
- 2단계 : 들숨(1박자)−날숨(12박자)
- 3단계 : 들숨(1박자)−날숨(18박자)
- 4단계 : 들숨(1박자)−날숨(6박자)−멈춤(6박자)−날숨(6박자)
- 5단계 : 들숨(1박자)−날숨(6박자)−멈춤(3박자)−날숨(6박자)−멈춤(3박자)−날숨(6박자)

　다음은 들숨의 박자를 길게 하는 숨쉬기 훈련을 해보자. 들숨을 길게 한다는 것은 오랫동안 길게 숨을 들이쉰 후에 빨리 날숨을 내쉬는 방법이다. 이런 호흡의 실례를 들어보자. 우리가 무엇에 놀라는 경우에도 천천히 놀랄 때가 있다. "어!?" 하면서 한 박자에 멈추면서 놀라는 것이 아니라, "아……! 그래……?!" 하면서 놀라거나 "누구지……? 오……! 네가 ○○였지!" 하면서 계속 기억을 더듬으며 천천히 놀라는 경우이다. 천천히 놀라는 경우 자연히 길게 숨을 들이마실 수밖에 없다.

　이처럼 수련생들은 기본적으로 다양하게 변형된 호흡 훈련을 해야만 연기의 깊이를 더할 수 있다. 그럼에도 불구하고 무턱대고 대사를 읊조리기에만 급급하다. 피아노를 칠 때도 기초 과정인 바이엘을 마쳐야 체르니, 소나타를 순서대로 연주할 수 있듯이, 배우에게 호흡 훈련의 과정은 체르니, 소나타 과정으로 가기 위한 연기의 바이엘과 같은 과정으로서 매우 중요하다. 배우가 호흡 훈련이 되어 있지 않은 채 무대에 서려고 하는 것은 악보 보는 법도 모른 채 바로 체르니와 소나타를 연주하겠다고 덤비는 경우와 같다.

　더욱이 셰익스피어 연극 같은 운문 대사를 기초 호흡 훈련 없이 섣불리 하려는 경우를 볼 때가 있다. 셰익스피어의 대사는 중요 대사가 운문으로 되어 있어서 시의 운각을 이해하고 대사를 거의 작곡해야 하는 수준이기 때문에, 배우가 호흡 훈련이 되어 있지 않다면 아름다운 운율의 대사를 절대로 소화해낼 수 없을 것이다.

훈련 3 **긴 들숨으로 호흡하기**

- 1단계 : 들숨(6박자) – 날숨(6박자)
- 2단계 : 들숨(6박자) – 날숨(12박자)
- 3단계 : 들숨(6박자) – 날숨(18박자)
- 4단계 : 들숨(6박자) – 멈춤(6박자) – 날숨(6박자)
- 5단계 : 들숨(6박자) – 멈춤(3박자) – 날숨(6박자) – 멈춤(3박자) – 날숨(6박자)

앉아서 숨쉬기

앉아서 숨쉬기와 서서 숨쉬기는 기본적으로 같은 원리가 적용되지만 누워서 숨쉬기보다는 조금 어렵다. 몸을 서서 지탱하는 데 따르는 신체적 긴장이 있기 때문이다. 그러나 배우는 어떤 자세에서도 자연스럽게 호흡할 수 있도록 훈련해두어야 하는 것은 당연하다. 연출가 역시 어떤 자세에서 호흡을 통한 소리가 잘 나오고 어떤 자세에서 소리가 잘 나올 수 없는지, 소리와 자세의 관계를 잘 이해하고 있어야만 배우에게 올바른 요구를 할 수 있을 것이다. 물론 훈련이 잘 되어 있는 가수나 배우들은 어려운 자세에서, 심지어 누워서도 노래나 소리를 소화할수 있다. 그러나 그렇지 않은 경우 연출가가 자세와 소리에 대한 이해 없이 무리한 자세에서 특별한 소리를 요구하면 배우들이나 가수들은 연출가가 원하는 소리를 낼 수 없다. 그러므로 연출가는 내기 쉬운 음일 때는 다양한 자세를 요구하고, 어려운 음일 때는 정면을 보고 하도록 요구할 수 있어야 서로 갈등 없이 진행할 수 있다.

가령 우리가 함께 감상했던 로렌스 올리비에의 〈오셀로〉에서 오셀로가 데스데모나를 쓰러뜨리는 장면이 있다. 여기서 데스데모나의 쓰러진 모습은 무용에서도 대단히 어려운 자세인데 아주 자연스럽고 아름다운 모습으로 훌륭하게 연기해내고 있다. 만일 데스데모나 역을 연기했던 배우가 훈련되어 있지 않았다면, 어려운 자세에서 자연스럽게 호흡하며 대사를 할 수 없음은 물론 아름다운 자세를 보일 수도 없었을 것이다. 결국 배우에게 있어 호흡이 뒷받침되지 않으면 어떠한 자세나 소리도 만들 수 없다는 것을 되새기게 된다. 그러므로 배우는 어떤 자세에서도 필요한 호흡을 자유롭게 할 수 있도록 훈련해야 할 것이다.

이제 날숨을 할 때 호흡이 어떻게 바깥으로 나가는지 알 수 있도록, 위와 아래 이를 거의 붙이고 입술을 약간 연 후 무성음을 "스~~" 하고 소리 내면서 날숨을 길고 고르게 내쉬어보자. 처음엔 호흡 조절이 잘 되지 않아 숨이 고르고 길게 뱉어지지 않을 것이다. 따라서 호흡이 강했다가 약했다가 하며 불규칙할 수 있다. 그래도 지속적으로 고르고 길게 내뱉는 숨고르기 훈련을 해보자. 여기서 주의할 것은 구부정한 자세로 호흡하면 폐가 눌려 공기를 많이 담을 수 없으므로 척추를 바로 세워 많은 양의 호흡을 하라는 것이다.

훈련 **앉아서 숨쉬기**

① **바른 자세로 앉기**: 누웠을 때의 자세를 환기하여 허리를 펴고 어깨, 목, 가슴 등의 긴장을 이완시킨 채 바른 자세로 앉는다. 이런 자세로 앉아야 중심의 자리에 호흡을 담을 수 있고, 온몸에 고르게 생기가 퍼

져서 배우가 생명감 있는 존재로 보일 수 있다.

② **호흡 확대하기**: 양손을 편안히 놓고 호흡에 집중한다. 호흡을 먼 곳으로 확대한다. 시선을 수평 저 멀리에 두고 호흡을 먼 우주 공간까지 좌우로 확대한다. 그 공간에서 숨을 들이마시면 전체가 다 자기 것이 된다. 자신이 우주의 중심이 되는 위치에서 호흡하는 것이다.

③ **여러 가지 호흡**

- 1단계 : 고르게 호흡하기

  들숨(3박자) – 날숨(3박자) – 들숨(3박자) – 멈춤(3박자) – 날숨(3박자)

- 2단계 : 한 번에 들이마시고 천천히 내쉬기

  들숨(1박자) – 멈춤(3박자) – 날숨(6박자) – 멈춤(3박자) – 날숨(6박자)

  들숨(1박자) – 날숨(1박자) – 들숨(1박자) – 멈춤(3박자) – 날숨(6박자)

- 3단계 : 한 번에 들이마시고 잘게 썰어 내쉬기

  들숨(1박자) – 멈춤(3박자) – 날숨(12박자)

  들숨(1박자) – 멈춤(3박자) – 날숨(3박자)

이때 지도교사는 손뼉으로 박자를 쳐주면서 앞에서와 같은 역할을 할 것이다.

④ **들숨을 마시고 한 번에 호흡 내뱉기**: 한 번에 파열음 "파~"를 내며 앞에 있는 벽을 무너뜨린다는 생각으로 강하게 날숨을 내뱉는다. 이때 의식적으로 자기 앞의 벽 전체가 무너진다고 생각하라.

  들숨(3박자) – 정지하고 한 번에 "파~"

⑤ **정리**: 다리를 앞으로 뻗어서 턴다.

명상할 때처럼 두 손은 양쪽 무릎 위에 편안하게 올려놓고, 어깨의 힘은 자연스럽게 뺀 상태에서 호흡에만 집중한다. 의식적으로 무한한 시공간 밖을 향해 호흡하는 것이 필수이다. 내가 이 공간의 중심이 되면서 호흡이 나로부터 출발한다는 것을 느껴야 한다. 그렇게 되면 공간은 나로부터 시작해서 움직이게 된다. 그렇게 내 호흡은 방의 벽을 넘어, 담을 넘어, 도시를 넘어, 대한민국 끝까지, 저 무한한 시공간 밖으로 퍼져나간다. 내가 우주 중심의 자리에 서게 되고, 나로부터 우주가 출발하고, 온 우주가 내 안으로 들어오며, 내가 곧 우주가 된다.

이 과정 속에서 숨을 들이마시고 내쉬는 것이다. 나와 이 우주가 하나의 동심원과 같아서, 내가 움직이면 우주가 움직이고 내가 기우뚱하면 우주가 기우뚱하는 것이다. 이런 의식 작용 가운데서 호흡 방법을 소리내기에도 적용해야 한다. 어떤 자세에서 어떤 소리를 내더라도, 조용히 대사를 하든지 격렬하게 칼싸움을 하든지 간에 반드시 이러한 상태를 기억해야 한다. 이런 의식 가운데서 나의 "파~" 소리에 벽이 무너진다고 생각해보라.

이 훈련을 하는 동안 지도교사는 호흡의 들숨, 날숨에 따라 손을 들어 숨을 뽑아내주기도 하고 넣어주기도 하면서 수련생들을 도울 것이다.

서서 숨쉬기

서서 숨쉬기는 스스로는 잘 모르지만 다리로 몸을 지탱하느라 긴장하므로 몸 전체에 약간의 힘이 들어가면서 다른 호흡보다 더 어렵게 된다. 따라서 긴장이 들어가지 않은 바로 선 자세가 되어 있는지 확인하는 것에서 출발한다. 바로 선 자세에서 호흡이 몸의 중심으로부터 고르게 퍼지도록 하는 것이 중요하다.

서서 숨쉬기는 여러분이 일렬로 서서, 혹은 마주보고 할 수 있는 훈련이므로 수련생들 간에 서로 잘못된 자세를 교정해줄 수 있다는 장점이 있다.

모두 일렬로 서보자.

- 뒷사람이 앞 사람의 어깨를 눌러주거나 긴장한 곳을 가볍게 두들겨 긴장을 풀어준다.
- 앞 사람 몸통의 횡격막을 중심으로 옆구리와 뒤쪽 부분까지 손바닥에 약간의 압력을 주면서 감싸고 눌러준다. 호흡하는 사람의 몸통이 들숨에서 확장하여 팽창하고 날숨에서 다시 제자리로 돌아가는 것을 느낄 수 있다.
- 앞에서 호흡하는 사람은 들숨에서 뒷사람의 손을 밀어낸다는 생각으로 숨을 쉬어본다. 나도 호흡하고 상대도 호흡한다는 것을 느낄 수 있다.

이런 느낌을 서로서로 점검해준다.

서서 숨쉬기에서는 누워서 숨쉴 때 배가 자연스럽게 나오는 것처럼 배를 부풀리는 것이 쉽지 않다. 누워서 숨쉴 때는 몸이 확장되면서 등이 바닥에 닿아 자신의 호흡을 잘 느낄 수 있지만, 서서 호흡을 하게 되면 스스로 호흡을 인식하는 것이 조금 어려울 수도 있다.

훈련 서서 숨쉬기

① 바로 선 자세 만들기

서서 호흡하는 것은 앉아서 하는 것보다 조금은 불편하다. 서 있는 자세를 만들기 위해 척추를 바로 세워야 하기 때문이다. 따라서 항상 바로 선 자세를 확인하는 것이 중요하다. 이것은 자연스러운 호흡을 위해 인위적으로 몸을 만드는 작업이다.

배우들과 비슷한 직업에 종사하는 무용수의 예를 들어보자. 무용 중

특히 발레는 기본적으로 '날자'는 인간의 욕망을 표현한 것이다. 그런데 등이 바로 서 있지 않으면 나는 것의 한 표현인 '점프'가 되지 않는다. 점프를 하기 위해서는 몸 안에 호흡이 차야 하기 때문이다. 그래서 무용수들은 호흡을 몸 안에 채우기 위해 항상 등을 편 자세로 선다. 배우들도 호흡을 제대로 하기 위해서는 '바로 선 자세'를 훈련해야 한다.

② 한 숨에 들이마시고 고르고 길게 내쉬기

들숨(1박자)-멈춤(3박자)-날숨(12박자)

들숨(1박자)-날숨(12박자)

들숨(1박자)-날숨(1박자)-멈춤(1박자)-날숨(12박자)

들숨(3박자)-날숨(3박자)-들숨(3박자)-멈춤(3박자)-날숨(3박자)

들숨(1박자)-멈춤(3박자)-날숨(6박자)-멈춤(3박자)-날숨(6박자)

들숨(1박자)-날숨(1박자)-들숨(1박자)-멈춤(3박자)-날숨(6박자)

③ 한 숨에 들이마시고 잘게 썰어 내쉬기

들숨(1박자)-멈춤(3박자)-날숨(12박자)

들숨(1박자)-멈춤(3박자)-날숨(3박자)

④ 한 숨에 들이마시고 한 번에 내 뱉기

한 번에 들숨을 하고 또 한 번에 파열음 '파'로 앞에 있는 벽을 한 번에 무너뜨린다는 생각을 가지고날숨을 내쉰다. 시간을 길게 가지고 각 근육과 관절의 긴장을 이완하면서 계속한다.

지도교사가 날숨, 들숨에 따라 뒤로 물러나고 앞으로 미는 반응을 해 줄 것이다.

무성음, 유성음

무성음을 내는 것은 호흡을 입과 코로 동시에 내보내는 것으로, 유성음 내기의 시작이다. 대개 입으로는 숨이 잘 안 나오는 것 같지만 배우들은 대사를 해야 하기 때문에 반드시 입으로도 숨이 나와야 한다. 엄밀히 말하면 오히려 입에서 더 많은 숨이 나오며 코는 그냥 뚫려 있다고 보는 것이 옳다. 그러므로 무성음을 내는 훈련은 코로 마시고 코로 내보내는 것이 아니라, 코로 마시고 코가 뚫려 있는 상태에서 입으로 내쉬는 것을 실현하는 훈련이라고 보면 된다.

훈련 1 무성음

• 1단계 : 하나에 들숨을 쉬고 무성음 "스~" 소리를 내며 고르게 날숨을 쉰다.
• 2단계 : 들숨(3박자)-멈춤(3박자)-날숨(6박자) "스~" 소리를 내본다.
• 3단계 : 들숨(3박자)-날숨(끊어서 소리를 내는 식으로 잘게 썰어서 내쉰다) "스, 스, 스, 스……."

끊어서 날숨을 뱉을 때 주의할 것은, 한 번 "스~"로 날숨을 쉰 후 다음 날숨을 쉬는 사이사이에 코로 슬쩍슬쩍 숨을 들이마셔서는 안 된다는 것이다. 그리고 숨을 들이마셨을 때 횡격막을 중심으로 늑골 전체가 팽창했다가 수축해야 하는데, 이와는 반대로 배는 꺼지고 가슴이 들썩거리는 호흡을 하지 않도록 특별히 주의해야 한다.

이번에는 유성음으로 소리내기를 한다. 무성음 "스~"에서 입속의 진동을 느끼며 "즈~"로 호흡해보자. 그러면 유성음의 소리로 인해 호흡이 잘 되고 있는지 명확히 알 수 있다. 호흡을 길고 고르게 내보낼 때 양손은 자연스럽게 벌려지고 몸의 중심이 뒤로 물러날 수 있다. 그러나 어깨는 절대 긴장해서는 안 되고 위로 올라가지 않도록 해야 한다. 그리고 호흡을 약간 띄워서 내보내야 한다. 이때 소리의 음정은 너무 높거나 너무 낮지 않을 정도로 자신이 가장 편한 소리로 내야 한다. 유성음이기 때문에 다양하게 변주를 하여 호흡하기가 더 쉽다.

훈련 2 유성음

- 1단계 : 들숨(3박자) – 날숨(유성음) "즈～"(6박자) 소리를 길고 고르게 내뱉는다.
- 2단계 : 들숨(3박자) – 날숨 "즈～"(12박자)
- 3단계 : 들숨(3박자) – 날숨 "즈～"(18박자)
- 4단계 : 들숨(3박자) – 멈춤(3박자) – 날숨 "즈～"(6박자) – 멈춤(3박자) – 날숨 "즈～"(6박자)

유성음으로 소리내기를 하면서 느끼게 되는 것이 있다. 앞에서의 호흡 훈련에서는 호흡이 나를 중심으로 우주의 무한한 시공간 밖으로 나갔다 들어온다는 것을 의식할 수 있었지만, 소리를 내기 시작하면서부터는 호흡으로 느꼈던 것들이 사라진다는 것이다. 왜냐하면 유성음으로 소리내기에 집중하느라 호흡 훈련에서와 같은 의식을 놓치기 쉽기 때문이다. 하지만 소리내기 훈련도 어느 정도 익숙한 단계에 이르면 호흡에서와 같이 나를 중심으로 소리가 무한한 시공간 밖으로 퍼져나가는 것을 느낄 수 있을 것이다. 이때 역시 음정은 너무 높지도 낮지도 않은 가장 편안한 소리로 내는 것이 중요하다. 다만 여러 명이 훈련할 때는 각기 다른 음정으로 해서 불협화음이 나지 않도록 주의해야 한다.

중심에서 나오는 몸통의 소리

소리가 몸통에서 나온다는 것은 중요한 의미가 있다. 먼저 호흡이 몸통으로 들어갔다가 빠지면서 성대를 울려 나오는 것이 소리라는 것을 이해하자. 여기서 다시 어린아이의 울음소리를 환기해보면, 아이가 울 때 소리는 분명 입으로 나오지만 그렇다고 목이나 입으로 우는 것이 아니라는 것을 우리는 알고 있다. 입과 목은 스피커에 불과할 뿐 소리가 나오는 곳은 바로 몸통이다. 몸의 중심에서부터 소리가 나오는 것이다. 몸의 중심 자리로부터 몸 전체가 다 우는 것이어서 결국 몸 전체가 소리 덩어리가 된다.

그런데 대부분의 배우들을 보면 느낌과 생각이 모두 목에 머물러 있다는 것을 발견하곤 한다. 마치 목으로 느끼고 생각하고 목으로 모든 얘기를 하는 것 같다. 가수들이 마이크를 입 앞에 대고 노래부르는 것도 같은 예라 할 수 있다. 그렇게 하면 소리가 몸의 중심으로부터 나와 멀리 내뱉어지는 것이 아니라 목에서 나와 바로 마이크 앞에 머문다. 언젠가 한 예술대학 연기과에서 특강을 한 적이 있는데, 두 학생이 나를 위해 노래 한 곡을 들려주겠다고 했다. 어떤 뮤지컬의 주제곡이었는데, 두 사람은 똑같이 손에 마이크처럼 생긴 물건을 들고 노래를 불렀다. 노래의 높낮이와 강약에 따라 그 마이크를 입에서 멀리 또는 가까이 하면서 부르는 것이다. 그래서 내가 "여기 앉아 있는 나에게 노래를 들려준다면서 왜 마이크를 대고 노래하느냐"고 물었다. 두 학생은 그럼 어떻게 불러야 하는지 반문했다. 나는 노래를 들려줄 대상인 나를 향해서 불러야 한다고 말했다. 그러면서 나를 밀어내기도 하고 당기기도 하고, 때로는 창밖으로 떠밀어버리기도 해야 한다고 일러주었다. 이 말에 함축된 뜻을 생각해보라.

훌륭한 가수나 성악가들이 노래할 때 왜 가슴을 활짝 펴고 두 팔을 벌리겠는가. 관객들을 향해 소리를 잘 전달하기 위해서는 몸이 무대 앞으로 나가는 것이 아니라 소리가 멀리 뻗어나가야 하기 때문이다. 중심의 자리로부터 시작해 몸통 전체로 소리를 내고, 더 많은 호흡을 길고 고르게 내보내기 위해 두 손과 두 팔을 벌려 호흡하는 것이다. 소리를 더 멀리 뻗어나가게 하기 위해서는 오히려 뒤로 물러나는 듯하면서 소리를 만들어야 한다.

또 하나의 작은 예로, 목욕탕 같은 공간에서 소리를 내면 왠지 목소리가 울리면서 근사하게 들리는 경험을 하게 된다. 그 이유는 목욕탕 전체가 커다란 공명기관이 되어 소리를 만들어주기 때문이다. 마찬가지로 배우도 중심의 자리로부터 출발해 몸 전체가 하나의 울림통이 되어야 하고, 몸 전체에서 소리를 낼 수 있도록 훈련되어야 한다. 배우는 일상에서 의식하지 않더라도 배우의 몸 전체로 말하는 것이 습관화되어야 한다.

3
몸통으로 소리내기

사람은 동물과 달리 소리를 내 의사소통을 하거나, 몸짓을 통해 시청각적으로 의미를 전달하고 교류하는 것이 특징이다. 그런데 일련의 현상이나 사실에 대해 어떤 느낌과 생각을 상대방에게 전달하는 과정에서 가장 중요한 것은 음성 표현이다. 음성은 각 민족마다 고유한 언어가 있어 말로 만들어져서 전달된다.

이전 강의에서 확인했듯이, 소리를 내거나 말을 하려면 호흡 작용이 뒷받침되어야 한다. 호흡의 원리에 근거하면 소리는 입을 통해, 즉 입술, 혀 등에 의해 조음되어 말로 표현된다. 그리고 이때 소리는 말을 통해 하나의 정보로서 기호화되어 전달된다. 이를테면 우리가 '아프다', '배고프다'고 할 때, 이것은 아프고 배고픈 느낌만을 표현하는 것이 아니라 정보를 전달한다. 이렇게 소리를 조음시켜 느낌과 생각을 말로써 표현하고 전달하는 것이 인간의 특징이다.

온몸 가득 숨을 들이쉰 후 다시 뱉으려고 하면, 후두에 있는 반달 모양의 얇은 막 두 개가 맞붙으면서 성대가 닫히려고 한다. 이때 닫히려는 성대의 두 개 막 사이를 숨이 비집고 나오면서 성대를 비롯한 여러 공명기관과 부딪쳐 진동함으로써 소리가 만들어진다. 마치 공기가 입술의 위아래 막 사이로 비집고 나오면서 휘파람 소리가 만들어지는 것과 같은 원리이다. 입으로 부는 악기들의 소리가 작은 구멍 사이로 공기가 뚫고 나오는 소리인 것도 마찬가지이다. 공명기관은 크게 세 부분으로 나뉘는데, 가슴을 중심으로 배까지의 아랫부분, 가슴 위로 목과 연결된 부분, 그리고 입 안과 얼굴, 머리 부분이다. 그리고 목구멍, 혀, 이, 입술 등 입 안의 기관들은 서로 작동함으로써 조음과 공명 과정을 통해 말을 만들어 전달한다.

소리내기에서 무엇보다 중요한 것은 호흡기관 및 공명기관들의 작용을 먼저 이해하고 의식하는 것이다. 몸의 움직임은 훈련을 통해 시각적으로 교정할 수 있지만, 소리내는 기관인 호흡기관과 공명기관은 목젖 뒤로 보이는 성대를 제외하고는 몸의 내부에 있기 때문에 눈으로 직접 확인하며 훈련하기 힘들다. 그러므로 이 기관들의 작동을 일일이 인식하고 이해하는 의식작용을 통해 소리내기 훈련이 이루어져야 한다. 잘못된 습관은 짧은 시간에 교정되지 않으므로 상당히 오랜 시간 의식적으로 반복 훈련을 해야 한다. 또 한 가지 주의할 점은 반복 훈련 중에 성대가 건조한 상태임에도 계속 소리를 내게 되면 성대에 상처가 생기므로 물을 조금씩 자주 마셔야 한다는 것이다.

소리내기 기관의 이완 훈련

우리는 몸과 마음이 긴장할 경우 어떤 식으로든 움직임에 방해를 받게 된다는 것을 첫 시간에 경험했다. 다른 사람들 앞에서 자기소개나 노래를 해보았던 것을 돌이켜보면, 우리는 필요 없는 긴장 때문에 몸을 자유롭게 움직이지도 못하고 생각했던 말조차 두서없이 했다. 이는 소리를 내기 위한 호흡작용이 마음대로 되지 않기 때문에 일어난 현상이다. 마치 면봉으로 발성기관들을 훑어낸 것처럼 목 안이 마르고 답답해져 평소처럼 소리가 나지 않았다. 이렇게 긴장은 우리의 호흡과 맥박을 빨라지게 만들어 소리가 나오는 것을 방해한다. 그래서 소리 내기를 위해서는 심신을 이완시키는 것이 우선적으로 필요하다. 특히 발성이나 발음과 관련된 기관들의 긴장을 이완시키는 훈련이 첫 번째 이다.

모든 신체 훈련은 긴장을 이완시키는 것을 전제로 하듯이, 소리내기 기관의 훈련 역시 이완 훈련이 요구된다. 그 중에서 목 운동, 어깨 관절 풀기, 몸통 풀기는 반드시 반복해야 한다. 특히 앞 장에서 했던 '얼굴, 발성 및 발음 기관'과 연관된 훈련은 매번 발성 훈련에 앞서 반드시 되풀이해야 한다.

목, 어깨 관절, 몸통, 얼굴과 발성 · 발음기관과 연관된 근육 풀기
훈련 1 목 운동

목과 연관된 관절을 풀기 위한 것으로, 어깨와 가슴을 편안히 두고 고개만 깊이, 멀리 움직인다. 이때 정수리를 앞으로 내미는 것이 아니라 중심의 자리로부터 머리를 깊이 숙인다.

① 전-후-좌-우로 떨어뜨리기: 두 발을 조금 벌린 채, 손은 자연스럽게 허리에 두고 양팔의 팔꿈치를 당겨서 몸과 수평을 만든 후 목을 떨어뜨린다. 균형을 잃지 않고 중심의 자리로부터 깊이 고개를 숙여서 4박자 동안 늘려준다. 좌우로 떨어뜨릴 때는 몸이 끌려가지 않도록 주의한다.

전(4박자)-후(4박자)-좌(4박자)-우(4박자)

② 360° 돌리기: 두 발은 조금 벌린 채 양손은 가볍게 허리에 두고, 턱을 아래로 내려서 고개를 멀리, 깊이 숙인 다음 좌우로 360° 크게 돌린

다. 이때 등이나 어깨가 고개를 쫓아가지 않게 몸은 그대로 둔 상태에서 고개만 돌아가도록 주의한다.

좌→우(8박자)-우→좌(8박자)

③ 전-후-좌-우로 당기기: 두 발을 붙이고 손을 허리에 둔 자세에서 오른쪽 손바닥으로 머리 왼쪽을 잡고 고개를 오른쪽으로 어깨와 수평이 되도록 당긴다. 그다음 반대로 왼쪽 손바닥으로 머리 오른쪽을 잡고 왼쪽으로 당긴다.

전(2박자)-후(2박자)-좌(2박자)-우(2박자)

④ 고개 수평으로 돌리기: 어깨는 편안히 그대로 두고 턱을 어깨 쪽으로 가져가면서 편안히 고개만 움직인다. 턱을 돌리지 말고 고개를 어깨와 수평으로 돌린다. 몸의 중심을 그대로 둔다.

좌→우(8박자)-우→좌(8박자)

훈련 2 **어깨 관절 풀기**

① 어깨 돌리기: 두 발은 어깨 넓이로 벌리고 두 손으로 양 어깨를 살짝 잡은 채 어깨 관절을 최대한 크게 바깥쪽으로 돌린다.

앞에서 뒤로 돌리기(4박자)-뒤에서 앞으로 돌리기(4박자)

② 팔 내리고 어깨 돌리기: 두 팔을 차렷 자세로 나란히 내린 채 어깨만 돌린다.

앞에서 뒤로 돌리기(4박자)-뒤에서 앞으로 돌리기(4박자)

훈련 3 **몸통 운동**

① 몸통 풀기: 발바닥을 바닥에 단단히 고정시킨 상태에서 팔을 들어 어깨에서 팔꿈치가 바닥과 수평이 되게 한 다음 몸을 좌우로 최대한 틀

다. 이때 시선은 전면을 그대로 보고 있으면서 팔의 방향과 반대로 당기는 느낌을 가져야 한다.

좌(8박자)-우(8박자)

훈련 4 얼굴과 발성·발음기관과 연결된 부분 근육 풀기

우리가 알고 있듯이 가수들도 노래하기 전에 목의 근육을 풀고 소리를 다듬는다. 배우 역시 대사를 하기 위해서는 말하기와 관련된 부분의 근육을 풀어주어야 한다.

손으로 얼굴 두드리며 문지르기, 목의 근육 풀기, 손으로 얼굴 가볍게 두드리기, 입 벌려서 하품하기, 입술 오므렸다 펴기, 입술로 바람 불기, 혀 운동, 혀로 호루라기 불기 등 앞 장 신체 훈련의 마지막 부분에서 했던 훈련들을 해본다.

소리내기와 공명기관들

소리내기 기관과 공명기관은 의학적으로는 구별되지만 배우 수련에서는 엄격하게 구분하기가 어렵고, 서로 긴밀하게 연결되어 움직이기 때문에 하나의 개념으로 이해할 필요가 있다. 가령 폐를 생각해보자. 소리를 내려면 우선 숨을 폐에 가득 채워야 하고, 그다음 폐에서 숨이 나오면서 폐와 연결된 공명기관들이 진동하면서 소리를 낸다. 폐는 호흡기관인 동시에 발성을 위한 기초 기관으로 작동한다.

폐에서 숨이 나올 때 양쪽으로 나뉘어 있는 기관지와 연결되고, 기관지에서 그 위에 있는 기도로, 기도에서 입 안의 목젖과 머리 뒷부분에 해당하는 후두로 연결된다. 그리고 후두의 가운데 있는 성문(聲門)과 연결되면서 소리가 난다. 성문은 후두 가운데 있는 구멍으로서, 성문의

가장자리는 얇은 근육들이 복잡하게 얽혀 있으며 반으로 나뉜 막이 있다. 보통 때는 성문이 열려 있다가 소리를 내려고 하면 성문을 둘러싼 성대가 닫히면서 성문이 함께 닫힌다. 이때 호흡이 성대의 미세한 틈을 비집고 나오면서 성대에 진동을 만들고, 그렇게 비집고 나온 소리가 공명기관에 부딪쳐서 큰 소리를 만들어내는 것이다. 이것이 소리가 나는 원리이다.

여기서 호흡이 성대를 비집고 나오면서 만드는 진동의 상태에 따라 소리의 높낮이가 달라진다. 진동 수가 많으면 음이 올라가고, 진동 수가 적으면 음이 낮아진다. 또한 성대가 열리는 정도에 따라서 소리의 크기도 달라진다. 성대가 많이 열리면 큰 소리가 나고 성대가 작게 열리면 작은 소리가 난다.

결국 폐를 비롯한 기관지, 기도, 후두, 성대 등 모든 공명기관은 서로 유기적으로 밀접하게 연결되어 있다. 그러나 이러한 기관들은 신체 내부에 있기 때문에 서로 어떻게 작용하는지 자세하게 설명하기 어렵다. 따라서 우리는 의식작용을 통해서 공명기관의 작동을 이해해야 할 것이다.

공명기관은 엄밀하게는 여러 가지로 분류할 수 있지만, 우리는 다음과 같이 크게 세 부분으로 나누어 생각하는 것이 좋겠다.

가슴을 중심으로 아랫배까지 - 가슴, 배, 등

공명기관의 훈련은 각 기관을 더 넓게 확장시키는 것이다. 가슴을 활짝 편다고 할 때 이것은 공명기관으로 쓰일 가슴을 넓게 확장시킨다는 의미이다. 가슴이 물리적으로 넓어지는 것은 아니지만 의식적으로 가슴을 넓게 하다 보면 확실히 달라지는 것을 느끼게 된다. 어깨의 긴장을 푼 다음 가슴 안을 의식적으로 넓게 팽창시키면서 가슴에 손을 얹고 "아~" 소리를 내보면 가슴의 미세한 떨림을 느낄 수 있다.

가슴 위, 목으로 연결되는 부분 – 기도, 인두

가슴 위로부터 목 안의 인두까지가 하나의 통이다. 인두의 공명을 느껴 보기 위해 목을 두 손으로 감싸고 "아~" 소리를 내보면 손에 진동이 전달된다. 이는 소리가 나오면서 인두의 공간을 때리기 때문이다.

코 안의 공간, 입의 공간, 얼굴, 머리

코의 공명을 느끼기 위해서 입을 다문 채 코뼈를 두 손으로 감싸고 코 안의 공간을 넓히면서 "음~" 하고 소리를 내보자. 코 안의 공간에 호흡이 부딪치면서 콧등 양쪽 뼈에서 떨림을 감지할 수 있다.

입 안의 공간, 얼굴, 머리

입을 다문 상태에서 말하는 것과 입을 벌려 입 안 공간을 크게 만들어서 말하는 것과는 확실히 소리가 다르다. 입을 다물었다 벌리면서 소리를 내보면 더욱 확연해진다. 아울러 '아, 오, 우, 에, 이'와 같이 입 모양을 다르게 하면 소리도 달라지는 것을 알 수 있다. 이는 입 안의 공간이 커지면 부딪치는 공간이 많아져서 소리가 더 커지기 때문이다. 가령 조그만 항아리 안에다 입을 대고 내는 소리와 큰 항아리 안에다 대고 내는 소리가 다른 것과 마찬가지이다.

우리는 높은 음을 낼 때 소리를 위로 끌어올려 머리의 공간을 때려야 공명이 되는 것을 체험하곤 한다. 높은 음을 낼 경우 입 안과 비강을 사용하게 되어 머리 윗부분이 더 많이 진동하게 되므로 얼굴과 머리 부분의 진동을 느낄 수 있다. 즉, 높은 음일수록 윗부분인 코, 입, 머리를 사용하고, 낮은 음일수록 아랫부분인 가슴과 배를 사용한다. 그래서 가수들이 높은 음을 내려 할 때 몸을 뒤로 젖히듯 하고 음을 끌어올려 머리를 때리는 느낌으로 소리를 내는 것이다.

공명은 단단한 것에 대고 소리를 낼 때 반향이 일어나서 이루어진다. 가슴에는 단단한 늑골이 버티고 있으며, 입 안에는 입 속 천장이나 이가 있고, 머리에는 두개골이 있기 때문에 공명이 가능하다. 즉, 우리 몸 안의 모든 뼈와 그것을 싸고 있는 근육들은 공명을 위해 중요하게 작용한다. 그리고 몸 전체가 유기적으로 작동하여 소리를 만든다는 점에서, 우리 몸통의 어느 한 곳도 공명하지 않는 곳이 없다고 할 수 있다.

지금 이 강의실의 벽에 대고 실험을 해보자. 벽에다 소리를 내보면 이곳은 흡음장치가 되어 있어 소리가 공명되지 않고 흡수되는 것을 알 수 있다. 그런데 커피 잔 안에 대고 소리를 내면 오히려 공명이 잘 된다. 여기서 공간에 따라 소리의 전달이 달라진다는 것을 알 수 있다. 우리의 몸통 역시 공명기관들의 유기적인 작동에 의해 소리의 높낮이, 강약, 크기가 다르게 만들어진다는 것을 이해할 수 있다. 그렇기 때문에 우리는 몸통으로 소리를 내고 노래한다고 말하는 것이다.

몸통으로서의 의식작용과 인식

몸통으로서의 의식작용과 인식에 대해서는 계속 반복하여 언급했다. 좀 더 쉬운 예를 들어보자. 나의 절친한 친구 중에 곤충학을 전공한 사람이 있다. 그는 작은 체구에 머리도 벗겨져 외모 상으로는 별로 볼품이 없다. 그러나 왜소한 모습과는 달리 그의 목소리는 유난히 크고 윤택하다. 어느 날 내가 그 친구에게 어떻게 그리 목소리가 좋으

냐고 했더니 생각지도 못한 대답을 하는 것이었다. 그 친구는 어린 시절 작은 체구 때문에 친구들에게 놀림을 많이 받았다고 한다. 그래서 작은 키를 커지게 할 수는 없으니 소리라도 크게 내서 자신의 존재감을 크게 하고 싶었다는 것이다. 그 때부터 그 친구는 자기 나름대로 소리를 크게 내보고 깊게 내보는 등 의식적으로 소리를 내고 말하는 훈련을 해왔다고 한다. 그러다 보니 언제부터인가 실제로 목소리가 변하여 강하고 크고 윤기 있게 뻗어나가게 되었다는 것이다.

이처럼 소리 훈련이야말로 의식작용을 통해 지속적으로 반복해야 한다. 이러한 의식작용을 위해서는 자유롭고 편안한 상태에서 발성기관인 폐, 기관, 후두, 코(비강), 입 안의 공간을 의식적으로 인식하고 숨의 통로, 소리의 통로, 공명기관들에 집중하는 것이 중요하다. 소리를 내는 기관들을 손으로 직접 만져보면서 떨림을 인식해보아도 좋다.

소리 훈련을 오랜 시간 반복하다 보면 의식작용이 얼마나 중요한지 절감할 수 있다. 내 경험에 의하면 보통 신체 훈련의 경우 6개월에서 1년 정도 꾸준히 하면 몸이 확실히 유연해졌다는 것을 느낄 수 있다. 하지만 소리 훈련은 신체 훈련보다 더욱 집중적이고 반복적으로 오랜 시간 동안 해야 효과가 나타난다. 이때 몸통이 하나라는 것을 의식하면서 훈련해야만 변화를 경험할 수 있다. 여기서 다시 로렌스 올리비에의 경우를 생각해보면, 그는 훌륭한 소리를 타고나긴 했지만 무엇보다도 훈련해서 만들어진 소리라는 것을 알 수 있다. 또 리처드 버튼은 오로지 훈련으로써 좋은 목소리를 만든 것으로 알려져 있다. 결국 끊임없는 훈련을 통해서만 음량, 음역을 바꿀 수 있으며 소리도 변화시킬 수 있다는 얘기다.

소리 내서 띄워 보내기

앞에서 이미 발성·발음기관의 훈련을 했으므로 다시 반복 훈련을 할 필요는 없지만, '입을 크게 벌려 하품하기' 훈련만은 반드시 다시 해야 한다. 하품할 때 비강과 턱 관절이 자연스럽게 이완되기 때문이다. 턱 관절이 열리지 않으면 어금니를 물고 말하는 것처럼 발음이 부자연스럽게 되거나 복화술을 하는 것처럼 들릴 수 있다.

훈련 하품한 후 편안하게 소리내기

• 1단계 : 하품을 크게 하면서 기지개 켜기

하품을 크게 몇 차례 하면서 기지개를 켜고 가슴과 등을 이완시킨다. 기지개를 켜면서 자연스럽게 소리를 내도 좋다. 다만 하품을 너무 무리해서 세게 하면 턱이 빠지는 수가 있으므로 조심해야 한다.

태어나서 가장 먼저 내는 소리 중에 '엄마'와 비슷한 '음~마'라는 소리가 있다. 하품을 한 후 먼저 "음~" 하고 소리를 내본다. 입술은 닫혀 있으나 입 안은 열려 있는 상태이다. 다음으로 "마~아~" 하면서 입술을 연다. 이때 둘째, 셋째 손가락을 세워서 윗니와 아랫니 사이에 넣거나 양쪽 엄지를 위아래 어금니 사이로 밀어넣어서 입술이 분명하게 벌어졌는지 확인한다. 그리고 물리적으로 윗니가 앞 사람에게 살짝 보이는 것 같은 기분을 가져본다. 소리를 낼 때는 무엇보다도 자기에게 가장 편한 소리로 해야 한다.

• 2단계 : 손바닥에서 떨림 느끼기/들숨(3박자)-멈춤(3박자)-날숨(12박자)

다음은 두 손바닥을 모은 후 거기에 대고 "음~마~" 소리를 내면서 손바닥으로부터 떨림을 느껴본다. 촛불을 놓고 해도 좋다. 그러나 촛불이 꺼지지 않고 미묘하게 떨리도록 해야 한다.

손바닥의 떨림을 느낀 후 손바닥을 점점 멀리하면서 소리가 손바닥을 밀어내고 손은 밀려간다고 생각해보라. 지도교사도 여러분의 소리에 따라 뒤로 밀려난다고 생각하고 뒤로 조금씩 밀려나줄 것이다.

- 3단계 : 벽을 향해 소리 보내기 / 들숨(3박자)-멈춤(3박자)-날숨(18박자)

소리에 밀려간 손이 그 소리를 잡아 끌어내어 다시 더 멀리 내보낸다고 생각하면서, 두 팔을 앞으로 쭉 펼쳐 보이며 소리를 멀리 띄워 보낸다. 손이 소리를 끌어내서 수평으로 폭을 넓혀 뻗어나가 벽을 때리는 것이다. 여러분이 "음 마~아~" 소리로 지도교사를 벽으로 밀어낸다고 생각해야 한다. 피아노가 있으면 편안한 소리를 선택하여 수련생이 제일 편한 소리를 내면서 소리를 띄울 수 있도록 음정을 잡아준다. 여러 명이 모여서 할 경우 화음을 이루게 될 것이다.

의식적으로 소리가 벽을 때린다는 생각을 하며 쭉 뻗어나가도록 띄울 때, 소리가 끊어지지 않게 하는 것이 중요하다. 소리를 밀다가 어느 순간 소리를 손으로 잡아 끌어당긴다는 느낌으로 띄워야 소리가 끊어지지 않는다. 이때 소리는 비단 명주실처럼 수련생에게서 뻗어나오게 된다. 지도교사는 뒤로 물러나며 수련생들의 소리를 자꾸 당겨줄 것이다. 저기 공원 건너, 산 너머, 바다 건너 친구가 있다고 상상하고 "아~" 소리를 내보자. 그러다 보면 그 소리는 그 친구가 잡아당기는 것처럼 쭉 뻗어나갈 것이다.

- 4단계 : 의식적으로 소리 확장하기

소리를 확장시키는 훈련을 할 때, 처음부터 한 호흡으로 한꺼번에 해결하려 하기보다는 차츰차츰 단계를 밟아 발전시키는 것이 좋다. 처음 들숨(3박자)-멈춤(3박자)-날숨(12박자)으로 시작해 점차 소리를 자기의 손바닥, 연습실의 벽, 연습실 밖의 저 멀리 산으로 보낸 후, 마지막에는 우주의 끝까지 소리가 뻗어나간다고 의식하면서 소리를 확장시켜보라. 이것이 소리를 멀리 띄워서 보내는, 이른바 '프로젝션'이라고 하는 것이다. 소리는 나한테 머물러서는 안 되고 나한테서 나와 무한한 시공간으로 뻗어나가야 한다. 소리가 저 무한한 시공간으로 뻗어나가면 그 때 소리와 그 소리를 내는 내가 하나가 된다.

나와 소리는 하나

　　세상에 어떤 아름다운 소리를 내는 악기가 있다 해도 인간의 노랫소리만큼 아름답다고는 할 수 없을 것이다. 왜냐하면 악기는 인간이 만들어낸 것이지만, 인간의 소리는 신이 만든 것이기 때문이다. 그래서 인간의 소리는 악기와는 달리 무한한 가능성을 가진다. 그러므로 의식 가운데서 내 소리가 가장 아름답다고 생각하라. 그리고 높낮이, 길고 짧게 하기, 셈여림을 만드는 데 한계가 없다고 느끼면서 소리를 내보자. 그런 다음 자신의 노래가 아름답다고 생각하며 노래하고, 스스로 자기 노래에 빠지는 것이다.

　　"아~" 소리를 낼 때, 손끝에서 발끝까지 몸 전체가 하나가 되어 소리의 떨림을 느끼면서 소리와 내가 하나 됨을 경험해야 한다. 그 소리가 무한한 시공간 밖으로 뻗어나가면 우주 공간에 내 소리만 가득 차게 된다고 느껴라. 그러면 내 소리가 우주의 중심이 되어 내 소리로부터 우주가 움직이게 된다. 내 소리가 뻗어나간다고 의식하면서 천지가 내 소리뿐이라고 생각하는 것은 대단히 중요하다. 이렇게 배우는 자신의 소리를 정확하게 멀리 바깥으로 뻗어나가게 할 수 있어야 하는데, 의식이 함께 해야만 가능하다는 것을 반드시 기억하자. 소리의 프로젝션이 분명해지면 그다음 소리와 내가 하나 되는 경험은 자연스레 따라온다.

그룹 훈련

여러 명이 각자 하나의 음을 소리내본다. '도, 미, 솔, 도' 화음을 만들어 소리를 내면 자신이 낸 소리는 전체 소리에 묻혀 화음만 남게 된다. 모두 같이 소리를 내게 되면 내가 잠깐 한 호흡을 바꾸는 순간에도 다른 사람의 소리가 계속 나기 때문에 나는 소리 속에 묻혀 함께 따라가게 된다. 결국 소리와 내가 하나가 되는 것이다. 그러므로 소리가 화음 속에 계속 남아 있게 하기 위해서는 소리의 호흡을 길고 오래 하는 훈련이 필요하다.

소리내기-분절, 파열

분절, 파열로 소리내기는 소리내기 훈련 방법을 조금 변용시킨 것이다.

분절

앞서 소리를 최대 18박자에서 그 이상까지 길고 고르게 늘리는 연습을 했다면, 이번에는 끊어서 소리내기를 해본다.

끊어서 소리내기

• 1단계 : 들숨(3박자)-소리(3박자)-멈춤(3박자)-소리(3박자)-멈춤(3박자)-소리(3박자)-멈춤(3박자)-소리(3박자)

• 2단계 : 들숨(3박자)-소리(6박자)-멈춤(3박자)-소리(6박자)-멈춤(3박자)-소리(6박자)

- 3단계 : 한 번에 크게 숨을 들이마신다. 들숨(3박자)-소리(3박자)-멈춤(3박자)-소리(6박자)
- 4단계 : 한 번에 크고 길게 숨을 들이마신다. 들숨(6박자)-멈춤(3박자)-소리(6박자)-멈춤(3박자)-소리(6박자)
- 5단계 : 한 호흡 크게 마신다. 멈춤(3박자)-(잘게 나누어서) "아, 아, 아, 아, 아, 아"
  이때 주의할 것은 잘게 나누어 "아, 아" 할 때마다 배가 들썩거리면 안 되고, 호흡이 빠져나가는 만큼 점차 배가 줄어들게 한다는 것이다.
- 6단계 : 조금 더 빨리 '아'를 잘게 나누어 뱉는다.

파열

음의 파열을 위해서는 먼저 "음~~" 하고 소리를 내던 상태에서 소리를 내지 않고 입 안에 소리를 모았다가 한 번에 '카', '타', '파'의 파열음으로 내뱉는 것이다.

훈련 파열음으로 소리내기
- 1단계 : 한 호흡 마신다. 멈춤(3박자)-'카'(3박자)-멈춤(3박자)-'타'(3박자)-멈춤(3박자)-'파'(3박자)
- 2단계 : 앞의 훈련에 에너지를 더 모아서 '카', '타', '파'로 지도교사를 뒤로 넘어지게 밀고 강의실 앞의 벽을 와르르 무너뜨린다고 생각하라.
- 3단계 : 뒤로 물러나면서 '카', '타', '파', '카', '타', '파'로 멀어지는 벽을 무너뜨리고 이 도시 전체를 무너뜨린다고 생각하며 좀 더 강하게, 좀 더 빠른 속도로 반복한다.

4
바른 우리말을 위한 준비

소리내기 훈련과 말하기 훈련은 일반적으로 분리해서 한다. 소리내기 훈련은 연기수련 과정 안에서 다룬 것이고, 말하기 훈련은 앞으로 강의할 7강 '2. 인물의 분석과 구축'의 대사 분석 부분에서 더 자세히 다루도록 하겠다. 따라서 지금은 말하기는 깊이 있게 다루지 않고, 소리 만들기 과정의 첫 단계로서 필수적인 자음, 모음 만들기에 대해서만 간단히 다루겠다.

말소리는 모음과 자음의 두 종류로 나눌 수 있다. 모음은 발음할 때 성대에서 진동된 공기가 입 안에서 아무런 장애도 받지 않고 자유로이 입 밖으로 흘러나오는 소리이다. 이에 비해 자음은 폐에서 나오는 숨이 목구멍, 혀, 이, 입술 등에 방해를 받아 발음되는 소리를 말한다.

단순모음은 처음부터 끝까지 소리 값에 변화가 없는 '아', '어', '이' 같은 모음이 여기에 속한다. 또한 단순모음에는 긴 모음과 짧은 모음이 있는데, 우리의 표준말에서는 긴 모음을 짧게 내면 뜻이 혼동되므로 장단음을 잘 구분해서 정확하게 발음해야 한다. 그러나 여기에서는 배우의 소리내기 훈련만을 다루기로 했으므로 긴 모음과 자음만을 다루기로 하겠다.

배우는 무대 위에서 춤추고 노래해야 하므로 스스로 대본을 분석해 작곡하고 안무를 짜야 연기를 할 수 있다. 이때 소리를 아름답게 내야 함은 물론 우리말을 가장 정확하고 아름답게 구사할 수 있어야 할 것이다. 영국의 격언 중에 '모국어를 배우기 위해서는 극장으로 가라'는 말이 있다. 가장 정확하고 아름답게 모국어를 구사하는 사람이 바로 배우이므로 배우가 있는 극장으로 가서 말을 배우라는 뜻이다. 그런 차원에서 이제 모음 만들기와 자음 만들기를 해보자.

모음 만들기

'아, 어, 에, 애, 오, 우, 으, 이'를 기본 음으로 한다. 한글의 모음에는 장음과 단음이 있는데, 여기에서는 소리내기 훈련이기 때문에 장모음만을 연습하기로 한다.

'ㅏ'

'아'는 사람이 세상에 태어나서 내는 소리 중에 가장 처음 만들어내는 소리이다. 아기가 태어나자마자 다물고 있던 입을 떼면서 가장 먼저 내는 소리가 '아~'이다.

'아'는 모음 중 가장 입을 크고 둥글게 벌려서 내는 소리이다. 하품하는 것처럼 입 모양을 부드럽고 둥글게 하면서, 위의 잇몸이 보이지는 않지만 보일 것 같은 기분이 들도록 입 모양을 만들어 '음~므~아~' 단계로 성대를 울려서 낸다. 아래턱을 편하게 밑으로 내린다. 혀는 아주 낮추어 안쪽으로 약간 당기는 기분으로 한다. 이가 가장 많이 보이는 음으로, 입술 끝을 새끼손가락 5mm 정도 양쪽으로 당기는 느낌이 들게 한다.

훈련 ' ㅏ ' 소리내기

- 1단계: 들숨(3박자)－멈춤(3박자)－소리(12내지 18박자)
- 2단계: 들숨(3박자)－멈춤(3박자)－소리(3박자)－멈춤(3박자)－소리 (3박자)
- 3단계: 짧게 스타카토로 '아, 아, 아, 아……'로 분절시켜서 소리 낸다.

이때 소리를 크게 지르는 것이 아니라, 소리에 힘을 모아 멀리 띄워 보내도록 한다. 예컨대 야구 선수가 방망이를 휘두를 때 휘두르는 팔에 힘이 들어가는 것이 아니라, 휘두르는 방망이에 힘이 모아져 타구하는 순간 공이 뻗어나가는 것과 같다. 산에 올라가 멀리 있는 친구에게 말을 건넬 때도 목에 힘을 주어 악을 쓰면 친구가 알아듣지 못한다. 작은 소리여도 몸 안의 모든 공명을 다 이용해 소리를 잘 다듬어서 멀리 띄워 보내야 상대가 알아들을 수 있다. 이는 거리, 시간, 무게, 힘을 소리에 실어서 소리가 나는 몸의 중심으로부터 소리만 밀어서 떠가게 하는 것이다. 소리를 멀리 띄워 보내려고 할수록 몸이 뒤로 물러나는 기분이 들 것이다. 이때 상상으로 상대를 보는 것이 중요하다. 시선이 함께 가야 소리가 시선에 실려서 멀리 가기 때문이다. 결국 소리와 시선과 느낌이 같이 가야 한다. 그러면 공간에는 소리만 남게 된다.

소리를 내는 기관은 모두 내부에 숨어 있어 처음엔 스스로 문제점을 발견하기가 어렵다. 때문에 소리 훈련은 따로 레슨을 받아야 하며, 지도 교사에게 소리가 어느 정도까지 띄워졌는지를 지적받아야 한다. 지도 교사는 어깨에 힘이 들어가 있는지, 소리가 멀리 뻗어나가는지, 밀도 있게 소리를 내고 있는지 등을 점검해줄 것이다. 배우 스스로도 이것을 점검하고 확인할 수 있는 단계에까지 이르러야 한다.

‘ㅓ’

아래턱은 ‘아’ 때보다 조금 올려서 윗니와 아랫니 사이에 새끼손가락이 들어갈 정도의 틈이 나게 한다. 가운데 혀나 혀의 조금 뒷부분을 입천장 가운데 조금 뒷부분을 향해 반 닫힌 위치까지 올린다. 입술은 자연스럽게 펼친 모양으로 두고 아랫니가 보일 정도로 벌린다.

훈련 ‘ㅓ’ 소리내기

- 1단계: 들숨(3박자) – 멈춤(3박자) – 소리(12내지 18박자)
- 2단계: 들숨(3박자) – 멈춤(3박자) – 소리(3박자) – 멈춤(3박자) – 소리 (3박자)
- 3단계: 짧게 스타카토로 ‘어, 어, 어, 어……’로 분절시켜서 소리 낸다.

‘ㅔ’

‘에’는 ‘이’ 보다는 옆으로 더 길게 벌리고 ‘아’처럼 턱을 받쳐서 내는 소리이다. 소리를 낼 때는 윗니가 보이지 않아도 좋지만 혀는 입천장 쪽으로 ‘어’에서 보다 조금 더 올린다. 아랫니는 거의 다 보일 정도로 한다.

훈련 ‘ㅔ’ 소리내기

- 1단계: 들숨(3박자) – 멈춤(3박자) – 소리(12내지 18박자)
- 2단계: 들숨(3박자) – 멈춤(3박자) – 소리(3박자) – 멈춤(3박자) – 소리 (3박자)

- 3단계: 짧게 스타카토로 '에, 에, 에, 에……'로 분절시켜서 소리 낸다.

'ㅐ'

소리는 '에'를 발음할 때보다 아래턱을 훨씬 더 내려서 윗니와 아랫니 사이에 엄지손가락이 들어갈 수 있도록 넓게 벌린다. 앞 혀를 낮은 위치로 내리고 입술은 자연스럽게 벌려 아랫니와 윗니가 다 보이도록 한다.

훈련 '**ㅐ**' **소리 내기**

- 1단계: 들숨(3박자)-멈춤(3박자)-소리(12내지 18박자)
- 2단계: 들숨(3박자)-멈춤(3박자)-소리(3박자)-멈춤(3박자)-소리(3박자)
- 3단계: 짧게 스타카토로 '애, 애, 애, 애……'로 분절시켜서 소리 낸다.

'ㅗ'

기본 '아'에서 입 모양을 동그랗게 만든다. 손가락을 엄지와 검지로 동그랗게 만들어서 대보자. 혀도 동그랗게 약간 구부러져서 떠 있다. '아'와 '이'의 중간 상태이다. 입 모양에 따라 입술도 둥글게 내민다.

훈련 '**ㅗ**' **소리내기**

- 1단계: 들숨(3박자)-멈춤(3박자)-소리(12내지 18박자)
- 2단계: 들숨(3박자)-멈춤(3박자)-소리(3박자)-멈춤(3박자)-소리

(3박자)

- 3단계: 짧게 스타카토로 '오, 오, 오, 오……'로 분절시켜서 소리
  낸다.

'ㅜ'

'우'는 '이' 하던 상태에서 입술을 오므려 닫는다. '오'의 둥근 모양보다
입술을 둥글게 오므려 앞으로 더 밀고 혀는 조금 둥글게 마는 기분으로
입천장을 향해 거의 닫힌 상태로 한다.

훈련 'ㅜ' 소리내기

- 1단계: 들숨(3박자) – 멈춤(3박자) – 소리(12내지 18박자)
- 2단계: 들숨(3박자) – 멈춤(3박자) – 소리(3박자) – 멈춤(3박자) – 소리
  (3박자)
- 3단계: 짧게 스타카토로 '우, 우, 우, 우……'로 분절시켜서 소리
  낸다

'ㅡ'

긴 /으:/는 긴 /우:/를 발음할 때와 마찬가지로 아래턱을 거의 올려 닫
는다. 뒤 혀를 긴 /우:/를 낼 때와 같이 여린입천장을 향해 높이 올린다.
입술을 평평하게 펴진 모습으로 아랫니가 조금 보일 정도로 자연스럽
게 벌린다.

훈련 'ㅡ' 소리내기

- 1단계: 들숨(3박자) – 멈춤(3박자) – 소리(12내지 18박자)

- 2단계: 들숨(3박자) - 멈춤(3박자) - 소리(3박자) - 멈춤(3박자) - 소리 (3박자)
- 3단계: 짧게 스타카토로 '으, 으, 으, 으……'로 분절시켜서 소리 낸다

'ㅣ'

모음 훈련을 할 때 바로 선 자세에서 '아~'를 했다면, 그 '아~'의 상태에서 입 모양만 바꾼 채 바로 '이~, 우~, 에~, 오~'를 해야 한다. 입 모양만 바꿔서 소리를 내는 데 있어 아마 '이'가 가장 어려울 것이다. '이'는 목이 닫히려고 하면서 입 모양이 자연스럽게 닫히기 때문이다. 그래서 대개의 오페라에서 높은 음은 'ㅡ'나 'ㅣ'로 끝나지 않는다. 외국 오페라의 가사를 번역할 때는 이런 점을 고려할 필요가 있다.

'이'는 '아' 소리를 내는 상태에서 목을 그대로 열어두고 입 모양만 바꾸는 것이다. 입술은 옆으로 벌리는데, 새끼손가락으로 양쪽 입 꼬리를 살짝 잡아당기면 아랫니와 윗니가 보인다. 혀끝은 '아'보다 약간 올라가는 기분이고, 아래턱을 올려서 양쪽 어금니의 위아래 간격은 좁게 하고 입의 좌우가 더 펴지면서 아랫니, 윗니가 보이는 상태가 된다.

'아'의 상태를 그대로 둔 채 입 모양을 바꾼다는 것은 입 안의 공간을 그대로 두고 혀와 입술만 움직여서 소리를 내야 한다는 뜻이므로 용이하지가 않다. 높은 소리든 낮은 소리든, 큰 소리든 작은 소리든 소리를 내는 원리는 동일하며, 단지 혀의 위치, 입술의 모양과 함께 어느 부분의 공명을 얼마만큼 사용하느냐에 달려 있다.

이것을 앉아서도 해보고, 그다음 서서도 해본다.

'ㅣ' 소리내기

- 1단계: 들숨(3박자)-멈춤(3박자)-소리(12내지 18박자)
- 2단계: 들숨(3박자)-멈춤(3박자)-소리(3박자)-멈춤(3박자)-소리(3박자)
- 3단계: 짧게 스타카토로 '이, 이, 이, 이……'로 분절시켜서 소리 낸다

훈련 **변형**

지금까지 했던 모음들을 모두 한꺼번에 자유롭게 변형해서 훈련한다. 기억할 것은 바른 자세에서 소리를 내는데, 목을 닫지 않고 열어둔 상태 그대로 소리를 내면서 입술, 혀, 입 모양만 바꿔야 한다는 것이다. 아래의 모음을 하나에 한 박자씩, 그다음에는 두 박자씩 소리 내본다.

아-어-에-애-오-우-으-이

아~이~우~에~오~

아~오~이~에~우~

이~에~우~오~아~

우~오~에~이~아~

자음 만들기

음을 만들기 위해서는 자음 만들기를 해야 한다. 모든 자음에 대한 발음 훈련을 위해 수련생들 각자가 자음이 들어간 15~20개 정도의 단어를 찾아온다.

'¬'

자음의 첫 번째. 목젖으로 콧길을 막으며, 혀뿌리를 높여 연구개 뒤쪽
에 붙이면서 입길을 막았다가 뗄 때 나는 무성음이다. 받침으로 그칠
때는 혀뿌리를 떼지 않는다. '기역'을 발음했을 때 마지막으로 남은 목
과 혀의 모양이 '¬'의 모양이다. 옆에서 봤을 때 혀의 뭉치가 목 뒤에
가서 닿아 떨어진다. '윽' 하면 '¬'으로 닫힌다. 윽가, 윽고, 윽기, 윽게
등 입천장 위에 ¬자로 닿는 느낌이다.

훈련 '¬' 소리내기

'각각'은 마치 '윽가윽그윽가윽그'로 소리내듯이 씹어서 해야 한다. 음
을 하나하나 씹어서 내뱉으라는 뜻이다. 아래의 낱말들을 위와 같은 방
법으로 소리내어 연습한다.

각각, 기고, 고기, 괴기, 국기, 극기, 교기, 기교

'ㄴ'

자음의 두 번째. 혀끝을 윗잇몸에 대어 입길을 막고, 목에서 나오는 소
리를 콧길로 보낼 때 나는 유성음이다. 받침으로 그칠 때는 혀끝을 떼
지 않는다.

'ㄴ'은 혀끝이 윗니와 입천장 끝부분에 붙었다가 떨어져서 나는 느
낌이 되도록 한다.

훈련 'ㄴ' 소리내기

'누나'는 '은누은나' 식으로 씹어서 훈련한다. 역시 정확한 음가를 내기
위해 씹어서 뱉듯이 하는 것이다.

아래의 낱말들을 위와 같은 방법으로 씹어서 연습한다.

누나, 니나노, 내내, 노니나

'ㄷ'

자음의 세 번째. 목젖으로 콧길을 막고 혀끝을 윗잇몸에 붙여서 막았다가 뗄 때 나는 무성음이다. 받침으로 그칠 때는 혀끝을 떼지 않는다. 'ㄷ'은 혀가 입천장에 'ㄴ'처럼 닿는데 좀 더 앞에 닿는다.

훈련 'ㄷ' 소리내기

'도둑'은 '을도을두윽그'하는 식으로 모·자음을 씹어서 훈련한다. 한음 한 음 씹어서 내뱉듯이 한다.

아래의 낱말들을 위와 같은 방법으로 씹어서 연습한다.

대대, 도둑, 두독, 다닥, 돈, 단단

'ㄹ'

자음의 네 번째. 혀끝을 윗잇몸에 가볍게 댔다가 떼면서 목에서 나오는 소리를 흘려 내는 유성음이다. 받침으로 그칠 때는 혀끝을 윗잇몸에 꽉 대고 혀의 양쪽 옆을 틔우며 낸다. 혀가 뱀 모양처럼 입천장을 따라 꼬부라져 있다. 우리말에는 두음법칙에 의해 'ㄹ'이 초성에 오는 경우가 없다. 외래어의 경우는 예외이다.

훈련 'ㄹ' 소리내기

'라일락'은 '을라으이을르을라윽그' 하는 식으로 씹어서 훈련한다. 아래의 낱말들을 위와 같은 방법으로 연습한다.

라디오, 닐니리, 라일락

'ㅁ'

자음의 다섯 번째. 두 입술로 입길을 꽉 막았다가 목에서 나오는 소리를 콧구멍을 통해 나오게 하는 유성음이다. 'ㅁ'은 코로 나가는 음을 잡아서, 입 안 모양이 각이 져서 마름모가 되도록 한다.

훈련 'ㅁ' 소리내기

'메밀묵'은 '음메음미을르음무윽그' 식으로 씹어서 연습한다.
아래의 낱말들을 위와 같은 방법으로 씹어서 연습한다.
마모, 무미, 미모, 미묘, 묘미, 메밀묵, 막간, 먹거리, 묵묵, 목구멍

'ㅂ'

자음의 여섯 번째. 목젖으로 콧길을 막고, 입술을 다물어 숨길을 막았다가 뗄 때 나는 무성음이다. 받침으로 그칠 때는 입술음으로 혀가 중간에 뜨고 입술은 붙었다 떨어진다. 입 모양은 'ㅁ'보다 좁아든다.

훈련 'ㅂ' 소리내기

'비빔밥'은 '읍비읍비음므읍바읍브' 식으로 씹어서 연습한다.
아래의 낱말들을 위와 같은 방법으로 씹어서 연습한다.
보배, 바보, 배분, 분배, 벼 베기, 괴벽, 기벽, 박박, 백백, 북북, 마부

'ㅅ'

자음의 일곱 번째. 혀끝을 높여 윗잇몸에 닿을락 말락하게 하고 내쉬

는 숨으로 그 사이를 갈아서 내는 무성음이다. 받침으로 그칠 때는 혀 끝이 경구개의 앞바닥에 맞닿아 'ㄷ'과 같이 된다. 'ㅅ'은 혀의 중간이 입천장에 약간 닿았다가 떨어지는 모양이다. 보통 가장 안 되는 발음의 하나다. 대개 혀가 길거나 짧을 경우, 혀 운동을 하지 않아 굳어 있는 경우, 혹은 어릴 때 어리광부리면서 하던 짧은 소리가 오랜 습관으로 고착된 경우 'ㅅ'음을 내기가 어렵다. 혀가 길면 짧아지도록 혀를 당기는 훈련을 해야 하고, 혀가 짧으면 길게 내밀어서 길어지는 훈련을 해야 한다. 예를 들어 혀로 코 닿기, 호루라기 불기 등이 있다.

훈련 'ㅅ' 소리내기

'사수'는 '읏사읏수'로 씹어서 연습한다.

아래의 낱말들을 위와 같은 방법으로 모·자음을 씹어서 연습한다.

세수, 수세, 사슴, 수색, 변소, 돌솥비빔밥, 연연세세, 기세, 세기말, 말세, 새마을운동

'ㅇ'

자음의 여덟 번째. 받침으로 쓰일 때만 음가가 있으며, 혀뿌리로 입길을 막고 콧구멍 길을 튼 뒤에 목청을 떨고 코 안을 울려 내는 유성음이다. 첫소리일 때는 음가가 없다.

훈련 'ㅇ' 소리내기

'앙양'은 '으아앙야양'으로 씹어서 연습한다.

아래의 낱말들을 위와 같은 방법으로 모·자음을 씹어서 연습한다.

멍멍, 냉이, 잉잉, 빙빙, 뱅뱅, 붕붕, 당당

'ㅈ'

자음의 아홉 번째. 혀의 몸을 경구개에 붙였다가 터뜨릴 때 나는 무성음이다. 받침으로 그치는 경우에는 혀를 경구개에 붙이기만 한다. 'ㅈ'은 'ㅅ'보다 혀가 더 앞쪽 입천장에 붙었다가 떨어지고, 혀의 끝은 앞니쪽에 살짝 닿는다. 그래서 글자 모양도 'ㅅ'에 'ㅡ'을 더해서 'ㅈ'이다.

훈련 'ㅈ' 소리내기

'자주'는 '읏자읏주'로 씹어서 연습한다.

아래의 낱말들을 위와 같은 방법으로 모·자음을 씹어서 연습한다.

주자, 재주, 제주, 주조, 제지, 지자, 지지, 주조

'ㅊ'

자음의 열 번째. 혓바닥을 경구개에 붙여 목젖으로 콧길을 막았다가 힘있게 갈아 내는 무성음이다. 받침으로 그칠 때는 윗잇몸에서 혀끝을 떼지 않는다. 'ㅊ'은 혀가 입천장에 붙었다가 입천장을 때리면서 떨어진다.

훈련 'ㅊ' 소리내기

'차츰'은 '읏차읏츠음므'로 씹어서 연습한다.

아래의 낱말들을 위와 같은 방법으로 모·자음을 씹어서 연습한다.

차츰차츰, 칙칙, 주최, 채취, 초조, 주초, 착착, 척척, 척추

'ㅋ'

자음의 열한 번째. 목젖으로 콧길을 막고 혀뿌리를 높여 연구개 뒤쪽으

로 붙여 입길을 막았다가 뗄 때 거세게 나는 무성음이다. 받침으로 그칠 때는 혀뿌리를 떼지 않아 'ㄱ'과 같다. 'ㄱ'에서 가운데를 칼로 치듯이 하면서 소리를 낸다. 'ㅋ'과 같은 파열음은 소리에 힘을 모아 한 번에 아주 강하게 내야 한다. 그러나 필요 이상의 호흡이 바깥으로 나가지 않도록 주의한다.

훈련 'ㅋ' 소리내기

'쿨쿨'은 '윽쿠을르윽쿠을르'로 씹어서 연습한다.

아래의 낱말들을 위와 같은 방법으로 모·자음을 씹어서 연습한다.

칼칼, 킬킬, 컬컬, 컹컹, 칸칸, 킹킹, 컴컴, 캉캉, 쿨쿨, 캥캥

'ㅌ'

자음의 열두 번째. 목젖으로 콧길을 막고 혀끝을 윗잇몸에 대어 입길을 막았다가 숨을 불어내면서 혀끝을 파열시켜 내는 무성음이다. 받침으로 그칠 때는 혀끝을 떼지 않는다. 'ㄷ'과 같은 상태에서 윗부분을 칼로 치듯이 파열음을 낸다.

훈련 'ㅌ' 소리내기

'타도'는 '읕타은도'로 씹어서 연습한다.

아래의 낱말들을 위와 같은 방법으로 모·자음을 씹어서 연습한다.

타도, 도태, 태도, 두타, 탕탕, 팅팅, 탱탱, 탈탈, 털털, 투덜투덜

'ㅍ'

자음의 열세 번째. 목젖으로 콧길을 막고 입술을 다물어 숨길을 막았

다가 뗄 때 거세게 나는 무성음이다. 받침으로 그칠 때는 입술을 떼지 않는다. 'ㅂ'의 파열음. 'ㅂ'은 두 개의 기둥이 있는 것처럼 입을 벌릴 때 입술 양쪽이 가장 늦게 떨어지는데, 'ㅍ'은 이 기둥이 끊어진 것이다.

훈련 '**ㅍ**' 소리내기

'파편'은 '읖파읖펴은느'로 씹어서 연습한다.

아래의 낱말들을 위와 같은 방법으로 모·자음을 씹어서 연습한다.

파편, 편파, 팔팔, 펄펄, 팡팡, 핑핑, 풀풀, 보편, 편지, 팍팍

'**ㅎ**'

자음의 열네 번째. 목청을 좁혀서 내쉬는 숨을 갈아서 내는 무성음이다. 받침으로 끝날 때는 'ㅅ' 받침처럼 입천장을 막고 떼지 않는다. 한글 'ㅇ'과 소리가 같으면서 위에 모자를 쓴 것과 같으니, 'ㅇ' 소리에서 목젖을 쳐서 올라갔다가 내려오면서 점을 찍는 소리이다.

훈련 '**ㅎ**' 소리내기

'후회'는 '읗후읗회'로 씹어서 연습한다.

아래의 낱말들을 위와 같은 방법으로 모·자음을 씹어서 연습한다.

후회, 해후, 회화, 회계, 후한, 환희, 회환, 회개, 혹한, 화환, 화관

위와 같은 방법으로 자음을 연습할 때 자기 소리를 객관적으로 들으려고 하는 것이 무엇보다 중요하다. 이를 위해 자기가 만드는 소리를 자기가 듣는 연습을 지속해야 한다. 자음 소리내기 훈련을 할 때 지나

치게 음을 씹어서 내면 이상하고 불편하게 느낄 수 있다. 하지만 우리는 배우가 되기 위한 특별한 목적을 갖고 훈련을 하는 것이기 때문에, 그런 생각이 들더라도 결코 포기하지 말고 끊임없이 지속적으로 반복하여 씹어뱉기를 훈련해야 할 것이다.

물론 아무리 소리와 발음 훈련을 꾸준히 해도 우리말을 정확하게 구사할 수 없는 경우도 있다. 선천적으로 구강 구조에 문제가 있는 경우, 윗입술이 아예 움직이지 않는 경우, 혀가 짧거나 긴 경우, 혀가 경직되어 있는 경우, 이의 모양이 맞지 않는 경우 등 여러 가지 이유가 있을 수 있다. 이러한 이유들로 인해 잘못된 발음 습관들은 교정하는 데 상당히 오랜 시간이 걸리며, 어떤 경우는 고치기 어려울 수도 있다. 그럼에도 불구하고 반드시 배우가 되려고 한다면, 문제가 있는 부분을 성형해서라도 바르게 고쳐 훈련하겠다는 각오가 필요하다.

궁극적으로 소리나 말하기 훈련은 명쾌하고 분명하게 내용을 담아서 정확하고 아름답게 의미를 전달하려는 데 목적이 있으므로, 결국은 느낌과 생각을 분명하게 씹어서 뱉어야 한다. '대사를 씹어서 뱉어라'라는 말은 느낌과 생각을 각각 씹어서 뱉으라는 뜻이다. 그리고 대사를 씹는 것은 모음과 자음을 씹어서 뱉는 것에서부터 시작되므로 모음과 자음 연습이 필수적이다. 기본적으로 소리 훈련은 1:1 내지 1:7명 이내로 훈련하는 것이 이상적이다. 또한 배우는 평생 스승을 찾아다니면서 개인 레슨을 받아야 한다. 그러니 나이가 70세가 되어도 필요할 때 레슨을 받으면서 교정을 받아야 할 것이다. 아무리 훌륭한 소리를 가진 배우라도 누구나 어떤 식으로든 다 결함을 가지고 있다. 배우는 그것을 교정하면서 소리 훈련을 일평생 계속해야 한다는 사실을 명심하자.

5

소리를 부호로서 기억하기

우리는 지금까지의 강의를 통해 몸을 움직이는 훈련과 호흡을 통한 소리내기 훈련 등 몸의 기관들을 작동시키는 훈련들을 연습해보았다. 그 과정에서 목, 어깨, 팔, 다리와 같이 눈에 보이는 신체기관의 움직임을 이해하고 훈련하는 것은 비교적 쉬웠으나, 소리를 내는 데 관계하는 몸 내부 기관들의 작동을 자각하고 운영하기는 쉽지 않았다. 그러나 폐나 공명기관의 움직임 모두 우리 몸을 작동시킴으로써 만들어진다는 점에서 '우리의 몸은 하나다'라는 결론에 도달할 수는 있었다.

   아무리 단순한 움직임이라도 나의 느낌과 생각이 담겨 있지 않은 움직임은 하나도 없는 것처럼, 소리를 내는 기관의 작동 역시 나의 느낌과 생각이 담겨 있다. 예컨대 커피 한 잔을 마시더라도 '마시고 싶다'는 생각과 컵을 향해 '팔을 뻗는' 신체의 움직임이 결합했을 때 커피를 마시는 움직임이 이루어지는 것처럼, 단순한 소리를 낼 때도 거기에는 생각과 느낌이 담겨 있기 마련이다. 그러니까 아무리 간단한 움직임일지라도 그것은 이미 하나의 기호가 되는 것이다. 마찬가지로 소리 역시 밖으로 만들어져 나오면 이미 하나의 기호가 된다. 따라서 소리가 만들어질 때 발성·발음·공명기관의 세포들로 하여금 그 움직임을 구체적으로 이해하여 기억하도록 해야 할 것이다.

좀 더 쉽게 설명하기 위해 예를 들어보겠다. 음악을 연주하기 위한 부호체계를 한번 생각해보자. 음악은 소리의 높낮이 변화, 장단과 같은 길이의 변화, 강약과 같은 셈여림의 변화를 표시하는 부호들이 존재하므로 그것을 보고 연주하는 것이 가능하다. 성악가의 경우 자신의 발성기관이 그러한 부호들을 이해하고 받아들여 터득할 수 있도록 훈련을 한다. 각각의 소리를 내기 위해 발성 및 공명 기관들이 어떻게 작동되어야 하는지 몸 안의 세포들이 그 순간을 기억하도록 훈련하는 것이다. 가령 어떤 음을 낼 때는 흉곽이 반향장치 구실을 하게 한다든지, 또 다른 음을 낼 때는 소리를 끌어올려 두개골을 자극해야 한다든지, 하는 식으로 신체기관들의 작동을 세포들이 이해하고 기억하도록 훈련한다.

우리는 좋은 목소리를 가지고 태어나면 그냥 성악가가 되는 줄 알지만, 소리를 내는 데도 논리적인 문법과 그것을 수행하는 훈련이 요구된다는 사실을 알아야 한다. 소리의 고저, 장단, 강약 등이 달라질 때 어떤 발성기관들이 어떻게 다르게 작동하는지 하는 논리적인 문법이 있으며, 그것을 신체기관의 세포들이 이해해서 수행하도록 해야 한다는 말이다. 배우들 역시 발성기관의 세포들이 그 소리 변화의 논리를 터득하도록 훈련해야 할 것이다.

때때로 가사의 뜻 없이 노래의 음만 들어도 감동을 받는 경우가 있다. 대부분의 노래는 노랫말이 부여하는 정보를 통해 노래의 의미가 전달된다. 그런데 나의 경우 집에서 오페라 곡을 자주 듣곤 하는데, 이탈리아어나 독일어로 된 오페라의 노랫말은 알아듣기도 어렵거니와 설혹 영어로 된 익숙한 노래라 할지라도 가사를 일일이 들으려 하지는 않는다. 오히려 멜로디나 반주 음악에만 집중했을 때 그 음악 자체를 충분히 즐기고 감동도 받곤 한다.

간혹 TV 클래식 음악 프로그램에서 오페라를 들려주기 전에 그 오페라에 대해 설명을 해주는 경우가 있는데, 나는 가사와 곡에 대한 정보 제공으로 인해 오히려 음악 감상에 방해를 받았던 기억이 있다. 이것은 음악이란 그것이 전달하려는 의미와 관계없이 음악의 부호 자체가 주는 음악적 변주만으로도 감동을 부여할 수 있다는 것을 단적으로 말해 준다. 결국 소리의 변주 영역을 확대해가는 방법들을 세포들이 부호로서 이해하고 터득해야 한다. 그리고 그때그때의 요구에 맞는 소리를 낼 수 있도록 훈련하는 것이 중요하다.

배우들이 소리 훈련을 소홀히 하게 된 것은 TV나 영화에서 마이크가 소리를 잡아서 멀리 또는 크게 확대시켜준 것으로부터 기인한다. 그러나 예를 들어 카메라가 배우의 얼굴을 크게 또는 여러 각도에서 잘 잡아주더라도 마음의 깊이에서 생겨나는 정서가 묻어나지 않는다면 아무런 의미를 갖지 못한다. 소리의 경우에도 마이크가 소리를 잡아서 멀리 또는 크게 전달할 수는 있지만, 그 소리에 배우의 내면에서 만들어지는 정서의 밀도가 배어 있지 않으면 절대 좋은 음성 연기를 한다고 볼 수 없다. 좋은 배우가 되고 싶다면 이 점을 명심해야 할 것이다.

지금부터 진행할 강의도 바로 이러한 목적을 가진 훈련 방법들이다.

숫자 세기와 노래 읽기

숫자 세기

앞에서의 강의를 통해 모음과 자음 훈련을 경험해 보았으므로 이젠 말하기 훈련을 할 수 있는 단계가 되었다. 숫자는 말과 같은 의미를 갖지는 않지만, 숫자를 셀 때 모음과 자음을 소리내게 되므로 말하기 훈련으로서 아주 유용하다. 숫자 세기 훈련은 이전에 했던 모음 훈련 방법과 동일하게 진행된다. 즉, 모음과 자음 훈련을 숫자를 세는 것으로 바꾸어 훈련해보는 것이다.

훈련 **숫자 세기**

- 1단계 : 고르게 소리 내보내기 / 들숨(3박자)-멈춤(3박자)-소리(6박자)-멈춤(3박자)-소리(6박자)-멈춤(3박자)-소리(6박자)

  이것을 풀어서 설명하면 들숨(3박자)-멈춤(3박자)-(소리를 내어) 하나, 둘, 셋, 넷, 다섯, 여섯을 세고-멈춤(3박자)-(소리를 내어) 일곱, 여덟, 아홉, 열, 열하나, 열둘을 세고-멈춤(3박자)-(소리를 내어) 열셋, 열넷, 열다섯, 열여섯, 열일곱, 열여덟을 센다.

  이것은 호흡을 고르고 길게 내보내면서 소리를 내는 것으로, 순간순간 멈추었다가 다시 고르게 소리를 이어 내보내는 훈련이다. 여섯 박자까지 세고 멈추었다가 다시 숫자를 셀 때, 다양한 모음과 자음을 낼 수 있도록 '하나, 둘, 셋'으로 돌아가지 않고 '일곱, 여덟……'으로 계속 숫자를 이어서 세는 것이 좋다.

  이때 지도교수가 "들숨" 하며 손뼉을 세 번 쳐주고 "멈춤"이라고 말하면서 다시 세 박자를 손뼉으로 쳐줄 것이다. 그러면 수련생들은 이에 맞춰 "하나, 둘, 셋……" 하고 소리내어 숫자를 세면 된다.

  다음 단계의 훈련에서도 지도교사가 배우들을 돕는 요령은 마찬가지이다.

- 2단계 : 손바닥에서 떨림 느끼기 / 들숨(3박자)-멈춤(3박자)-숫자 세기(12박자)

  이 훈련은 앞서 '3. 몸통으로 소리내기'에서 해보았던, 소리를 띄워

보내는 훈련과 동일하다. 단, 소리내기를 숫자 세기로 바꾸어서 말하기 훈련의 일환으로 사용한다는 것만 다르다. 손바닥을 모으고 손바닥을 향해 숫자를 세어본다. 그러면서 손바닥에서 소리의 진동을 느껴본다. 또는 촛불을 켜고 숫자를 세면서 촛불이 꺼지지 않고 진동에 의해 미묘하게 떨리도록 훈련한다. 손바닥의 떨림을 느껴본 후 점점 손바닥을 멀리하면서 소리가 손바닥을 밀어내 손이 밀려간다고 생각한다. 지도교사가 뒤로 물러나줄 때 지도교사도 소리에 같이 밀려난다고 생각하라.

- 3단계 : 벽을 향해 소리 보내기 / 들숨(3박자)-멈춤(3박자)-숫자 세기 (18박자)

숫자를 세는 소리에 밀려간 손이 입 안 깊은 곳 몸 안에서 그 소리를 잡아 끌어내어 다시 더 멀리 내보낸다고 생각한다. 그리고 두 팔을 앞으로 쭉 펼쳐 소리를 멀리 띄워 보낸다. 그렇게 해서 소리가 수평으로 폭을 넓혀 뻗어나가서 벽을 때린다고 믿으라. 이것은 의식 속에서 소리가 벽을 허물어뜨린다고 생각하며 소리를 쭉 뻗어 띄우는 것으로, 소리가 끊어지지 않게 하는 것이 중요하다.

소리를 밀다가 어느 순간 소리를 손으로 잡아 끌어당긴다는 느낌으로 띄워야 하는데, 소리는 비단 명주실처럼 뻗어나갈 것이다. 지도교사는 그 반응으로 소리에 밀려서 벽으로 물러나며 배우들의 소리를 자꾸 잡아당겨줄 것이다. 저기 공원 건너에, 산 너머에, 바다 건너에 친구가 있어서 그에게 전달한다고 상상하고 숫자를 세어보자. 그 친구가 소리를 잡아당긴다고 믿어보라.

- 4단계 : 의식으로 소리 확장하기

소리의 확장은 처음부터 한 호흡으로 한꺼번에 해결하려 하기보다는 차츰차츰 단계를 밟아 발전시키는 것이 좋다.

처음에 들숨(3박자)-멈춤(3박자)-소리(12박자)로 시작하여 점차 소리를 손바닥, 벽, 저 멀리 산으로 보낸 후, 마지막에는 우주의 끝까지 소리가 뻗어나간다고 의식하면서 소리를 확장시킨다. 소리는 나한테서 머물러서는 안 되고 나한테서 뻗어나가 무한한 시공간으로 뻗어나가야 한다. 소리가 저 무한한 시공간 밖으로 뻗어나가면 그 때 소리와 내가 하나가 된다.

• 5단계 : 한 호흡이 끝날 때까지 잘게 끊어서 숫자 세기

한 호흡 크게 마시기-멈춤(3박자)-(날숨을 잘게 나누어 끊어서) '하나, 둘, 셋, 넷, 다섯……' 호흡이 끊어질 때까지 숫자를 세어본다. 이때 주의할 것은 스타카토로 끊듯이 잘게 나누어 '하나', '둘' 할 때마다 숨을 다시 마신다든지 배가 들썩거리게 하지 않고, 호흡이 고르게 빠져나가는 만큼 점차 배가 자연스럽게 줄어들도록 해야 한다.

• 6단계 : 3박자 멈추고 3박자 숫자 세기

한 호흡 마시기-멈춤(3박자)-'하나, 둘, 셋'(3박자)-멈춤(3박자)-'넷, 다섯, 여섯'(3박자)-멈춤(3박자)-'일곱, 여덟, 아홉'(3박자)

• 7단계 : 한 호흡이 끝날 때까지 고르게 숫자 세기

한 호흡 마시기-한 호흡으로 숨이 다할 때까지 내쉬면서 '하나, 둘, 셋, 넷, 다섯, 여섯, 일곱……' 고르게 숫자를 세어본다.

무리하지 말고 자신의 역량에 맞추어 훈련하고, 고르고 길게 내보내는 것을 목표로 한다.

시조 읽기

시조는 '도, 레, 미, 파, 솔, 라, 시, 도'와 같은 음가가 정해져 있지 않기

때문에 다양하게 훈련할 수 있다는 장점이 있다. 양사언의 '태산이 높다하되'라는 시조를 예로 들어보자. 이 시조에는 물론 내용이 있는데, 그 내용과 정보를 무시하고 음의 부호로만 연습할 수도 있고 또한 필요에 따라 그 내용을 이용하여 다양하게 훈련할 수도 있다. 우선 양사언의 시조 '태산이 높다 하되'를 다 같이 낭송해보자.

훈련 **시조 읽기**

• 1단계: 한 호흡으로 길게 말하기

한 호흡 크게 들숨을 들이마시고 멈춤(3박자). (천천히 한 호흡으로 내쉬면서 같은 음으로) '태-산-이- 높-다-하-되- 하-늘-아-래- 뫼-이-로-다'를 해본다. 이때 소리는 매번 바꾸어 하되 음이 끊이지 않게 한다.

시조의 끝까지 다 낭송하려고 무리하여 연습하지 말고 처음에는 15~18박자 정도까지 한 호흡에 해본 후 천천히 늘려가도록 한다.

• 2단계: 한 호흡으로 쉬어가며 말하기

한 호흡 크게 들숨을 들이마시고 멈춤(3박자). '태-산-이- 높-다-하-되-' 멈춤(3박자) '하-늘-아-래- 뫼-이-로-다' 멈춤(3박자) '오-르-고 또- 오-르-면-' 멈춤(3박자). 이때 소리는 매번 바꾸어 하되 음이 끊이지 않게 한다. 지도교사가 멈춤 3박자에서 크게 박을 세어줄 것이다.

• 3단계: 분절하기

한 호흡 크게 들숨을 들이마시고. 멈춤(3박자). (잘게 잘라서) 태/산/이/높/다/하/되/하/늘/아/래/뫼/이/로/다/오/르/고/또/오/르/면/못/오/를/이/없/건/마/는/ 스타카토로 끊듯이 한 음절씩 분절하여 내보낸다. 중간 중간 다시 숨을 마시지 않도록 주의한다.

짧은 소리, 긴 소리

이것은 음을 자유롭게 길게 하고 짧게 하는 훈련이다. 일단 단어나 구절의 의미를 생각하지 말고 훈련해본다. 원래 우리의 대사란 띄어쓰기대로 읽어야 하지만 여기서는 끊어야 하는 부분을 생각지 말고 의미와 관계없이 자유롭게 띄어 읽으며 박자를 운용해본다. 시조는 내용이나 의미와 관계없이 장단이 이루어지므로 훈련에 적절하다.

훈련 긴 소리

임의대로 한 음으로 한 음절씩 짧은 소리, 긴 소리를 자유롭게 구사해서 소리내본다.

태————산-이—— 높—다—하———되— 하—늘-아————
래- 뫼———이—로—————다—오-르-고-또————

좀 더 길게, 좀 더 짧게 하는 연습을 해본다.

이번에는 시조를 바꾸어서 해본다.

청—산———리— 벽-개———수—야—

사랑에 관한 시조이지만 가사가 주는 정보와 관계없이 음의 길이만 자유롭게 조절해본다.

이—몸————이— 죽-고—— 죽—어———

충절에 관한 시조이지만 가사가 주는 정보와 관계없이 박자만 자유롭게 운용해본다.

이러한 연습은 음을 변화시키는 게 불편하지 않으므로 마음먹은 대로 자유롭게 되도록 되풀이한다.

소리의 높낮이와 강약

이번에는 시조를 낭송할 때 한 음 한 음 높낮이를 다르게 만들어 표현해본다.

훈련 1 높낮이

• 1단계 : 태↓산↗이↑ 높↘다↗하↑되↓ 하↺늘↘아↗래↓ 뫼↑이↘로↗다→

음을 다양하게 만드는 데 있어서 굳이 순차적으로 음이 달라질 필요는 없다. 자유롭게 경계 없이 다양한 음을 만들어 훈련해본다. 소리의 의미와 상관없이 음가를 달리하여 높낮이를 조절하며 일종의 작곡을 해본다.

• 2단계 : 여럿이 합창을 해보는 것도 좋다. 여러 사람의 소리 속에 자신의 소리가 묻히게 하고 그것을 느껴본다.

각자 정해진 음가를 낸다. '도-미-솔-도-미-솔'의 화음이 되도록 그 음을 내어 각자가 자유롭게 넘나든다.

훈련 2 강약

강약을 다르게 하여 다양한 훈련을 해본다.

• 1단계 : 대비를 크게 하여 훈련하기

태(강)/산(중)/이(약)/높(약약)/다(중)/하(강)/되(강강)/

강세를 둔다는 것은 강약의 대비를 뚜렷이 한다는 것이다. 강약의 대비를 분명히 표현하되 강한 것이 있다는 것은 약한 것이 있다는 것이고, 약한 것이 있다는 것은 강한 것이 있다는 것임을 기억하고 연습하라.

- 2단계 : 점점 강하게 점점 약하게 훈련하기

태(약약약)/ 산(약약)/ 이(약)/ 높(중중중)/ 다(중중)/ 하(중)/ 되(강)/ 하(강강)/ 늘(강강강)/ 아(강강강강)/ 래(강강강강)/ 뫼(약)/ 이(약약)/ 로(약약약)/다(강)/

간단히 말해 점점 약하게, 점점 강하게 연습을 해보는 것인데 음악에서 크레센도와 데크레센도를 연습하는 것과 같은 훈련이라고 생각하면 된다.

성악가들이 연습할 때 "도레미파솔라시도 도시라솔파미레도" 하면서 한 음씩 올려가며 점점 높게, 점점 낮게 소리 훈련을 하는 걸 본 적이 있을 것이다. 이런 훈련은 특별한 의미가 있는 것이 아니라 단지 음역을 넓히는 데 그 목적이 있다. 우리가 성악가가 아니라고 해서 이러한 연습이 필요 없다고 생각한다면 배우수련을 포기하는 일과 같다. 이것이야말로 배우들에게도 반드시 필요한 훈련임을 명심하라.

이 훈련이 익숙해지면 '도 미 솔 도'와 같이 다양한 변주를 하며 시조 연습을 해보고, 음악에서 쓰는 것들을 차용해 여러 가지 훈련을 해본다. 마치 음악처럼 시조에 멜로디가 생기는 것을 느끼게 될 것이다.

- 3단계 : 멜로디 만들어 훈련하기

태(강)/ 산(약)/ 이(약)/ 높(중)/ 다(약)/ 하(약)/ 되(강)/ 하(약)/ 늘(중)/ 아(약)/ 래(강)/ 뫼(약)/ 이(약)/ 로(중)/ 다(약)/

혼자서 노래 만들기

훈련 다양한 방법으로 노래 만들기

- 1단계 : 각자 한 사람씩 나와서 노래를 한다.

두둥실 두리둥실 배 떠나간다.

물 맑은 봄 바다에 배 떠나간다.

이 배는 달 맞으러 강릉 가는 배

어기야 디어라차 노를 저어라.

- 2단계 : 가사 없이, 가사를 전혀 생각하지 말고 그 노래의 음만 불러

본다.

라라라 라라라라 라 라라라라

아 이이 이 이잉이 오 오오오오

이 이이 이 이이이 오오 오오 오

우우우 우우우우 우우 이이이~

이는 머릿속에서 노래 만드는 과정을 입력해놓는 것이다. 이 모든 과

정을 허밍으로도 해본다.

- 3단계 : 자유롭게 작곡을 한다.

태산이 높다하되 하늘아래 뫼이로다.

오르고 또 오르면 못 오를 리 없건마는…….

(원곡과 다르게 내가 작곡하여 부르는 것이다)

- 4단계 : 아는 노래에 이 가사를 붙여본다.

'오! 솔레미오'의 음악에 '태산이 높다하되 하늘 아래 뫼이로다' 가사

를 붙여본다.

다양한 변주를 활용해본다.

이 모든 훈련은 어떤 조건과 관계없이 음의 높낮이, 길이, 강약을 자유롭게 할 수 있을 정도로 기관의 세포들을 인식시키는 훈련이 된다.

다수 인원이 소리로써 교감하기

둘 혹은 셋, 다수의 인원이 나와서 즉흥적으로 소리를 내며 교감해본다.

두 사람이 마주보고 선다. 같은 음으로 주고받되 음의 길이만 다르게 하며 자유롭게 상호 교감한다. 점차 음의 고저, 강약 등 변주로 진행해본다.

훈련 **소리로써 교감하기**

- 1단계 : 두 사람이 같은 음의 '아~'를 주고받되 길이를 다르게 변주하며 교감한다.
  - A : 아(1박자) B : 아(2박자) A : 아(1박자) B : 아(3박자)
- 2단계 : '아~'를 주고받되 음의 높낮이를 즉흥적으로 변주하며 교감한다.
  - A : 아(도) B : 아(솔) A : 아(레) B : 아(시)
- 3단계 : 음의 셈여림을 변주하며 교감한다.
  - A : 아(강) B : 아(약) A : 아(약) B : 아(강)
- 4단계 : 길이, 강약, 높낮이를 동시에 변주하며 교감한다. 이 또한 내용이나 조건에 관계없이 배우가 자유롭게 음을 만들어냄으로써 세포들이 반응하여 만들어내게 하는 것이다.
- 5단계 : 앞서 '아~'로 진행했던 것을 '태산이 높다 하되 하늘 아래

뫼이로다'를 주고받으며 진행해본다. 자유로운 형식으로 주고받는다.

- 6단계 : 그다음은 3-4-3-4조로 해본다.
  - 태산이 / 높다하되 / 하늘아래 / 뫼이로다
- 7단계 : 세 사람이 주고받으며 연습한다.
- 8단계 : 쉼표를 넣어서 연습한다.

이상의 훈련은 '움직임의 부호화'와 같은 방법으로 '소리의 부호화'를 훈련한 것이다. 시각적으로 드러나는 움직임 훈련과 청각적인 소리 훈련 중 어느 것이 더 어려운 것인지는 한마디로 말하기 어렵다. 훈련 과정을 되풀이하면서 서로 문제점을 나누어 이야기해 나가다 보면 재미있는 주고받기 반응이 만들어질 것이다. 훈련 인원을 늘려 세 사람, 네 사람 그리고 다수 인원이 서로 의견을 나누어 쉼표를 넣거나 강약을 조절, 높낮이의 변주를 통해 훈련을 발전시켜보자.

가곡을 크게 틀어놓고 따라 하기

우리나라 가곡을 함께 부르기이다. 오페라의 아리아는 조금 어렵고 가요나 팝은 목으로 소리를 내기 때문에 처음에는 우리 가곡을 선택하는 것이 좋다. 가곡을 크게 틀어놓고 따라 해보면 노래 속에 묻혀 자기가 마치 노래를 부르는 성악가인 것처럼 느끼게 된다. 수련생들이 동시에 다 같이 노래를 불러보자. 이때에도 자기가 그 음반 속에서 노래를 부르는 듯한 착각이 든다. 가곡 따라 하기를 하다 보면 그 노래를 하는 가수의 발성과 공명 기관들이 작동하는 것과 똑같이 나의 기관들도 그것을 따라 작동하게 된다. 가곡을 부른 성악가가 교사 역할을 한 셈이 되어 음의 장단, 강약, 높낮이를 어떻게 조절해야 그 노래의 음을 낼 수 있는지 스스로 터득하게 되는 것이다.

이러한 훈련을 통해 점차 음역이 넓어지고 폭도 넓어져 소리를 내는 방법을 찾게 된다. 부르기 쉬운 우리 가곡이나 이탈리아 가곡부터 접근해보자. 가령 파바로티처럼 노래를 잘 부르는 성악가의 가곡을 골라 소리를 크게 틀어놓고 따라 불러보자. 그러면 자기가 계발할 수 있는 소리의 범위 내에서는 스스로 파바로티가 될 수 있을 것이다. 그만큼 소리 훈련에는 의식작용이 중요하다. 내 소리가 아름답고 크고 힘이 있다고 느껴야 한다. 내 소리가 무한한 시공간으로 뻗어간다는 의식작용을 하면서 세상이, 온 우주가 내 소리에 묻힌다고 생각해야만 자기 소리를 계발할 수 있다. 지도교사는 훈련 과정에서 항상 이러한 의식작용을 환기시켜줄 것이다. 이 훈련은 집에서 자유롭게 일상적으로 할 수 있는 훈련이므로 배우들은 일생의 과제로 생각하고 연습을 게을리 하지 않도록 해야 한다.

AC TOR
TRAIN ING

스러운 직업, 배우예술의 길

조를 위한 몸과 마음의 준비

다스리기와 부호화

쉬기와 소리내기 및 부호화

배우의 감각과 의식 세계를 위한 훈련

우의 역할 창조를 위한 기초 훈련

우와 희곡, 초월적으로 보고 근원적으로 작업하기

기 예술 창조의 순간

Ahn Min Soo Actor Training

지금까지의 강의를 통해 우리가 해보았던 움직임, 호흡, 소리 훈련들은 정신적인 것과는 상관없는 신체적인 훈련처럼 보인다. 하지만 어떤 행동이 있을 때 거기에는 이미 느낌과 생각이 함께 따라가므로 신체적인 훈련이라고만 할 수는 없다. 정신의 영역과 신체의 영역은 따로 존재하는 것이 아니며, 따라서 어느 쪽에 좀 더 강조를 두어 훈련하는가의 문제일 뿐이다. 그런 점에서 보자면 3, 4강에서 다룬 훈련은 신체적인 것에 중점을 둔 훈련이라 할 수 있겠다.

오늘부터 이루어지는 강의에서는 배우의 마음속에서 일어나고 있는 정신의 영역에 중점을 둔 훈련들을 해보게 될 것이다. 가령 의식세계를 통해 주의를 집중하는 훈련이라든가 감각, 지각, 정서의 모양을 다루는 훈련 같은 것이다. 그러나 이러한 훈련은 당연히 신체의 움직임을 수반

하므로 온전히 정신적인 영역만을 따로 다루는 것 또한 아니다.

자신을 의식하지 못할 만큼 무언가에 몰두해 있는 사람이 있을 때, 그를 보고 있는 사람도 관심을 갖고 그에게 집중하게 된다. 관객이 무대 위의 배우를 바라볼 때도 마찬가지다. 관객이 무대에서 벌어지는 일에 빨려 들어간다고 할 때, 그것은 무대 위의 배우가 무엇엔가 온전히 몰두해 있기 때문이다. 몰두해 있는 배우를 관객은 주시하게 되고 이때 '집중'이 일어난다. 집중은 사물에 대한 것일 수도 있고 인물에 대한 것일 수도 있으나 무대에서의 집중이란 기본적으로 인물 상호간의 집중이 우선한다.

배우는 인물 상호간의 교류에 집중하는 훈련을 통해 관객들과 교감할 수 있게 준비를 해야 한다. 그러나 배우가 관객과 교류한다는 것이 곧 관객에게 집중한다는 것을 의미하지는 않는다. 무대 위의 배우가 상대 배우와 상황에 몰두하고 있기 때문에 관객이 이에 집중하게 되는 것이고, 이러한 상황을 통해서 배우와 관객은 교류하는 것이다.

배우가 상대 배우에게 집중할 때, 그 인물뿐만 아니라 인물에 관계된 사물에도 집중하게 된다. 무대 위에서 한 인물이 차를 마시는 것을 본다고 하자. 관객은 먼저 그 인물이 찻잔을 들기 위해 식탁으로 걸어간 다음 찻잔을 드는 것을 본다. 배우 자체에 집중한다기보다 배우의 말과 짓거리에 몰두하는 것이다. 배우 역시 상대 배우 자체에 집중한다기보다는 그 인물과 관련된 사물에 집중한다. 상대 배우와 연관된 사물, 상대 배우의 움직임, 상대 배우가 지적하는 물건 등에 집중하는 것이다. 즉, 배우의 감각기관인 오감이 상대 배우와 관련된 어떤 것에 집중함을 말한다.

그런 의미에서 집중이란 감각기관이 인물이든지 사물이든지 하나의 대상에 몰두할 때 이루어진다. 그것은 하나의 감각기관이 작동할 때 나머지 감각기관은 작동하지 않는 것처럼 보일 정도로 몰두한 상태를 말한다. 여러분 중 한쪽은 나를 바라보는 일에만 집중하고, 다른 한쪽은 내가 말하는 것을 듣고 적는 일에만 집중해보자. 나를 바라보기만 한 사람들은 시각기관만 열어둔 경우이므로 청각기관은 잘 작동하지 않는다고 느꼈을 것이다. 반면 나를 보지 않고 내가 말하는 것만 듣고 적는 일에만 집중한 사람들은 청각기관만 작동시켜 촉각이나 시각 등 다른 기관은 멈춰 있는 것처럼 느꼈을 것이다. 여러분은 나의 움직임만을 보거나 혹은 내가 하는 말을 듣는 데만 집중하여 자신에게 필요한 감각기관만 작동시켰다고 생각하며, 그렇게 함으로써 보고 있다는 것을 혹은 듣고 있다는 것을 믿게 되었을 것이다.

그런데 우리가 무엇인가에 몰두할 때 이에 필요한 감각기관만 작동하는 것처럼 느끼지만, 실제로 감각기관이 작동하기 시작하면 필연적으로 느낌과 생각이 함께 따라오기 마련이다. 우리가 로봇이 아닌 이상 감각기관이 작동하면 느낌과 생각이 동시에 작용할 수밖에 없다. 어떤 인물이 커피 마시는 행위를 할 때, 여기에는 커피를 보고, 맛있겠다는 생각을 하고, 침을 삼킨 다음 커피를 마시는 과정이 연결되어 있다. 즉, 커피를 마시는 움직임에는 이미 느낌과 생각이 함께 수반된다.

여기서 느낌(feeling)이란 정서(emotion) 중에서 가장 약한 정도를 일컫는다. 정서 중에서 가장 강한 것은 파토스(pathos)이고, 그다음 강한 것은 격정 혹은 열정이다. 그래서 느낌이 작동한다고 할 때 이것을 정서가 작동한다고 표현할 수도 있다. 파토스, 격정, 느낌의 세 가지 정서는 그것의 강약, 시간차, 밀도, 크기와 관련하여 구분될 뿐 실제로는 한 가지로 연결되어 작동한다. 마치 신체와 정신의 영역을 분리할 수 없는 이치와 같다. 배우의 의식세계를 위한 준비 훈련은 주의집중, 감각, 정서, 관찰과 상상을 훈련하는 것으로, 이 훈련 역시 신체 훈련과 연결된 상태에서 이루어진다.

1
주의집중하기

이번 시간에는 배우의 의식세계를 작동시키기 위한 훈련들 중 주의집중에 대해 강의하겠다.

관객은 배우들이 무대 위에서 무엇인가에 집중하고 있을 때 비로소 그에게 관심을 갖고 바라보게 된다. 배우가 무대에서 집중하는 대상은 사람이나 사물일 수도 있고 자신의 느낌과 생각일 수도 있다. 그래서 배우는 한 가지 감각기관이 예민하게 반응해서 몰두할 때 상대적으로 다른 기관을 잊고 있거나 적어도 덜 작동시키게 된다. 이러한 상태가 바로 주의를 집중하고 있는 상태이다.

오감에 대한 지각

일반적으로 감각이라고 할 때 이것은 오감을 말하며 오감에는 시각, 청각, 후각, 미각, 촉각이 있다. 오감 중 어느 한 감각에 결함이 있으면 다른 감각이 더욱 발달하게 되는데, 가령 시각의 작동이 잘 되지 않으면 청각이나 촉각이 더 발달한다. 만일 오감이 모두 죽어 있다면 그것은 살아 있다고 할 수 없는 것이다. 따라서 살아 있다는 것은 오감이 살아 있다는 말이기도 하다.

그렇다면 무대 위에 있는 배우가 오감을 지각한다는 것은 무엇인가.

오감에 대해 지각하는 상태는 구체적인 대상에 몰두해 있는 상태이며, 앞에서 말한 대로 집중한 상태를 말한다. 다시 말해서 오감 중에 구체성 있게 어느 한 기관만 작동시켜서 좀 더 몰두하고 있는 상태가 집중의 상태이다. 예컨대 앞서 시험해보았듯 무엇인가를 보는 것에 열중할 때는 듣는 감각의 작동이 둔해지는 것처럼, 어느 한 가지 기관에 집중하면 상대적으로 다른 기관들의 작동은 약화된다.

우리가 무엇을 보기 위해 시각을 작동시킬 때는 어떤 대상을 막연하게 보는 것이 아니다. 이를테면 어떤 사람을 바라보는데 '그 사람의 코를 뚫어지게 바라본다'고 하는 것처럼, 구체적인 대상을 열심히 바라볼 때 집중의 상태가 된다. 다시 말해 막연히 '무엇인가를 골똘히 생각한다'가 아니라 '사랑하는 사람의 눈동자를 골똘히 생각한다'여야 구체적인 대상을 생각하는 것이 되며 집중의 상태가 될 수 있다.

이렇듯 구체적인 대상에 집중하는 것은 수동적인 상태가 아니라 자신의 의지가 동반되는 능동적인 상태를 일컫는다. 예를 들어 우리가 무엇을 '본다'고 할 때 이것을 영어로 말하면 좀 더 명확해진다. 'I see the bird on the tree'와 'I look at the bird on the tree'라는 두 개의 문장에서 전자는 그냥 '새가 있다', '새가 보인다'란 의미로서 수동적인 상태를 말한다. 반면 후자는 내가 나무 위의 '새'라는 구체적인 대상을 자신의 의지를 갖고 보는 능동적인 상태를 말한다. 새의 소리를 '듣는다'고 할 때도 'hear'의 뜻일 때는 새의 소리가 '들린다', '들려온다'는 수동적인 상태를 말하지만, 'listen to'의 뜻일 때는 새의 소리를 '듣고 있다', '귀를 기울여 경청한다'는 능동적인 상태를 의미한다.

그런데 오감은 반드시 한 가지 상태로 작동되는 것이 아니다. 예컨대 커피 한 잔을 마실 때도 실제로는 여러 가지 감각기관이 바꾸어가면서 작동을 하는데, 단지 우리는 그것을 의식하지 못할 뿐이다. 먼저 코가 작동하여 커피 향이 좋다고 느끼고, 혀로 커피의 맛을 보며 새콤 쌉싸래하다고 느끼며, 손으로 찻잔을 만지면서 따뜻하다고 느낀다. 이처럼 오감은 한 가지 기관만이 아니라 여러 감각기관이 번갈아 이동하고 변화하면서 작동한다. 여기에 최종적으로 감각뿐만 아니라 정서까지 복합적으로 작용하는 것이다. 정서에 대해서는 이후에 다루기로 하고, 이번 시간에는 오감에 대해 구체적으로 지각하는 훈련을 해보자.

청각

훈련 여러 상황에서의 '듣기' 훈련

① 수련생들을 두 팀으로 나누어서 A팀은 듣기 훈련을 하고, B팀은 듣기 훈련을 하고 있는 A팀 사람들을 바라보는 데 집중해 그들에게서 어떤 현상이 일어나는지 관찰한다. 듣기 훈련을 하는 A팀은 강의실 밖 복도에서 무슨 소리가 나는지 귀 기울여 들어본다. 다음은 창밖에서 나는 소리를 들어본다. 이때 수동적인 듣기가 아니라 자신의 의지로 능동적인 듣기를 해야 한다. 주의를 다하여 경청한 다음 들었던 소리들을 기억하여 말해본다. 반대로 B팀은 듣기 훈련을 하는 B팀을 관찰한다.

관찰자들은 밖에서 나는 소리에 귀 기울인 사람들을 보았을 때 그들이 정말 듣고 있다고 믿었는지를 말해보자. 우리는 보통 음악을 들을 때처럼 잘 들리는 소리에는 편안하게 반응한다. 그러나 일상에서 잘 듣지 못하던 소리를 귀 기울여 들으려고 하는 사람들의 모습을 보면 그렇지 않다는 것을 알 수 있다. 눈을 감고 있거나, 눈을 더 크게 뜨거나, 혹은 눈살을 찌푸리거나, 소리가 들려오는 방향으로 눈동자를 향한다. 이것은 소리를 들으려 애쓸 때 그 소리가 들리는 곳으로 다가가려는 의식이 몸과 마음에 실리기 때문이다. 듣는 것에 방해받지 않기 위해 꼼짝 않는 경우도 이와 같은 이치이다.

이 훈련을 통해서 여러분은 평소 들리지 않던 소리들, 혹은 들렸지만 의식하지 못하던 소리들을 새삼스럽게 듣게 되는 것을 체험할 수 있었다. A팀의 체험담을 종합해보면 교실 밖의 복도에서 들리는 여학생들의 재잘대는 소리, 구두가 바닥과 마찰하는 소리, 그리고 멀리에서 들려오는 자동차 소리와 거리의 소음 등을 들었다고 했다. 이런 것들은 이 훈련이 시작되기 전에는 귀에 잘 들려오지 않던 소리들이다. 그리고 관찰자들은 듣고 있는 사람들이 집중해서 소리를 듣는다는 것을 믿을 수 있었다. 이것이 바로 청각에 대한 지각이다. 그런데 무대에서 배우가 소리를 듣는 것은 지금 해보았듯 외부의 소리를 듣는 것보다 훨씬 어렵다. 왜냐하면 무대에서는 소리의 대상이나 작동 기관이 정해져 있고 배우들, 조명기기, 의상 등 여러 가지 방해 요소들로 인해 신체가 이완되기 어려워 소리를 집중해서 들을 수 없기 때문이다.

② 백열등 같은 전구의 소리를 들어보자. 이 훈련을 통해 전에는 미처 지각하지 못했던 백열구 특유의 '위잉' 하는 소리를 들을 수 있을 것이다.

③ 아침에 집에서 나올 때 들었던 어머니와 아버지의 목소리를 들어보자.

④ 상상으로 자신이 좋아하는 음악을 들어보자. 그리고 이 훈련의 결과를 말로 표현해보자.

상상으로 소리를 듣는 경우, 들리지 않는 것을 상상해서 들어야 하기 때문에 소리를 듣기가 다소 어렵다. 실제로 들리는 소리를 듣는 훈련은 훨씬 집중하기가 쉽지만 배우가 무대 위에서 해야 하는 것들은 전부 상상 속에서 벌어지는 일들이다. 상대가 있어도 진짜 사랑하는 사람이 아니고, 진짜 남편도 아내도 아닌 가공의 인물이며, 차를 마시는 것도 진짜 차를 마시는 것이 아니라 실제로는 없는 차를 있는 것처럼 상상하여 연기해야 한다. 그러므로 배우는 상상으로 듣는 훈련이 반드시 필요하다.

⑤ A가 앉아 있고, B는 A의 뒤에 서서 A의 귀에 대고 아주 작게 소리를 낸다. 앉아 있는 A는 소리 나는 쪽의 손을 들어 반응한다.

이번에는 위의 ①부터 ⑤까지의 훈련을 할 때 옆 사람이 계속 말을 걸게 하여 방해 요소가 작용하는 가운데 듣기에 집중하는 훈련을 하고, 그다음 체험을 이야기해본다.

시각

'보기'는 시각이 작동하는 것을 인지하는 것이다.

훈련 여러 상황에서의 '보기' 훈련

① 한 팀의 배우가 책을 펴서 한 페이지를 읽어본다. 그런 다음 상대 팀에게 읽은 책 내용을 기억해서 설명해준다.

이 경우는 그다지 어렵지 않게 편안하게 책을 읽을 수 있을 것이다. 왜냐하면 실제로 내용에 집중해서 읽는 행위이기 때문이다. 그러나 만일 주변이 시끄럽다든지 누군가가 말을 거는 등의 방해 요소가 생길 경우, 집중이 어려워져 내용을 파악하기가 불편하고 감각들이 제대로 작동하지 않는 것을 체험하게 된다.

② 두 사람이 마주보고 서로 상대방 얼굴에 있는 점을 세어보자. 점을 찾고 세어보는 동안 보기에 집중할 수 있다.

③ 두 사람이 서로 손금을 비교해보자. 이때 손금을 보면서 말을 하지 말고 조용히 손금에만 집중해서 관찰한다. 그런 다음 상대방 손금이 내 손금과 어떻게 다른지 서로 말해보자.

④ 훈련장이나 극장의 마룻바닥에 난 못 자국을 세어보거나 흩어진 스테이플을 세어보자.

⑤ 전깃불에 비치는 먼지를 세어보고 움직여 떠가는 먼지를 쫓아간다.

⑥ 창밖에 있는 단풍나무 잎을 유심히 관찰하며 하나하나 어떻게 다른지 살펴본다.

⑦ 배우 전체가 극장이나 마루에 흩어진 못 또는 스테이플을 집어서 손바닥에 모은 후 가운데로 모여서 주운 물건들을 함께 모아놓는다.

위의 ①에서 ⑦까지의 훈련을 어떤 방해를 받는 가운데 행해본다. 한 배우가 대상을 뚫어지게 바라보는데 다른 배우는 그에게 말을 건다든지 하는 식의 방해를 말한다.

후각과 미각

훈련 **가상의 후각과 미각 작용 느끼기**

① 커피 잔에 커피가 있다고 가상한다. 먼저 커피의 색깔을 확인해본다. 다음에는 커피의 향과 맛을 보자. 향을 깊게 맡아보고 혀에 닿을 때 맛을 느껴본다. 그 후에 상대에게 그 향이나 맛에 대해 설명해보자. 아마 커피의 향이 새삼스럽게 느껴질 것이며, 혀에 닿는 맛은 쌉싸래하기도 하고 새콤하기도 할 것이다. 이때는 후각과 미각이 같이

작용을 하는 것이다. 무대 위에서 배우가 이와 같은 미각의 작용을 느끼며 커피를 마신다면 관객은 배우가 커피를 마시고 있다는 것을 믿을 수 있게 된다.

② 가상의 신 귤을 까서 먹어본다. 귤의 크기, 온도를 느낀다. 껍질을 벗기고 한 입 물어서 맛본다. 시다. 어떻게 신가? 말로 표현해본다.

③ 국을 마신다. 국의 맛을 본다. 싱거운가? 짠가? 어느 정도 싱거운가?

촉각

훈련 **여러 상황에서 촉각의 작용 느끼기**

① 친구가 두른 스카프의 촉감을 느껴보자. 우리는 자신이 넥타이나 머플러를 목에 두르고 있어도 그것을 목에 두르고 있다는 사실을 의식하지 못한다. 그런데 스카프를 만지면서 평소에는 느끼지 못했던 것들을 느낄 수 있다. 이렇게 자신이 느낀 촉감을 상대에게 설명해보자. 그리고 관찰하고 지각한 것을 상대에게 반드시 이야기로 전해보자.

② 호되게 추운 날씨에 바람이 매섭게 분다. 온몸을 움츠려서 바람을 등지고 선다. 코끝과 귀끝이 언 것 같다. 어떻게 반응할까?

③ 매섭게 추운 날씨에 난롯가에 모여서 손과 얼굴을 쬔다. 잘못해서 손을 덴다. 어떻게 반응할까?

④ 사과를 벗긴다. 사과의 촉감을 느껴보라. 잘못해서 손을 베인다. 어떻게 반응할까?

⑤ 길을 걷다가 발끝으로 돌부리를 걷어찬다. 뼛속까지 아프다. 어떻게 반응할까?

인물과 사물에 대한 주의집중

지금까지의 배우수련은 오감이 어떻게 작동하는지를 지각하는 것이었다면, 여기서는 오감이 작동한 상태에서 주의집중하는 것을 훈련해보기로 하자. 주의를 집중한다는 것은 다른 기관의 작동은 배제한 채 지각하는 대상을 바라보거나 그것에 몰두하는 상태이다. 이 훈련은 주의집중 훈련인 동시에 오감에 대한 종합적인 지각 훈련이다. 무대에서 배우가 집중하면 관객은 자연히 배우에게 주의를 집중하게 되고, 배우가 관심을 갖는 것에 관객도 따라서 관심을 갖게 된다.

이제부터는 단순히 오감의 작동을 지각하는 것에서 더 나아가 집중을 방해하는 요소가 있는 상태에서 주의를 집중하는 훈련을 해보겠다.

훈련 1 여러 조건에서의 주의집중 훈련 1

- 1단계 : 여러 사람이 나란히 앉아 들릴 듯 말 듯한 작은 소리로 옆 사람에게 한 단어를 전달하고, 전달받은 사람은 다시 그 옆 사람에게 그 단어를 전달해본다. 이때 소리가 명확하지 않고 겨우 알아들을 정도여야 하는 것은 단어를 전달받는 사람이 그 소리에 경청하도록 하기 위해서이다.
- 2단계 : 한 단어를 전달받은 사람이 다시 한 단어를 더해 두 단어를 옆의 사람에게 전달하고, 그 사람은 다시 옆 사람에게 또 한 단어를 더해 세 단어를 전달하는 식으로 이어간다.

  예) 첫 번째 사람이 '사과'라고 하면 두 번째 사람이 '사과, 홍차'라고 하고 세 번째 사람은 '사과, 홍차, 시계'라고 하는 식이 될 것이다.
- 3단계 : 단어보다는 좀 더 긴 문장을 만들어 작은 소리로 전달해본다.

예를 들어서 '사과홍차 맛이 기막히게 좋은데'라고 하면 옆 사람은 거기에 또 다른 문구 하나를 더 보태어 전달하는 식이다.

훈련 2 여러 조건에서의 주의집중 훈련 2

① 한 사람이 나와서 임의로 어떤 움직임을 한다. 그 행동을 바라보고 있던 다음 사람이 나와서 앞 사람의 움직임을 그대로 따라 한다. 그 다음은 세 번째 사람이 나와 두 번째 사람의 동작을 보고 따라 해본다. 상대방의 동작을 따라 해야 한다고 생각하면 좀 더 집중해서 보게 되고 그것을 재연할 때도 마찬가지가 된다.

② 두 사람이 마주 선다. 한 사람이 어떤 움직임을 계속하고 마주 선 사람은 바로바로 그 움직임을 따라 한다.

③ 가상으로 운동 경기를 한다. 두 사람이 나와서 야구를 하거나, 공을 던지고 받기를 계속한다. 이때 야구공의 크기, 무게, 날아오는 탄도, 손에 잡히는 감촉, 반동, 다시 그 공을 던져줄 때의 동작들을 믿어보라.

④ 여러 사람이 다 함께 가상의 농구나 야구, 배구, 축구를 해본다. 공이 어디에 떨어질 것인지 집중하면서 가상의 경기를 훈련한다. 이런 훈련들은 얼핏 보면 아무것도 아닌 아이들 장난처럼 보이지만 사물, 인물, 느낌, 생각 등에 집중할 수 있는 훈련들이다.

⑤ 한 사람이 책을 읽고, 상대방에게 책의 내용을 이야기해준다. 상대방은 내일 미팅 약속에 대해 떠들면서 이야기해주는 사람을 방해한다. 책 내용을 말해주는 사람은 어떠한 방해가 있더라도 책을 읽고 이야기해주어야 한다.

⑥ 여러 명이 할 수 있는 훈련을 해본다. 예를 들어 가상의 전람회에 있

다고 생각하며 벽에 걸린 그림들을 관람한다. 둘씩 짝을 지어서 관람할 수도 있고 다 같이 돌아가며 관람할 수도 있다.

이런 훈련은 여럿이 함께 하기 때문에 시간이 절약될 뿐 아니라 오감이 함께 하는 종합 훈련이 되기도 한다. 그러면서 여럿이 함께 수행하므로 그에 따른 방해가 있어서 실제 무대 연기 훈련과 같은 효과를 낼 수 있다.

2
감각반응과 정서

앞의 강의에 이어 감각기관의 작동에 따르는 정서적 반응에 대해 알아보자.

감각기관은 어느 한 기관만 따로 분리되어 작동하는 것이 아니기 때문에 따로 설명하기도 어렵고 훈련하기도 힘들다. 게다가 감각기관은 정서까지 함께 연결되어 작동한다. 우리가 어떤 것에 대해 감각반응이 일어날 때 그것은 이미 정서적으로도 반응하고 있기 때문이다. 앞서 시각 훈련에서 상대방의 손금을 보았을 때 여러분은 손금을 보다가 웃고 있었다. 내게는 서로의 손금을 비교하며 재밌어하는 것처럼 보였는데, 이것은 시각적인 반응이 일어남과 동시에 정서적 반응이 일어났다는 것을 말해준다.

그렇다면 감각반응과 함께 일어나는 정서(emotion)란 무엇인가. 쉽게 말해서 정서란 어떤 대상에 대해 느낌이 일어나는 현상을 말한다. 정서보다 조금 더 무거운 것을 '감정'이라고 하고, 정서보다 가벼운 것을 '느낌'이라고 말할 수 있다. 이 느낌이란 기쁨이라든가 노여움, 사랑, 슬픔, 미움, 욕망 같은 것으로 마음속에 일어나는 현상이다. 그런데 정서는 분명 우리의 마음속에서 일어나지만 그 정서가 어떻게 일어나고 있는지를 다른 사람이 알 수 있는 것은 외적으로 어떤 모양을 나타

냈을 때이다. 즉, 정서가 신체적으로 표출되었을 때이다. 정서가 구체적인 외형적 형태로 표현되었을 때 우리는 객관적으로 그 정서를 알 수 있다. 여러분은 손금을 보았고 흥미를 가졌으며 그와 동시에 느낌이 왔다. 그래서 웃고 소곤거리며 말했다. 이는 흥미에 대한 신체적인 표출이다. 절대로 어떤 정서 또는 느낌 그 자체를 표현할 수는 없고, 정서를 만들려는 노력만이 표출될 뿐이다.

외적으로 표출되는 어떤 신체적 작동이 있을 때, 이는 감각만이 아니라 정서적인 반응을 가져온다. 그래서 정서는 신체적으로 표출되고 이를 통해 사람들은 객관적으로 정서를 인식할 수 있다. 예를 들어 무엇에 깜짝 놀라면 뒷걸음질을 치게 되고, 아주 화가 나면 주위의 물건을 집어던지는 행위를 하게 된다. 이처럼 우리의 정서는 외적인 신체의 움직임으로 표출되기 마련이며, 그래서 객관적으로 그 정서를 알 수 있고, 그 행위를 정서적 반응으로 믿게 되는 것이다.

이를 설명해주는 감정의 움직임에 대한 두 가지 이론이 있다. 하나는 제임스 랭의 '감정과 외적으로 표현되는 신체의 상관관계'에 관한 이론이고, 또 하나는 스타니슬라브스키 후기 이론에 영향을 미친 파블로프의 조건반사 이론이다. 후자는 외적으로 신체반응을 하면 거꾸로 그에 합당한 내면의 정서적 반응이 일어난다는 이론이다. 예를 들어 우리가 어느 상갓집에서 상제들이 목 놓아 우는 광경을 보았다고 하자. 이때 자기도 모르게 눈물과 콧물이 나서 손수건으로 닦는다든지, 눈물을 훔치며 외면한다든지 하는 신체적인 표출을 하게 된다. 반대로 눈물을 흘리고 손수건으로 닦는 신체적 표출과 똑같은 움직임을 정확하게 할 수만 있다면 그것이 내면의 정서를 자극하게 되어 비슷한 정서적 반응을 일으키기도 한다.

인간은 신체적 동물이자 정서적·정신적 동물이기에 어느 하나를 배제할 수 없이 정서와 신체 작용을 함께 생각해야 한다. 따라서 어떤 정서가 작용할 때는 신체적인 행동으로 표출된다는 사실을 기억해두자. 신체적으로 어떤 행동을 했다는 것은 이미 그 안에 감정과 정서를 일으키는 모양이 있다는 것을 의미하기 때문이다.

감각지각과 정서적 반응

감각지각과 정서적 반응 훈련은 앞서 감각 훈련의 결과에 정서적인 반응을 첨가하면 된다. 예를 들어 밖에서 나는 소리를 듣는다고 하자. 목소리가 들리고 내가 기다리는 동생이 온다는 것을 감각적으로 지각한다. 이때 '아! 동생이 왔구나!' 하며 정서적으로 반응하면서 반갑게 문을 열러 나간다. 이런 식으로 감각을 지각할 때 바로 이것을 정서적 반응 행동으로 옮겨보는 것이다. 앞에서의 지각 훈련의 예들을 이와 같이 이용해보라.

정서반응의 단계

우리가 어떤 것에 대해 지각하면 정서적으로 반응을 하게 된다. 그런데 정서인 느낌은 반드시 한 곳에 머물러 있거나 한 가지 형태로 고정되어 있지 않고 파동을 치면서 다른 정서로 발전해나간다. 예를 들어 무슨 소리가 들리면 놀란다. 그다음 '동생이 오는 건가?' 싶다가 '동생이구나!' 하며 반가워 서로 끌어안고 웃는 것을 생각해보자. 놀라움에서 의심, 확인, 반가움으로 정서의 모양이 이동하고, 마침내 반가움은 자기 몸을 동생에게로 달려가게 만들며, 더욱 적극적으로 끌어안게 만들고, 결국에는 즐겁게 '하하하하' 웃게 만드는 과정으로 진행된다. 이것은 정서가 하나의 모양으로 머물지 않고 계속 변한다는 것을 말해준다.

이처럼 정서는 발전 단계가 있다. 배우가 정서의 발전 단계를 알면 연기 스타일을 다루는 데 있어서 매우 용이해진다. 그러므로 배우에게는 정서의 발전 단계를 세분화하는 훈련이 필요하다. 예를 들어 커피 맛을 본다고 할 때도 커피의 맛을 보는 단계를 정리해보는 것이다. 커피 맛을 보고 행복하게 느꼈다면, 행복함에서 그다음 단계의 정서는 어떻게 발전하는가를 정리해보는 것이다. 이때 말을 하고 싶다면 말과 연결시켜서 해보아도 좋다.

정서적 반응과 외적 행동

정서적 반응은 외적인 신체 행동으로 나타나는데, 배우는 외부로 표출된 신체적 행동 가운데서도 어떤 특정한 것을 선택해야 한다. 왜냐하면 정서의 표출 자체가 연기는 아니기 때문이다. 흔히 연습할 때 '감정을 잡고 하자'란 표현을 쓰기도 하는데 이것은 적절한 표현이 아니다. 감정을 잡으려고 하면 긴장하게 되고, 감정을 잡더라도 구체적으로 감정이 잡히는 게 아니라 그저 막연히 감정적인 상태가 되기만 할 뿐이다. 정서가 야기되었을 때 그 정서를 단계별로 발전시키고 그에 적합한 행동의 표출을 찾아야만 연기가 완성되는 것이다.

이러한 정서의 발전 단계가 없다면 아무런 구체성 없이 감정적으로 빠지게 되어 정서 자체만을 표현하려고 애쓰는 결과가 된다. 그래서 나는 연기 훈련에서 절대 '감정'이라는 단어를 사용하지 않는다. 예를 들어 '반갑다'는 정서를 표현할 때 대개의 연기자들은 막연하게 반가움 자체를 표현하려 한다. "와~!", "야~!" 하며 반가움이라는 감정 자체만 표현하려고 할 경우 감정을 만들려고 애를 쓰기 때문에 외적으로 긴장하게 된다. 반가움이라는 정서를 표현하기 위해서는 무엇을 어떻게 해야 할지 합당한 행동을 선택해야 한다. 반가워서 선물을 준다거나 그 선물을 숨겨서 줄 것인지, 바로 줄 것인지, 맞혀보라고 말한 다음에 보여줄 것인지, 정서의 발전 단계에 맞는 행동을 선택하여 외적으로 표출해야 한다. 정서 자체는 연기가 될 수 없으며 정서로 야기된 단계를 밟아 합당한 신체적 행동으로 표현했을 때 비로소 연기가 되는 것이다.

다른 예로 밖에서 소리가 나서 '무서움'이라는 정서를 표현한다고 했을 때 대개는 덜덜 떨면서 무섭다는 것만을 나타내려 한다. 그러나 그 소리를 듣고 '무슨 소리지? 무섭다', '도대체 누굴까? 도둑놈인가?', '어디 가서 숨어야지. 여기 숨을까, 저기 숨을까?' 혹은 '내가 이놈과 싸워야지! 몽둥이가 어디 있지?', '안 되겠다. 숨는 것이 낫겠구나!' 등 대상에 대해 구체적인 신체 행동을 선택해야 한다.

결론적으로 말해, 정서가 유발되면 그것은 외적 행동으로 표현되고, 반대로 마땅한 외적 행동을 찾으면 정서가 유발된다. 내면에 정서가 일어났다고 해도 그에 합당한 외적인 행동이 따라주지 않으면 관객에게 제대로 전달될 수 없으며, 반대로 아무리 외적으로 흉내를 낸다고 해도 내면에서 일어나는 정서를 바깥으로 끌어내 외적 행동과 일치시키지 않으면 그 행동은 아무런 의미가 없는 껍데기 행위에 지나지 않는다.

낭만주의 연극은 양식상 거창하고 과장된 움직임을 한다. 사랑을 표현할 때도 실제보다 훨씬 크게 움직임을 한다. 그러나 과장된 움직임이 마음으로부터 비롯한 합당한 행동이라면 그 움직임 자체는 양식으로부터 나온 것이므로 관객은 거짓으로 보지 않는다. 즉, 실제보다 커다란 행동일지라도 사랑하는 정서가 표출되어 일치하면 양식상 가능한 표현이 된다. 그러나 과장된 것이 아닌 작은 움직임이라 해도, 한 여인을 사랑하여 안고 싶은 마음이 일어나지 않는데 포옹을 할 경우 이것은 거짓으로 보일 것이다. 결국 정서적 반응과 외적 행동에 있어 배우는 연극 양식에 따라서 내면의 움직임에 합당한 외형적 표현을 선택해야 한다는 사실을 명심하자.

3
정서의 밀도와 크기 체험

그렇다면 이번 시간엔 정서와 느낌이 외형적으로 크게 표현될 때와 작게 표현될 때의 조건에 대해서 알아보자.

사람의 마음 안에는 언제나 느낌과 정서라는 것이 있다. 때문에 느낌이나 정서를 갖는 것 자체가 곧 살아 있는 생명임을 뜻한다고 하겠다. 살아 있다는 것은 촛불의 불꽃과 같이 마음이라는 불꽃이 일어나 흔들리는 모습이 있다는 것을 말한다. 우리 내면에 있는 생명의 불꽃이 외적인 자극에 의해 반응하여 흔들리면 이것이 바로 느낌이 되는 것이다.

느낌에는 기쁨, 노여움, 슬픔, 즐거움의 희로애락(喜怒哀樂)과 사랑, 미움, 욕심을 뜻하는 애오욕(愛惡欲)까지 모두 7정이 있다고 알려져 있다. 정서는 이러한 여러 가지 느낌이 일어나는 마음속의 형태이다. 이때 정서를 바깥으로 표현하는 것은 생각만큼 쉽지 않다. 촛불의 흔들림과 같은 내면의 느낌은, 작게는 이목구비의 미세한 떨림이나 표정과 같은 섬세한 근육의 움직임에서부터 크게는 팔, 다리, 전신의 움직임과 같은 뚜렷한 외적인 행동으로 표현된다. 다시 말해 내면의 느낌은 크고 작은 외적인 행동들로 연결되고 여기서 필요한 행동을 선택함으로써 극적 행동이 만들어지는 것이다.

연극이 다른 예술과 구별되는 가장 큰 차이는, 예술의 표현매체가 물감이나 캔버스, 피아노와 같은 물질이 아닌 살아 있는 사람이라는 점이다. 연극의 표현매체인 배우는 살아 있는 생명체이기 때문에 정서적으로 반응하고 그것을 외적인 형태로 드러내게 된다. 그러므로 연기는 정서의 반응 없이는 이루어질 수 없으며 궁극적으로 관객과 정서적인 체험을 나누는 것이라고 하겠다.

배우 내면에 촛불 같은 느낌이 불꽃처럼 일어나면 외적인 모양도 그에 상응한 크기로 나타난다. 일반적으로 내면에서 일어나는 정서의 밀도와 크기가 크면 외형적으로도 크게 표현되고, 반대로 정서의 밀도와 크기가 작으면 외적으로도 작고 미세하게 표현된다. 즉, 내면에 촛불의 흔들림이 커다란 불꽃처럼 일어난다면 외형적인 모양도 그에 맞게 커질 것이고, 반대로 내면의 촛불이 미세하게 흔들리면 외적인 모양은 작은 움직임으로 나타날 것이다. 물론 때로는 큰 떨림이 작게 표현될 수도 있고 작은 흔들림이 크게 표현될 수도 있지만, 내면의 흔들림이 전혀 없이는 외적으로 아무것도 표현될 수 없다. 다시 말해 내면의 흔들림이 작은데 이것을 배우가 외형적으로 커다란 제스처와 움직임으로 나타내는 것은 성립되지 않는다는 것이다. 배우의 내면에서는 아주 미세한 불꽃이 일어나는데 외적으로는 큰 불꽃으로 표현한다면 이것은 거짓된 표현일 것이다.

배우의 정서 표현은 아무도 없는 방 안에서 혼자 하는 것이 아니며, 그렇다고 상대와 마주보면서 하는 것만도 아니다. 정서의 표현은 항상 관객이 존재하는 가운데서 이루어지기 때문에 극장의 형태, 관객의 존재 형태와 밀접한 관련이 있다. 가령 배우가 내면에 어떤 떨림이 일어나서 그것을 외형적으로 표현할 때, 관객이 150여 명 정도인 작은 소극장과 1만 5천 명 정도인 커다란 극장에서 드러내는 표현은 다를 수밖에 없다. 관객이 적은 소극장과 관객이 많은 대극장에서 배우에게 일어나는 정서의 크기와 그것을 외적으로 나타내는 밀도는 다르기 때문이다. 이것은 정서의 외적인 표현은 극장 크기와 관련이 있으며, 이는 관객의 수와 질, 다시 말해 관객의 존재 형태와 관계가 있다는 의미이다.

관객층은 배우가 보여주는 내면의 밀도의 크기와 외적 표현의 크기를 좌우하는데, 가령 그리스 시대의 연극은 오늘날의 연극에 비해 그 질뿐만 아니라 정서의 표현, 내용과 형태까지 달랐다. 그리스 시대는 노예 사회를 바탕으로 한 시민사회였기 때문에 관객의 질이 오늘날의 보통 사람들과는 달라 정서의 표현, 내용, 형태 등도 자연히 다를 수밖에 없었기 때문이다. 우리나라 대학로 연극은 관객층이 젊은이나 대학생들이지만, 미국 브로드웨이 연극은 대중적이긴 해도 우리처럼 대학생이나 젊은 사람들만을 대상으로 하지는 않는다. 한편 링컨센터에서의 공연은 일반적으로 고전들이 선택되는데 관객을 엘리트, 즉 상류층을 대상으로 하는 데서 연유한다.

결론적으로 극장의 형태는 관객의 수나 질과 밀접한 관계가 있으며 이것은 연극의 형태와 양식을 결정한다. 그러므로 배우는 노나 가부키의 배우처럼 어떤 특정한 양식이나 연극 형태를 전문으로 하는 것이 아니라면, 다양한 극장 형태와 관객 수와 관객층을 전제로 모든 표현을 할 수 있도록 훈련해야 할 것이다. 예컨대 로렌스 올리비에는 2천 명을 대상으로 하는 셰익스피어의 연극에도 출연했으며, 200여 명의 관객을 상대로 하는 체호프의 연극에서도 유능한 연기를 보였다. 뿐만 아니라 관객과 직접 만나지 않고 매체를 통해 만나는 영화에도 출연하여 오스카상을 타기도 했다. 그는 역사극은 물론 스릴러, 탐정물과 같은 현대물을 비롯해 여러 장르들을 모두 섭렵하여 성공했다. 이것은 그가 곧 감정의 밀도와 크기를 마음대로 조절하여 외적인 행동으로 표현할 수 있었다는 것을 말한다. 훌륭한 배우라면 이렇듯 어떤 형태의 연극에서든 정서의 크기와 밀도를 조절하여 연기할 수 있는 능력을 갖추어야 한다. 그리고 사전에 이처럼 다양한 정서의 밀도와 크기에 대한 체험이 반드시 훈련되어야 할 것이다.

초월적 힘과의 대면

정서는 곧 인간의 마음이 흔들리는 것으로 연기의 원천이 된다. 마음의 흔들림인 정서의 크기는 연극의 형태에 따라 달라진다고 했다. 그러면 어떤 정서가 큰 정서이고 또 어떤 정서가 작은 정서인지 연극사를 통해 생각해보자.

연극사적으로 가장 큰 정서는 그리스극의 정서이다. 그리스극에는 인간의 힘을 넘어선 초자연적인 힘, 초자연적 힘을 가진 존재와의 투쟁, 그리고 그 존재의 힘의 질서에 인간이 어쩔 수 없이 순응해가는 과정이 그려져 있다. 그런데 초자연적인 힘에 대한 순응의 과정에서 거대한 힘과의 충돌이 일어나고, 이때 당연히 엄청난 크기의 정서가 생겨나 갈등을 만든다.

앞서 얘기한 희로애락(喜怒哀樂)과 애오욕(愛惡慾) 같은 느낌들은 뭔가 작은 것을 말하는 것 같다. 그러나 '격정', '열정'이라고 표현했을 때는 좀 더 커다란 정서를 일컫는 말이 된다. 그리스극의 정서는 인간의 힘으로는 어쩔 수 없이 순응할 수밖에 없는 엄청난 힘, 즉 커다란 격정이나 열정과 같은 정서로 이루어져 있다. 이것을 '파토스'라고 부른다. 물론 현대 연극에서도 이 정도의 힘과 충동을 가진 연극이 없는 것은 아니지만, 정서가 큰 연극의 대표적인 예는 역시 그리스극이다. 그리스

극은 파토스, 즉 거대한 힘에 의한 이야기 전개로 이루어져 있다.

훈련 1-1 초월적 힘과의 대면 1

그리스극을 만드는 힘인 파토스가 어떠한 환경과 조건에서 이루어졌는
지를 돌아보면서, 당시의 연기 형태는 어떠했을지 알아보기 위해 그와
같은 정서를 체험해본다.

그리스극의 초월적인 힘과 정서를 경험해보기 위해 우선 약 1만 3천
~1만 5천 명 정도의 관객을 수용할 수 있는 장소로 나가보자. 아마 우
리의 현실에서는 학교 운동장이 적당할 것이다. 학교 운동장의 한 모퉁
이는 적어도 3면이 관중석으로 둘러싸여 있어서 그리스 극장의 형태와
유사한 체험을 해보기에 적당하다. 운동장에서 상상의 그림을 그려 그
리스 극장의 모양대로 관객석(떼아트론)을 가상하고, 오케스트라(원형
무대)의 반지름을 40피트 가량의 크기로 정해 놓은 후 객석을 체험해보
도록 하자.

과연 어떤 내면의 흔들림이 있어야 관객과 정서적 교류를 할 수 있는
지, 운동장 한가운데 서서 양팔을 펴고 공간을 느껴보자. 가슴과 어깨
가 펴지면서 굽었던 몸도 펴질 것이다. 이때 가슴을 더욱 활짝 펴고 두
팔을 벌려서 사방을 돌아보며 공간을 느껴보자. 그리고 자신의 몸과 표
현이 어떻게 변하는지 느껴보자. 이것은 우리가 이전 강의에서 했던,
무한한 시공간 밖으로 확대되는 호흡 훈련을 응용한 것이다.

요즘의 배우들은 1만 5천 명의 관객 앞에 서 있다고 가정만 해도 아
무것도 할 수 없을 정도로 위압감을 느끼며 긴장하게 될 것이다. 대사
도 제대로 전달되지 않을 것이다. 자, 이제 넓은 공간에서 팔을 펴 사방
을 돌며 관객이 둘러싸고 있는 것을 체험해보자. 관객과 정서적으로 어

떻게 교류해야 할 것인지 경험할 수 있을 것이다. 그리고 이러한 규모에 맞는 호흡과 소리 훈련이 턱없이 부족하다는 것을 절실히 느낄 것이다.

훈련 1-2 초월적 힘과의 대면 2

약 1만 5천 명 정도의 관객들을 대상으로, 우리가 첫 강의에서 했던 자기소개를 한다고 생각하고 소리내어 전달해보라. 그리스극은 기본적으로 음악과 어우러져 있으므로 음악을 틀어놓고 해보자.

다음으로 할 것은 다른 연극적인 조건들을 생각해보고 정서를 경험해보는 일이다. 그리스 시대의 배우들이 큰 야외무대에서 수많은 관객을 상대로 자연스럽게 정서적인 교류를 하며 연기했다면, 분명 이를 가능하게 했던 장치들이 고안되었을 것이다. 따라서 그리스 연극과 비슷한 여건을 마련한 상태에서 훈련한다면 당시 배우들의 정서가 어느 정도의 크기와 밀도로 표현되었을지 가늠해볼 수 있을 것이다.

먼저 대형 극장에서 수많은 관객의 시선을 보다 쉽게 집중할 수 있게 하는 장치들 중 하나로 당시의 소품, 의상을 살펴보자. 굽이 높은 신발인 '코토르노스', 실물보다 커 보이는 효과를 내기 위한 크고 과장된 머리 장식 '온코스', 표정을 특정하게 과장·확대시켜 표출한 '가면', 커다란 스카프나 망토와 같이 몸을 휘감는 '치톤'과 '히마치온'이 1만 5천 명 정도의 관객과 교류하기 위해 만들어진 장치들이다.

당시에는 세 명의 주연배우가 1인 3역을 맡아 총 9명 정도의 역할을 소화해냈다. 코러스들은 50명에서 나중에는 15명 정도가 있었는데, 민첩하고 빠르게 움직이기 위해 맨발이었고 주로 노래와 대사의 낭송을 담당했다. 그리스극은 음악극이라 불릴 수 있을 만큼 음악을 배경으로 공연되었고 코러스도 대사를 노래로 했다. 배우들 역시 리듬감 있게 움직였지만 대개는 느리고 장중하며 비장했다. 이는 굽이 높은 신발이나 커다란 옷 때문에 민첩하게 움직일 수도 없고 많이 움직일 수도 없었기 때문이다.

그러나 많이 움직일 수 없는 대신 팔을 한 번 휘젓더라도 더 크고 더 넓게 확장시켰기 때문에 파토스와 같은 커다란 내면의 정서를 표현하기엔 부족함이 없었다. 소리의 전달에 있어서는 오늘날의 마이크 같은 기계는 없었지만 소리가 전달될 수 있도록 주변 환경이 잘 조성되어 있었다. 즉, 자연 경사를 이용해 반향장치를 대신하는 지혜로움이 있었고, 가면의 입 부분을 돌출시켜 제작해 오늘날의 확성기 같은 역할을 할 수 있도록 했다.

음악의 경우를 비교해보자. 예컨대 베토벤 9번 심포니를 들어보면 솔로 연주가 100여 개의 악기 그리고 같은 수의 합창소리를 뚫고 나온다. 이때 그 연주가 얼마나 훈련되어야 하는지를 상상해보라. 바이올린 협주의 경우, 바이올린 연주자는 그 많은 악기들의 소리를 혼자 뚫고 나온다. 묻혀서 연주하는 사람과 혼자서 연주할 수 있는 사람이 다르듯, 성악 역시 합창을 할 수 있는 사람과 독창을 할 수 있는 사람이 구분된다. 게다가 독창이나 솔로 연주는 음악이 계속 받쳐주기 때문에 그 속에서 장중하면서도 힘 있게 다른 소리들을 뚫고 나오는 것이다.

그리스 배우들의 소리 역시 장중하면서도 리듬을 가지고 코러스의 노래와 음악을 뚫고 나온다. 당시 배우들의 대사는 오늘날과 같은 일상적인 게 아니라 신탁에 의한 어쩔 수 없는 인간의 운명, 근친상간, 혈연간의 살인 등 커다란 문제를 다루었으므로 지금 우리의 일상 화술과는 다르게 구사될 수밖에 없었다. 움직임 역시 엄청난 크기의 삶의 문제를 다루는 것인 만큼 팔과 다리를 비롯해 얼굴의 표정까지 온몸을 이용하여 정서를 크게 표현해야 했다.

훈련 2 그리스 배우들의 의상 착용

그리스 연극의 환경과 여건, 배우들의 움직임과 소리 등을 살펴보았으니, 실제로 당시 그리스 배우들이 착용한 의상을 대용할 만한 높은 굽의 신발과 커다란 머리 장식, 몸을 휘감는 의상을 입고 움직임과 소리, 정서 교류에 대한 것들을 경험하고 느껴본다. 그리고 앞의 예와 같이 자신을 소개하고, 그 밖에 오이디푸스 왕과 테레시우스의 대사도 연습해본다.

훈련 3 표정과 움직임 표현

그리스 시대 도자기에 그려져 있는 당대 사람들의 표정과 움직임을 그대로 표현한다. 그림 속의 사람들은 대개 커다란 눈과 크게 벌린 입, 큰 귀를 한 가면을 착용하고 있는데, 맨얼굴로 그런 표정을 지어보고 그 표정에 합당한 몸의 움직임을 상상해 만들어본다. 그리고 그 움직임들을 연결동작으로 해본다.

훈련 4 신화 속 인물의 움직임 표현

그리스 벽화의 그림에 나타난 신화 속 인물들의 움직임을 그대로 몸으로 표현한다. 그다음 그 움직임에 합당한 두 번째, 세 번째의 연속적인 움직임을 상상력을 동원해 만들어보고 연결동작으로 해본다.

　예를 들어 헤라클레스가 활을 쏘고 있는 움직임을 보고 정지된 자세 그대로 표현한 후, 이에 합당한 다른 움직임은 어떤 것이 있을지 찾아

보는 것이다. 이런 훈련을 해야 하는 이유는, 오늘날의 젊은 배우들이 그리스극을 할 때 지금의 정서로는 쉽게 이해할 수 없는—아버지를 죽이거나 자식을 죽이는 것과 같은—엄청난 크기의 정서에 합당한 움직임이나 행동을 찾는 데 도움이 되기 때문이다.

훈련 5 정서적 반응 표현

사진이나 그림 속의 정적인 움직임 여러 개를 보고 놀라움, 기쁨, 슬픔, 비탄 등의 정서를 찾아 표현해본다. 이때 배경으로 음악을 깔아놓고 해야 한다. 그리스극이 기본적으로 음악극이기 때문이다.

슬픔, 기쁨, 비탄의 정서적 반응을 몸으로 표현하여 모양새를 만들어보고 소리도 내본다. 움직임은 민첩하지 않으면서 천천히 크게 해 하나의 완성된 동작을 어느 정도 유지하도록 한다. 〈오이디푸스왕〉에서 신탁을 받았을 때 괴로워하는 모습이나 양치기의 이야기를 듣고 비탄에 빠지는 모습 등, 고통의 정서가 어떻게 표현될 수 있을지 고민해보자. 이때의 움직임은 천천히 크게 이루어지도록 하고, 한 번 움직이면 그대로 유지시킨다. 그다음으로는 오이디푸스나 테레시우스의 대사를 하나 실연해본다. 비장한 분위기의 음악을 틀어놓고 훈련해보자.

격정과 비극

서양 연극사를 바탕으로 정서의 크기에 대한 체험 훈련을 할 때, 격정과 비극은 영국 르네상스 기의 셰익스피어 연극에서 살펴볼 수 있다. 셰익스피어 연극은 그 정서의 크기가 그리스 비극과 근대극의 중간쯤 된다고 보면 좋을 것이다.

당시의 《글로브(The Globe)》나 《포천(The Fortune)》을 보면 관객들

은 3층의 갤러리에 층마다 신분과 계급에 차등을 두어 관람했고, 마당에는 하층 계급들이 서서 관극하면서 소란스런 분위기를 연출했다. 공연은 오후 3시의 환한 대낮에 지붕도 없는 공간에서 이루어졌지만, 밤의 장면을 나타낼 때는 횃불을 들고 나와 관객에게 밤이라는 것을 알게 하는 등 그들만의 연극적 약속으로 극을 만들었다.

이러한 공간에서 벌어지는 셰익스피어 연극의 이야기는 그리스극에서처럼 초자연적인 힘과의 문제가 아닌 인간 사이에서 벌어지는 일들을 다루었다. 그렇다고 현대의 극처럼 보통사람들 사이에서 일어나는 작은 일들을 다룬 것은 아니다. 예를 들어 〈로미오와 줄리엣〉은 사랑 이야기이긴 하나 원수 집안의 남녀가 이루지 못할 사랑 때문에 자살과 죽음에 이르게 된다는 내용이다. 〈햄릿〉에서는 죽은 아버지의 유령이 등장해 원수를 갚아줄 것을 부탁하고, 마지막 장면에서는 무대 위에 시체들이 즐비하게 나온다. 〈오셀로〉는 무어인 장군 오셀로가 백인 아내 데스데모나를 너무도 사랑한 나머지, 사소한 오해로 인해 질투에 눈이 멀어 부인을 교살하고 자신도 스스로 목숨을 끊는다는 이야기이다.

셰익스피어 극에 나타나는 사랑과 복수, 증오, 질투를 다루는 방법은 지금 우리의 정서로는 감당하기 어렵고 이해할 수도 없다. 오늘날의 멜로드라마나 특이한 영화에서나 나올 법한 내용을 장중하고 거창한 크기의 정서로 만들어낸 연극이라 할 수 있다. 그럼에도 불구하고 셰익스피어 연극은 처참한 결말을 딛고 일어서는 긍정적이고 승화된 정서를 관객과 교감한다. 〈로미오와 줄리엣〉은 비참한 사랑을 다루었다기보다는 사랑이란 아름다운 것이라는 메시지를 가지고 사랑의 승화를 다루었다고 볼 수 있다. 이런 정서는 배우로 하여금 격렬하고 격정적이며 비극적인 정서의 크기로 반응하게 만든다.

엄청난 크기의 정서를 보여주는 셰익스피어 시대의 연극은 인간의 열정을 시로 전달하기 때문에 아주 고상하고 위엄 있는 연극이라고 할 수 있다. 영국을 떠나서는 셰익스피어를 거론할 수 없듯이, 영어의 운율과 소리의 유기적 관계를 떠나서는 셰익스피어 연극을 말할 수 없다. 대사는 길지 않고 약강격 오운각의 패턴이다. "사느냐 죽느냐, 그것이 문제로다(To be or not to be, that is the question)." 셰익스피어의 대사는 시를 읊는 것이기 때문에 품격을 가지면서도 자연스럽게 표현되어 그 내용을 동시대인이 동일시할 수 있었다.

극장의 형태는 돌출무대로서 빽빽하게 2~3천여 명 정도의 관객을 수용하는 규모였고 장치는 거의 없었다. 의상은 그 시대의 의상을 입었는데 오늘날 코트 정도의 크고 무거운 의상이었다. 여성의 경우 위로 올라붙는데다 크고 풍성한 패치코드가 치마 안에 덧대어 있는 드레스, 뒷굽이 약간 높은 신발 때문에 움직임이 자유롭지 못했다. 그럼에도 당시 배우들은 춤이나 칼싸움의 장면이 많았기 때문에 몸을 움직이는 것이 잘 훈련되어 있었다.

훈련 1 셰익스피어 연극

이제 셰익스피어 연극이 벌어졌던 극장의 규모와 공간을 상상하며 이를 체험하는 훈련을 해보자. 삶에서 경험할 수 있는 격정적인 정서를 바탕으로, 2천~3천 명을 수용할 수 있는 극장을 상상하며 이 공간에 가득 찬 관객과의 정서 반응을 체험해본다. 예를 들면 세종문화회관 대극장에서 마이크 없이 하는 연극을 상상해보는 것이다. 장충체육관 같은 곳을 방문해보는 것도 한 방법이다. 배우들은 그리스 시대와 현대의 중간 정도 되는 굽의 신발을 신고, 기본적인 의상 위에 무게가 더 나가는 의상을 어깨에 걸친 상태에서 팔과 다리를 움직여본다.

이때 시를 낭송하는 것도 좋은 방법이다. 시의 내용을 분석하고 그 의미를 이해하여, 문장에서 가장 중요한 말을 찾아 강조하며 낭송하는 것이 핵심이다. 문장에서 어느 단어가 중요한지 알고 읊어야 셰익스피어 극의 분위기를 드러낼 수 있다. 그다음 역점을 둘 것은 2~3천 명의 관객에게 소리를 띄워 보내는 데 집중하는 것이다. 수천 명의 관객을 앞에 두고 시를 읊게 될 경우, 배우는 객석을 향해 자연스럽게 포용하는 자세가 되어 뒤로 젖혀진 상태가 된다. 즉, 거리감을 가지고 읊는 것이다.

배우들은 셰익스피어 시의 의미를 이해하여, 대사를 주고받는 내용이 있을 법하며 그것이 합당한 것임을 전제하고 등장인물을 분석해야 한다. 배우들은 시에 흐르고 있는 내용을 정확하게 파악하고 등장인물에 맞게 대사를 분석하여 하나의 문장에서 어떤 말이 중요한지 찾아내 강조해야 한다.

훈련 2 셰익스피어 대사 낭송

〈햄릿〉에서의 '사느냐 죽느냐', 〈리어 왕〉 폭풍우 장면에서의 '폭풍아 쳐라, 바람아 세차게 불어라' 같은 독백을 해본다. 셰익스피어 시대에는 지문이 없는 대신 단문이면서도 의문문, 감탄문, 감탄사가 풍부했기 때문에 음조, 음량, 강약, 장단 등이 자연스러우면서도 아름답게 표현되도록 한다. 요즘 배우들 중에는 의문문이나 감탄문의 대사를 소화해내지 못하는 경우가 허다하다. 이런 배우들에게 셰익스피어 연극을 통해 정서의 크기를 체험하는 시 낭송 훈련은 많은 도움이 될 것이다.

훈련 3 **소품을 활용하여 무용적 움직임 훈련하기**

시를 낭송하면서 셰익스피어 시대의 소품을 사용해본다. 의자 몇 개, 탁자나 칼, 손수건, 부채 등의 도구와 소품을 활용하여 이에 맞게 행동하고 소리를 내보자. 이때 움직임은 너무 화려하지 않으면서도 우아하고 품격이 있어야 한다. 이 시대 역시 노래와 춤이 있었으므로 춤과 같은 동작들, 즉 무용 같은 걸음, 인사 등을 훈련한다.

대개 무용적 움직임에는 분명한 절차가 따른다. 내면의 정서와 그에 대한 반응에는 밟아야 할 행동의 순서, 단계가 있다. 절차와 단계를 밟는 움직임은 몰리에르의 희극에서도 두드러진다. 방에 들어와서 의자에 앉는다고 했을 때, 들어오고, 의자를 보고, 순서를 밟아 의자 앞에 선 다음, 다시 돌아서고, 그다음 앉는 식의 절차가 따른다. 포옹을 하는 것도 서고, 돌아본 다음, 상대 역 앞으로 걸어가는 등의 순서를 밟는다. 그런 다음 거리를 두고 그 사람을 안고, 직접적인 접촉을 하는 게 아니라 살짝 뺨만 대듯이 한다. 이처럼 절차를 밟는 움직임은 무용적 움직임을 가져오고 그에 따른 훈련을 필요로 한다. 그러나 이런 춤과 같은 움직임들은 그 시대의 의상과 환경에 맞아야 하며 그 가운데 자연스러움을 찾아야 한다.

이러한 모든 훈련을 하면서 음악이 적당하게 배경으로 깔리도록 한다. 셰익스피어 연극에서 음악은 그리스 연극처럼 적극적으로 나오지는 않지만 배경 역할을 하고 노래도 등장하기 때문이다.

훈련 4 **셰익스피어 극을 보고 장면 재구성하기**

영국 RNT(Royal National Theater)의 셰익스피어 극 테이프를 다시 본다. 올리비에의 〈햄릿〉, 〈오셀로〉 등을 다시 보고 느끼고 그 중 몇 장면들을 골라서 배역을 나누어 재구성해본다.

일상의 삶과 정서반응

이번에는 연극의 발전사에서 가장 작은 정서를 표현한 경우를 살펴보자. 오늘날의 현대극은 다양한 연극, 다양한 실험이 이루어지고 있다. 따라서 극장의 구조나 연극의 스타일에 있어 그리스극에서부터 현대극에 이르기까지 모든 형태가 공존한다는 특징이 있다. 그러나 이러한 다양성 가운데서도 근대극의 특징으로 꼽을 수 있는 것은 극장이 점점 작아져 관객이 대략 200명 내외인 소극장 공연이 많아졌다는 점이다. 배우의 눈짓, 커피를 마시는 일 같은 일상적이고 작은 행동으로 관객을 만나는 형태의 연극, 즉 사실주의 연극 형태가 많아졌다. 사실주의 연극은 오늘날 보통사람들의 일상적 삶 속에서 일어날 수 있는 작은 비극을 다룬다. 예를 들어 아서 밀러의 〈세일즈맨의 죽음〉을 떠올려보자. 이 연극은 일상의 사소한 에피소드로 극이 전개되며, 여기서 아주 작은 정서반응이 일어난다.

이때는 의상과 소품들도 우리의 일상생활에서 사용할 수 있는 것들을 활용하면 된다. 움직임에 있어서는 어떤 대상에 대해 느낌이 있으면 바로 행동으로 반응하여 움직이면 된다. 덥다고 느끼면 바로 옷을 벗고 창문으로 가서 문을 열면 된다. 이때 덥다는 것을 애써 보여주려고 하면 안 된다. 그리스극이나 셰익스피어 극처럼 과장된 행동과 절차를 밟지 않고 느낀 것을 바로 행위로 옮겨놓는다.

적절한 소품과 의상, 합당한 상황, 이해할 수 있는 인물을 찾고 산문으로 대사를 해본다. 산문 대사를 훈련하기에는 체호프의 대사도 좋다. 그러나 여기서 염두에 둘 것이 있다. 그리스극에서 현대 연극에 이르기까지 서양의 화술연기 전통에서 변하지 않는 것이 있는데, 노래와 대사와 웅변을 위한 발성과 화법이 모두 같다는 것이다. 이 말은 무대 위에서 배우의 호흡 소리와 혼자 중얼거리는 말조차도 관객에게 정확히 전달되어야 한다는 뜻이다. 간혹 TV 드라마가 일상의 에피소드를 다루어 작은 정서의 범위를 벗어나지 않는다 생각하고 발성과 화법을 정확히 하지 않는 경우가 허다한데, 이는 잘못된 인식이다. TV에서는 마이크가 소리를 크게 전달할 수 있고 클로즈업 같은 기술로써 배우의 연기를 크게 보여줄 수는 있다. 그러나 기술적인 것이 배우의 내면에서 일어나고 있는 정서의 깊이와 밀도를 크게 해주지는 못한다는 사실을 기억하자.

일상의 작은 일에 대한 정서적 반응을 훈련하기 위해서는 안톤 체호프, 아서 밀러, 테네시 윌리엄스의 극처럼 움직임이 있는 대사를 가지고 훈련하는 것이 좋다. 여기서 움직임이 있는 대사란 동기부여가 사실적으로 되어 있는 대사를 말한다. 처음에는 등장인물의 내면 성격을 의식하지 않은 채 배우 자신의 개성대로 연기하도록 한다. 그다음 점차 극중 등장인물을 연기하되, 먼저 유형적인 인물을 통해 훈련하도록 한다. 즉, 말뚱이, 개뚱이, 유자나무집 딸, 귀찮이, 스탠리, 미치, 비프, 해피 등과 같이 정형화된 인물을 가지고 훈련하는 것도 좋은 방법이다. 이 훈련은 다음 장의 강의에서 다시 다룰 것이다.

4

관찰과 상상

이 시간엔 배우가 자기 자신과 관객에게 믿음을 주기 위해 꼭 필요한 관찰과 상상에 대해 강의하고, 그 훈련 방법 두 가지를 설명해보겠다.

우리가 외적으로 어떤 행동을 한다는 것은 감각기관에 의해 지각하여 습득한 내용을 전제로 이루어진다. 그러므로 만일 모든 감각기관이 작동하지 않는다면 사람은 죽은 것이나 다름이 없다. 사람이 행동한다는 것은 감각이 살아 있다는 의미이다. 하지만 하나의 감각을 잃어버린다 해도 살아 있는 다른 감각들이 그 잃어버린 감각을 대신해 더 큰 능력을 발휘하기 때문에 세상을 인지할 수 있다. 그러므로 배우의 감각은 연기의 재료가 되는 매우 중요한 요소라 하겠다.

연기란 허구의 세계로써 인간의 삶을 시청각적인 행동으로 꾸며내는 일이다. 그렇기 때문에 연기는 사물이든 인물이든 세상 모든 것의 움직임이나 행동을 보다 주의 깊게 집중해서 바라보는 것, 즉 관찰하는 데서부터 출발한다. 관찰이란 사물의 움직임을 통해 그 안에 담겨 있는 진정한 뜻을 알고, 인물의 행동을 통해 인물의 내면에서 우러나는 진정한 의미가 무엇인지를 파악하는 과정이다. 다시 말해서 배우에게 관찰이란 사물이나 인물, 사건을 아주 주의 깊게 들여다보고 내용을 분석하여 그 의미를 파악하는 일이다. 이런 관찰을 통해서 느낌과 생각을 자신의 마음과 머리에 기억해둘 수 있다.

관찰력이 뛰어난 사람들은 하나의 사물을 보더라도 대충 보는 것이 아니라 그 깊은 의미까지 파헤치면서 본다. 하지만 보통사람들은 대부분 인간과 사물을 주의 깊게 보지 않고 무심히 지나치기 때문에 그 특징이나 의미를 놓치게 된다. 배우훈련 과정에 있는 수련자들은 관찰력을 신장하는 일이 매우 중요하다. 부지런한 배우라면 일상생활 속에서도 관찰을 통해 무엇인가를 주의 깊게 바라보고 내용을 파악하여 내면에 저장해둔다. 그리고 필요한 때에 그것을 환기하여 처음에는 모방을 한다. 이 모방이 완전히 자기 것이 되면 창조적인 행위로 나타낼 수 있다. 예를 들어 우리가 언어를 배운다고 할 때, 귀로 들은 언어를 머릿속에 입력했다가 발성·발음기관을 통해 들은 바를 모방해서 말을 하게 되는 것과 같다. 한국 어린아이가 프랑스 가정에서 태어나 자라면 프랑스 말을 하게 되고, 프랑스에서 태어난 아이더라도 한국에서 자라면 한국말을 하게 되는 것처럼 말이다.

배우는 특정한 사건과 특정한 인물을 다루어야 하므로 인물이나 사물에 대한 관찰력을 신장하고, 사물을 쉽게 보지 않고 꿰뚫어 보는 힘을 갖도록 훈련해야 한다. 관찰을 위한 훈련에는 세 가지가 있다. 인물의 행동이 지니는 의미를 파악하는 '인물에 대한 관찰', 사물에 대한 의미를 파악하는 '사물에 대한 관찰', 그리고 일상에서 벌어지는 일들의 의미를 인식하는 '사건에 대한 관찰'이다.

한편 상상력은 인물이나 사물을 주의 깊게 바라보는 것에 그치지 않고 그것을 자기 것으로 만드는 자기화 과정에서 발휘된다. 상상력이란 생각의 깊이와 폭, 넓이를 실제 이상으로 더 확대하여 마음과 생각 속에서 이미지를 그려보고 창조해내는 힘을 말한다. 즉, 사물과 인물과 사건의 진정한 의미가 무엇인지를 바라보고 파악할 수 있는 힘이다.

스타니슬라프스키 시스템의 핵심인 '만약에 내가(Magic if)'는 실제로 있는 상황이 아니라 상상력을 전제로 하는 가상의 상황, 허구의 상황을 상상하는 것을 말한다. 실제는 아니지만 '주어진 상황(Given circumstance)'에 내가 있다면 무엇을 어떻게, 왜 할 것인지 꾸며내는 일이다. 다시 말해 실제로 일어날 수 있는 일의 진정한 의미가 무엇인지를 찾는 것이다. 그런 점에서 상상이란 완전히 허구나 거짓이 아니라 정말 있을 법한 일을 생각해내는 힘, 사물의 참뜻을 꿰뚫어볼 수 있는 힘이라고 볼 수 있다. 생각의 범위, 깊이, 폭을 넓혀서 인물과 사물의 참된 의미가 무엇인지를 파악하는 일이 바로 상상이란 말이 된다. 예술가들이라면 이런 상상력을 어느 정도는 타고나긴 하지만, 예술가의 한계는 상상력과의 싸움에서 결정되기 때문에 당연히 상상을 확대시킬 필요가 있다.

허구라는 말은 그 자체가 상상력을 전제로 한다. 무대에서 벌어지는 일 역시 기본적으로 허구의 세계이므로 당연히 한계 없는 상상력이 요구된다. 배우가 상상을 통해 인물과 사건을 구체화하고 자기 것으로 표현할 때서야 자기 믿음이 생긴다. 그리고 이 믿음을 바탕으로 행동을 해야 외형적으로 표현된 것이 객관성을 갖게 되어 관객도 믿게 되는 것이다. 다시 말해 배우는 믿음을 바탕으로 상상력을 발휘해 진실을 포착했을 때 자기 믿음이 생겨서 행동할 수 있게 되고, 보는 사람에게 자신이 하는 일을 믿도록 할 수 있게 된다.

이처럼 배우가 믿고 행동한 것을 관객이 믿고, 배우는 다시 그런 관객을 믿게 되는 과정에서 연기가 이루어진다. 결국 연기는 믿는 것이다(Acting is believing). 배우 자신이 믿음을 갖고 행동하고 말하면 관객도 객관적으로 믿게 될 것이다. 연기는 상상의 세계로부터 오는 것이고 상상은 꾸며낸 것에 지나지 않지만, 그럼에도 불구하고 관객에게 그것이 일어날 수 있는 일이라는 믿음을 갖게 해야 한다. 결국 상상이란 일상의 삶 속에 관찰하여 입력해두었던 것에 자신의 생각을 덧붙여 진실로서 믿을 때 만들어진다.

상상에 의해 만들어지는 '만약에 내가'에 대한 믿음은 배우와 관객과의 사이에서도 나타난다. 예를 들어 배우가 연기를 하다 보면 어느 날은 객석이 또렷이 보여서 누가 왔는지 관객을 살펴볼 수 있고 관객의 수를 세어볼 정도로 냉랭해진다. 그러나 어느 날은 관객이 시야에 보이지 않으면서 마치 공중에 떠 있는 것처럼 무대에서 자유로워지며, 이런 상황에서 연기하는 자신이 객관적으로 분리되기도 한다. 이때 배우는 관객이 무대를 흡수해간다는 믿음이 생긴다. 이런 가운데 관객은 배우인 나에 대한 믿음을 무대 위로 던져주고, 배우는 또 그 믿음을 받아 계속 연기를 진행할 수 있게 된다. 반면 무대 위에서 관객의 모습이 생생하게 보이면서 배우 자신이 객관성을 갖고 연기를 하고 있는지에 대한 믿음이 없으면 공연이 쉽지 않아진다. 집중력이 떨어져 극에 몰입하지 못한 상태로 연기를 해야 하며, 이렇게 되면 관객 또한 배우를 믿고 바라볼 수 없을 것이다.

이처럼 배우예술에서는 무엇보다 믿음이 중요하다. 따라서 배우는 자기 자신에 대한 믿음을 만들어내기 위해 무대에 오르기 전 여러 가지 준비 단계를 갖는다. 예를 들면 어떤 배우는 무대에 나오기 전 자기 역할에 맞는 상징적인 소품 하나를 챙겨서 사용하는 것으로도 바로 자기 역에 집중하여 믿음을 갖기도 한다. 또는 극중 역할의 움직임이나 짓거리 등을 되풀이하여 연습해보기도 한다. 이렇게 배우들은 무대 위에서의 자기 역할에 대한 믿음을 갖기 위한 자기 나름의 방법을 사용한다. 앞의 2강에서 강의했듯, 나는 배우들에게 명상을 통해 집중할 것을 주문해왔다. 명상의 세계는 집중력을 높이고 넘쳐나는 힘을 만들기 때문이다.

사물과 인물에 대해 관찰하기

앞서 오감에 대한 지각 훈련을 할 때 언급했듯이, 어떤 대상을 무심히 보거나 들었을 경우 다시 기억하려면 정확히 잘 떠오르지 않는다. 음악을 들을 때도 열심히 경청해야 그 음악이 귀에 들어오지 그렇지 않으면 그냥 흘려버리게 된다. 관찰도 시각적인 것을 작동시키는 것인 만큼 주의 깊게 보아야만 기억할 수 있다. 그러므로 사물이나 인물을 관찰하기 위해서는 구체적인 의도와 의지를 가지고 있어야 한다. 가령 여러분 중 누군가가 갑자기 "오늘 선생님이 어떤 옷을 입고 오셨냐"고 물어보면 기억이 나지 않아 대답을 제대로 못 할 수 있다. 그러나 관찰하는 입장에서 주의 깊게 살펴보았다면 금세 대답할 수 있을 것이다. 그리고 강의를 하는 중에도 지도교사를 면밀히 관찰했다면 나이는 어떻게 될까, 머리는 염색한 것일까, 피부색은 어떻고 얼굴에 점은 있나, 물을 자주 마시는데 갈증이 나는가, 등의 궁금증이 생기면서 새로운 것들을 발견할 수 있을 것이다. 이렇게 인물에 대해 주의 깊게 관찰하면 평상시에는 인지하지 못했던 모습을 새롭게 발견할 수 있다.

훈련 1 일상 속에서의 인물 관찰

카페에 앉아 있는 남녀의 모습을 관찰해본다.

주의 깊고 꼼꼼하게 관찰한 내용을 기억할 수 있도록 노트에 정리한다. 이것을 수업시간에 가져와 당시에 본 남녀의 모습에 대해 얘기해본다.

이 훈련은 관찰을 통해 평상시라면 무심하게 지나칠 만한 인물들에 대해 구체적인 생각을 해보는 것이다. 두 남녀는 어떤 관계인가? 어떤 음료를 마시나? 나이는 어떻게 될까? 등을 관찰하고 생각한 다음 그것을 자세히 이야기한다. 이때 이야기는 사실이 아닌 자신의 생각을 말하는 것이므로 자연히 상상력이 동원되기 마련이다. 저 여자는 논문을 쓰는 학생인 것 같다, 읽고 있는 책들로 판단하건대 음악과 학생 같다, 동작을 보니 성격은 급한 것 같다, 옆에 앉은 남자와는 상당히 친밀한 관계인 것 같다, 등등 자신의 생각을 바탕으로 상상하여 노트에 정리한 것을 수업시간에 발표한다. 그런 다음 자신이 관찰했던 인물의 역할을 한다면 어떻게 할 것인지 상상하고 실제로 해본다. 이런 훈련 과제는 지하철을 타고 간다든가 극장에서 누구를 기다린다든가 하는 일상 속에서도 해볼 수 있다.

훈련 2 알고 있는 사람 관찰

이미 잘 알고 있는 사람을 관찰해본다.

잘 알고 있는 사람일 경우 그의 행동, 품성, 말투, 얼굴 표정, 손짓과 발짓 등을 자세히 살펴보면 평소에 보지 못했던 특성을 발견하게 된다. 관찰한 다음 그 사람의 행동을 자신이 다시 만들어보는 것도 좋다.

이처럼 관찰하며 상상하는 것은 엉뚱한 것을 만들어내는 것이 아니라 인물이나 사물의 실제 모습이 무엇인지를 파악하는 일이다.

훈련 3 **운동선수 관찰**

운동선수들이 운동하는 모습을 관찰해본다.

운동선수가 공을 다루는 모습, 몸의 균형을 잡는 자세를 관찰하고 호흡 소리까지 느껴본다. 그리고 그 모습을 재연해본다.

예를 들어 지난 2008년 올림픽에서 세계신기록을 수립한 장미란 선수의 게임을 녹화 테이프로 다시 관찰한다고 하자. 이때 장미란 선수가 어떻게 역기를 들어 올리는지 자세, 표정, 호흡 조절의 특징 등을 세밀하게 분석해보는 것이다. 그런 다음 한 팀은 그 모습을 재연하고, 또 한 팀은 재연하는 것을 관찰하면서 참고가 될 만한 사항들을 지적해준다.

결국 관찰이란 인물이나 사물의 진정한 의미가 무엇인지 세부 모습을 자세히 분석해보는 것이다. 이런 과정을 거쳐야 그것을 내 몸의 세포들이 기억하여 언제 어디서든 유사한 역할을 맡게 되었을 때 활용할 수 있다.

훈련 4 **일상생활 관찰**

일상생활에서 겪는 사건이나 길 가다 우연히 마주치는 사건을 관찰, 기억하여 일주일 정도 지난 후 수업시간에 발표해본다. 예를 들어 자동차 접촉사고가 났다고 하자. 사고를 일으킨 사람과 사고를 당한 사람의 모습이 어떤지 관찰해보자. 대개의 경우 우선 차에서 내려 자신의 자동차부터 살펴볼 것이다. 그런 다음 보험회사에 바로 전화를 할 수도 있고, 흥분하여 상대방에게 화를 낼 수도 있으며, 냉정함을 잃지 않으려 담배를 피울 수도 있다. 이때 관찰자는 이들이 어떤 사람들인지, 어떻게 살아왔는지, 집에 가면 어떤 행동을 할지, 등등을 상상하며 노트에 정리한다. 그리고 그 내용을 수업시간에 발표해보는 것이다.

이 경우 바로 브레히트의 '거리 장면(Street Scene)'과 같은 것이 만들어진다. 브레히트의 거리 장면 연기는 관찰자의 입장에서 자신의 판단으로 장면을 설명해주는 것이다. 이러한 훈련은 관찰력을 신장시켜 실제 연기에 도움을 준다. 그러므로 배우는 습관적으로 관찰하고 기억하는 것이 중요한 훈련임을 잊지 말고 생활 속에서 실천해야 한다.

훈련 5 동물 관찰

스타니슬라브스키를 비롯해 동물 관찰 훈련은 자주 활용되고 있는 방법이다. 동물원에 가서 호감이 가는 동물의 움직임을 관찰한 후, 그 내용을 자세하게 정리하여 수업시간에 몸으로 표현해보자. 직접 관찰하지 않은 채 표현할 경우 우리가 상식적으로 알고 있는 막연하고 상투적인 흉내내기에 그치고 만다. 가령 원숭이를 관찰하여 움직임을 표현할 때, 직접 구체적으로 관찰하지 않았을 경우 손으로 얼굴이나 엉덩이를 긁는 따위의 행동밖에 할 수 없다. 그러나 원숭이를 실제로 보고 관찰한 수련생은 원숭이가 경계하는 모습이라든지 나무를 탈 때 힘들이지 않고 장난하듯 슬쩍 올라간다든지 하는 특징을 찾아내 자세한 표현을 할 수 있다. 관찰하여 분석·기록한 것을 설명하고, 관찰되지 않은 것이 무엇인지 부족한 부분을 점검·보충하라. 그것을 스스로 표현해보는 과정을 거친다면 몸이 기억하여 자기 것이 되면서 창조 행위로까지 발전할 수 있게 된다.

상상과 믿음

상상과 믿음은 앞에서 관찰했던 것들을 그대로 이용하면서 여기에 자신의 상상력을 더해 자기 것으로 만드는 것이다. 즉, 사실에 근거해서 관찰한 내용을 바탕으로 '만약 나라면 이때 어떻게 할 것인가' 하는 상상을 더하여 이야기를 꾸민다. 그 인물의 출생, 성장, 가정환경, 나이, 직업 등 모든 것을 상상하여 그의 역사를 쓰면 된다. 예를 들어 내가 한국 축구 국가대표 감독이었던 히딩크라는 인물을 연기한다면, 히딩크라는 인물의 역사를 쓰듯이 태어난 배경, 자란 환경, 부모님과의 관계, 직업, 성격, 심리 상태, 행동의 특징 등을 쓰면서 상상력을 발동시켜본다. 그다음 골을 넣었을 때 히딩크는 실제로 어퍼컷을 날리지만 '만일 나라면 어떻게 할 것인가' 등을 생각해볼 수 있다. 손을 들고 뛰어다닐 것인가, 발을 구르며 점프를 할까, 감독이니까 선수들처럼 손을 높이 들고 경기장을 뛰어다닐 수는 없지 않을까, 등 관찰을 근거로 허구의 세계를 꾸미다 보면 그 꾸며낸 이야기를 실제처럼 여기게 되므로 자기 믿음을 갖게 된다.

이렇게 하면 수련생들은 수업시간에 에피소드를 만들 때 조금 더 자기 믿음을 갖고 진행할 수 있게 된다. 지도교사는 이 단계에서 특별한 것을 주문하기보다는 각자 개성을 가지고 자기 생각과 믿음대로 편안하게 그 인물을 드러내도록 할 것이다.

훈련 1 극적인 상황을 상상해 실연하기

조금 더 극적인 상황을 만들어 그러한 상황에서는 어떻게 할 것인지 상상하고 표현해본다. 골프에서 홀인원을 했다든가, 농구에서 종료 휘슬과 함께 역전 골을 넣었다든가 하는 극적인 상황을 상상해보고 실연해본다. 이때에도 지도교사는 특별한 것을 주문하기보다 수련생이 자기 개성대로 자기 믿음을 가지고 할 수 있도록 지도할 것이다.

다음 단계는 조금 더 발전시켜, 지도교사가 실제 드라마에서 가져온 이야기나 에피소드를 변형시킨 것을 가지고 훈련해본다. 나는 수련 기간 동안 주로 셰익스피어 작품이나 유치진의 〈소〉에서 에피소드를 가져오곤 하는데, 이런 작품들은 실제 경험해보지 않았더라도 공감할 수 있는 깊은 철학이 담겨 있어 동화도 될 수 있고, 우화도 될 수 있고, 멜로드라마도 될 수 있기 때문이다.

셰익스피어의 작품들은 허무맹랑한 이야기처럼 보이지만, 자연의 이치에 비추어볼 때 그 상황에서는 누구나 그렇게 될 법한 일들이다. 우리는 로미오처럼 자살을 경험해보진 않았지만 자살이 그럴 만한 일이기 때문에 이해되고 공감이 간다. 〈리어 왕〉의 경우, 세 딸에게 영토를 분배하는 이야기이지만 실제로 오늘날에도 충분히 공감할 수 있다. 예를 들어 이런 사소한 이야기일 수도 있다. 공돈이 생긴 아버지가 세 명의 자식들에게 줄 과자를 사서 집에 들어갔다. 첫째 딸과 둘째 딸은 아버지가 최고라며 착한 딸이 되겠다 아양을 떨고 매달리지만, 막내딸은 언니들이 지나치게 아양을 떤다고 비난하며 자기는 아버지에게 할 도리만 하겠다고 한다. 막내딸의 말에 아버지는 화가 난다……

이런 식으로 지도교사가 기존 작품의 이야기를 빌려와 제시하면, 수련생들은 상상력을 동원해 다른 이야기로 바꾸어보는 것이다. 또는 각자가 연극사에 있는 작품 중에 선택하여 본인의 상상력을 더해 장면을 만들어볼 수도 있다.

결론적으로 상상이란 생각의 깊이와 폭을 크게 하여 그림을 그려내는 일이며, 결코 허무맹랑한 것이 아닌 진실을 담고 있는 것이어야 한다. 그러므로 아무런 근거가 없는 데서 예시를 찾기보다는 근거가 있는 텍

스트에서 찾아 훈련하는 것이 좋다. 예컨대 〈햄릿〉, 〈토막〉, 〈시집가는 날〉 등과 같은 작품이나 자신이 좋아하는 작품에서 한 인물을 택하고 자세히 구축해보는 것이다. 그 인물의 전기를 써보기도 하고, 역사적 상황을 고려해 그 인물이 어떻게 행동했을지를 정리해보기도 하는 등 상상력을 훈련해보자. 이런 과정을 거쳐 공부하고 훈련한 배우와 그렇지 않은 배우는 당연히 다를 수밖에 없을 것이다.

배우의 역할 창조를 위한 기초 훈련

AC
TOR
TRAIN
ING

6강

전통적으로 연극 구성에 있어 에피소드들의 짜임새라 할 수 있는 플롯이 가장 중요한 요소로 간주되어왔다. 그다음으로 갈등에 의해 에피소드를 만들고 이야기를 전개시켜 나가는 극중 인물을 중요하게 여겼다. 그러다가 극중 인물들의 욕구가 서로 상충하면서 빚어지는 갈등으로 사건이 만들어진다는 관점 때문에 인물의 중요성이 더 강조되는 경향으로 바뀌었다. 더욱이 합리적 사고를 바탕으로 한 사실주의 연극의 성립과 현대 심리학의 발전으로 인물에 대한 심리 분석이 중요해지면서, 극의 시작과 발전 단계 역시 인물들의 심리적 동기에 초점을 두어 분석하는 경향이 생기게 되었다. 그러한 경향에서 본다면 플롯은 자연히 인물들의 갈등에 의해서 만들어진 결과물이 되는 셈이다.

그러나 여기에서 플롯과 인물 중 어느 것이 더 먼저이고 중요한 것인가를 따지는 일은 불필요하다. 사실 이 두 가지는 어느 것이 먼저라고 할 것도 없이 유기적으로 상호 연관되어 있기 때문이다. 주목해야 할 것은 인물들은 각기 내면에서 추구하는 욕구가 있고 이것들이 서로 상충하면서 갈등을 만들게 된다는 점이다. 그리고 이 복잡한 갈등들이 사건을 유발하고 이야기로 발전한다는 사실이다. 그래서 인물 만들기는 실제로 대본을 분석하고 인물을 분석하는 중에 인물의 내면과 외적 특징을 찾아내고 갈등 관계를 분석하는 작업을 수반한다.

6강에서는 그런 점에 맞추어서 기초훈련 과정을 수련해보는 것으로 강의를 진행하겠다. 극중 인물들은 구체성 있는 목표를 추구하고 그것을 얻어내기 위해 아주 특별하게 행동한다는 사실에 근거해 훈련되어야 한다. 인물들 중에는 특별한 행동목표를 가진, 상징적이거나 하나의 기호와도 같은 인물형들이 있다. 이러한 인물형들을 훈련하는 데는 특별한 동물들의 내적·외적 특성을 끄집어낼 수도 있고, 인물의 특성을 단적으로 표현해놓은 가면을 관찰할 수도 있다. 나는 개성 있는 특별한 인물을 구축하기 위해 동물 훈련이나 가면을 관찰해 특징을 끄집어내는 훈련을 자주 이용한다. 이런 훈련을 통한 체험은 인물 창조의 예비적 기초훈련으로 아주 유용하다고 믿는다. 지금부터 이러한 기초훈련을 소개하고 체험해보도록 하겠다.

1
인물과 갈등

'연극이 무엇이냐'는 물음에 대해 어떤 학자들은 간단하게 '연극은 갈등의 예술'이라고 표현하기도 한다. 이것은 연극에서 갈등이란 요소가 얼마나 중요한지를 함축적으로 말한 것이다. 그렇다면 연극을 만드는 데 있어 갈등이란 무엇이며 연극에서 갈등은 어떤 역할을 하는가.

그리스극에서는 연극을 만드는 요소로서 플롯을 가장 중요하게 생각했고, 캐릭터 즉 극중 인물을 그다음으로 중요하게 생각했다. 물론 플롯 안에 인물이 속해 있다고 볼 수도 있지만, 플롯 역시 인물에 의해 만들어진 에피소드들이 연결된 것이라고 바꾸어 말할 수 있다. 중요한 것은 인물이 있기 때문에 갈등이 빚어진다는 사실이다. 그러나 인물이 있어도 인물 간의 갈등이 없다면 아무 일도 벌어질 수 없다. 즉, 갈등은 드라마를 만드는 기본 요소이며 드라마란 인물 간의 관계에서 엮어지는 것이기 때문에, 드라마라는 말 자체에 갈등의 의미가 함축되어 있다고 할 수 있다.

그러면 갈등이란 무엇인가. 갈등은 작게는 극중 인물들이 극 속에서 필요로 하는 무엇, 크게는 절대적인 어떤 욕망을 가지는데 그 욕망을 방해하는 다른 인물들의 욕구와 상충되면서 발생하는 문제이다. 그렇기 때문에 갈등은 극적 행동을 낳게 마련이고, 극적 행동이 충돌해 사건을 만들며, 사건은 한 번에 끝나지 않고 여러 인물들이 개입되면서 여러 사건들을 만든다. 이 여러 사건들이 에피소드가 되어 장면들을 만들고 이 장면들이 모여서 하나의 연극이 만들어지는 것이다.

결론적으로 어떠한 연극이든 갈등이 있기 때문에 시작되는데, 여기서 우리는 연극을 이루는 동인(motivation)을 찾을 수 있다. 가령 유치진의 〈소〉를 살펴보면 모든 인물이 절실히 소를 필요로 하는 데서 갈등이 생긴다. 국서는 농사를 짓는 소작농으로 농가의 명줄인 소가 절대적으로 필요하다. 또 큰아들인 말똥이는 귀찬이네 집 빚을 갚아주고 나아가 그녀에게 장가를 들려고, 작은아들인 개똥이는 장사 밑천을 마련하려고 소가 필요하다. 이처럼 '소'를 둘러싼 인물들의 욕구가 서로 다르므로 거기에서 이미 갈등이 조성되고 드라마가 만들어지는 것이다.

그런데 이 작품에서 더 큰 갈등이 만들어지는 것은 이 가정을 상대로 소에 대한 욕망을 가지고 있는 더 중요한 사람이 있기 때문이다. 바로 지주와 그 앞잡이인 마름이 땅에 대한 도지 대신으로 소를 끌고 가려하는 것이다. 이처럼 소를 절실히 필요로 하는 사람들의 욕구가 동인이 되어 인물들의 갈등이 극적 행동을 야기하고, 여러 사건이 합쳐져서 연극으로 발전하는 것이다. 우리는 여기서 인물들의 욕구가 충돌하여 생기는 갈등 없이는 극적 행동뿐만 아니라 사건이 만들어지지 않는다는 사실을 확인할 수 있다.

갈등을 야기하는 인물들은 내면세계와 외적 세계로 나누어 분석할 수 있으며, 궁극적으로 이 두 세계를 결합해야 인물이 만들어진다. 내면세계 분석은 성격, 가정환경, 심리적인 여건 등 인물의 내면에서 일어나는 욕구가 무엇인지를 파악하는 것이다. 이렇게 파악된 내면세계는 외적인 특성과 밀접한 관계를 갖는다. 즉, 내면의 심리 상태, 욕구에 합당한 외적인 형태가 있다는 것이다. 이를테면 신체적 특징인 키, 몸짓, 목소리 등을 분석하여 이것이 내면세계와 잘 들어맞아야 비로소 갈등을 만들어내는 요소로 작용한다. 이러한 인물 분석 방법에 대해서는 다음 시간에 보다 자세히 설명하려 한다. 다만 여기에서 우리는 인물의 내면 욕구가 외적인 특성과 맞지 않으면 내면의 욕구로 성립하지 않는다는 사실을 알 수 있다. 이런 관계를 염두에 두고 이 시간에는 어떻게 인물들이 갈등을 일으켜 사건을 만드는지, 그리고 그 사건의 전개 방법은 어떻게 되는지에 대해 훈련하려 한다.

이제부터 실제 인물을 구체적으로 구축하기 위해 필요한 준비단계의 훈련을 체험해보자.

갈등과 에피소드 만들기

기초 에피소드 만들기는 인물들 간의 사소한 갈등에서 야기되는 장면 만들기가 될 것이다.

장면 만들기를 위한 즉흥극 연습에서는 인물의 사소한 갈등으로부터 에피소드를 만들도록 한다. 실제 희곡에서처럼 너무 깊게 분석하거나 구체적인 인물의 외형적 특성에 너무 신경 쓸 필요는 없다. 각자가 자신의 개성대로 편하고 자연스럽게 인물을 만들면 된다. 그리고 사건을 위한 갈등을 만들어낼 때 자신의 입장에서 편하게 느낄 수 있는 상황을 제시해주는 것이 좋다. 일상생활에서 있을 수 있는 갈등이 무엇인지를 찾는 데서부터 출발하면 되는 것이다. 만일 〈로미오와 줄리엣〉과 같은 극단적인 상황이 주어지게 되면 이에 맞는 강렬한 내적 충돌이 필요하거니와, 그에 합당하게 대사를 처리해야 하므로 자연스럽게 갈등을 만들어내기가 어렵다.

갈등은 일상의 사소한 일에서 시작한다. 마치 이혼이 처음부터 엄청난 사건에서 출발하는 게 아니라 대개는 아주 사소한 일에 대한 의견 충돌과 말다툼에서 시작하는 것과 같다. 가령 남편은 TV 프로그램 중 스포츠 중계를 보려 하고 아내는 드라마를 보려 하는 것이 바로 갈등의 출발이다. 서로 바라는 것이 다르기 때문에 시비가 붙게 되고, 시비는 전혀 엉뚱한 이야기로까지 발전해 사건을 만들며, 이 사건은 또 다른 사건을 만드는 발단이 되어 결국 커다란 문제로 발전하게 되는 것이다.

훈련 1 TV 채널 주도권 다툼

A, B, 두 사람이 방에서 TV 한 대를 놓고 서로 다른 프로그램을 보겠다고 우기는 즉흥극을 해본다. 예를 들면 한 사람은 스포츠 중계를 보려 하고 또 한 사람은 영화를 보겠다고 우기는 데서 시작할 수 있다. 이때 지도교사는 두 사람을 따로 불러서 귓속말로 "절대로 양보해서는 안 된다", "반드시 이겨야 한다"라고 일러둘 것이다. 그러다가 같은 말만 되풀이되고 더 이상 이야기가 진전되지 않을 경우, 제3의 배우를 불러 귓속말로 "A 편을 들어서 꼭 이겨라"라는 임무를 주고 즉흥극에 투입시킬 것이다. 그런 식으로 지도교사는 또 다른 갈등을 만들어주거나 다른 사건으로 발전할 수 있도록 새로운 갈등 요소를 제시할 수 있다.

훈련 2 노점 상인과 손님의 물건 값 흥정

노점상에서 한 사람이 물건을 사면서 값을 깎으려 하는 상황을 즉흥극으로 해본다. 상인은 절대로 깎아주지 않아야 하고, 살 사람은 어떻게든 물건 값을 깎아야 한다는 임무를 가지고 즉흥극을 시작한다. 지도교사는 이 갈등이 어디까지 발전되는지를 볼 것이다. 만일 지지부진 진전이 없으면 상인을 거들도록 제3의 인물을 옆 노점 상인으로 투입시킬 수 있다. 또는 지나가는 행인으로 시비에 참가시킬 수도 있다.

훈련 3 장기 두기에서의 시비

두 사람이 마루에 앉아 장기를 둔다. 한 사람이 장군을 부른다. 상대는 꼼짝하지 않은 상태에서 한 번 물러 달라면서 시비가 붙는다. 이것을 극단적으로 발전시켜보라. 지도교사는 이야기가 좀 더 복잡해지도록 하기 위해 제3자를 투입시켜 어느 한쪽의 편을 들게 해줄 것이다.

훈련 4 세탁소 주인과 손님 사이의 갈등

한 사람이 세탁소에 셔츠를 들고 와서 주인에게 다림질이 잘못되어 셔츠가 탔다고 변상해줄 것을 요구한다. 세탁소 주인은 자기 집에서 한 것이 아니라고 우겨댄다. 이때에도 지도교사는 즉흥극 진행에 따라 적당히 조정을 해줄 것이다.

훈련 5 역할 바꾸기

위의 주어진 상황들에서 이번에는 수련생들이 역할을 바꿔서 해보도록 한다. A가 B의 입장이 되고, B가 A의 입장이 되는 것이다. 이들은 이미 전 상황에서 갈등을 한 번 경험한 상태이므로 객관적인 입장이 되었다. A와 B는 각자의 상황에서 극적이고 재미있는 요소들을 경험했으므로 상대의 인물이 되었을 때 그와 또 다른 갈등이 발생하는 것을 경험할 수 있을 것이다.

위에서 제시한 훈련들 외에도 몇 가지 상황을 더 만들어 연습해본다.

인물이 있는 갈등과 에피소드

앞의 연습에서는 수련생들이 특정하게 구체성 있는 인물을 수행하도록 요구받지는 않았다. 그러나 이번에는 특정한 나이, 직업, 관계 등이 있는 구체성 있는 인물로 갈등을 만드는 역할을 해본다. 주어진 상황은 새롭게 정해도 좋고 앞에서 훈련했던 상황들을 이용해도 좋을 것이다. 이 경우 특정한 여건이 주어짐으로써 수련생들은 자기 자신을 떠나 주어진 상황에서 특정한 인물을 만들어보려는 노력을 할 것이며, 이것이 조금은 불편하게 느껴질 수도 있을 것이다.

훈련 1 TV 채널 주도권 다툼

TV 한 대를 놓고 자기가 원하는 채널을 보려는 갈등. 기필코 연속극을 봐야겠다는 할머니와 국가대표 축구 경기를 보려 하는 고등학생 손자 사이의 갈등으로 시작한다. 인물을 보다 구체적으로 정하고 극단적인 상황까지 가본다.

훈련 2 옷값 흥정 싸움

옷 가게를 하는 완고한 노인과 옷을 좀 싸게 사려는 여대생 간의 시비. 이 게임에서 지는 사람은 F 학점이다.

훈련 3 내기 장기 시비

복덕방 아저씨와 젊은 대학생의 내기 장기. 지는 사람은 점심을 사야한다.

밀린 월세로 인한 다툼

새파랗게 젊은 깐깐한 여주인과 월세를 못 내고 있는 가난하고 깡마른 노인 간의 시비.

위의 훈련들 외에도 보다 구체성 있는 인물들 간의 갈등 상황을 만들어서 연습하도록 한다.

에피소드로 이야기 엮어가기

이야기가 발전할 수 있도록 본격적으로 징검다리를 만들어보자. 어떤 에피소드가 있다면 제3자를 등장시키거나 또 다른 에피소드를 만들어 하나의 완성된 이야기를 만들어보는 것이다. 시작-중간-끝이 있는 이야기 구성 중간 부분을 계속 만들어주는 것이다. 이때 에피소드를 발전시키기 위해서는 상상력을 동원하고, 그것이 잘 안 될 경우 이미 있는 이야기를 끌어와도 좋다. 그러나 거창하지 않게 일상의 작은 에피소드로 진행시킨다. 앞에서 해본, 인물이 있는 갈등과 에피소드에서 발전시켜본다.

훈련 1 TV 채널 주도권 다툼

앞의 '훈련 1'에서 극단적인 데까지 발전시켜 할머니가 손자를 때려주고 손자는 울면서 TV를 부순다. 고모를 등장시켜, 손자는 잘못을 빌고 할머니는 미안하다고 하며 서로 화해한 후 함께 수박을 먹는 화기애애한 이야기로 발전시켜본다.

훈련 2 옷값 흥정 싸움

옷을 싸게 사려는 여학생과 깎아주지 않으려는 완고한 노인이 서로 심한 말다툼과 욕을 하며 싸우고, 마침내 지나가는 사람들과 옆 가게 상인들까지 합세해 패싸움이 되고 마침내 경찰관이 개입해서 억지로 화해시킨다는 이야기로 발전시켜본다.

훈련 3 새 에피소드로 중간 단계 만들어 이야기 발전시키기

셰익스피어의 〈리어 왕〉과 같은 이야기를 빌려서 에피소드로 엮어보자. 지도교사는 제3자가 투입한다든지 에피소드를 만들어 발전하게끔 중간 단계를 만들어줄 것이다.

하루 일과를 마친 교통경찰관이 과자를 사들고 집에 들어온다. 첫째 딸과 둘째 딸이 아빠에게 안기며 뽀뽀를 하고 반긴다. 아빠는 과자를 나누어준다. 막내만이 뾰로통해서 아빠 품에 안기지도 않고 뽀뽀도 하지 않는다. 아빠는 화가 났다. 그다음 어떻게 발전시킬 수 있는가?

훈련 4 기존 작품의 갈등 상황 끌어와 에피소드 만들기

유치진의 〈소〉에 있는 갈등을 끌어와 에피소드를 만들어본다.

아들이 엄마가 탄 곗돈으로 점퍼를 사 달라고 졸라댄다. 여기서부터 이야기를 발전시켜보자.

무국적 언어(Gibberish) 즉흥극

무국적 언어란 세계 어느 나라 말도 아닌 새로운 말을 창안해내는 것이다. 무국적 언어 대신 세계 공용어인 에스페란토로 대신할 수도 있다. 연극은 갈등을 통해 행동이 만들어지는데, 행동은 내면의 움

직임이 바깥으로 드러나는 것임을 우리는 체험했다. 이때 단순히 말로써 바깥으로 표현된 설명, 화술로 표현된 언어에 얽매여 내면의 행동이 나오지 않는 경우가 있다. 우리가 무국적 언어 즉흥극을 하는 것은, 말을 하지 않은 채 내면에서 일어나는 충동을 바깥으로 바로 연결할 수 있도록 하기 위해서이다.

예를 들어 "너를 사랑해"라는 말을 할 때 '사랑해'라는 말, 즉 설명이 중요한 것이 아니라 사랑하는 마음으로 바라보는 눈길, 몸짓이 더 중요하다. 또는 "배고프다"라고 말할 때 '배고프다'라는 말은 단지 정보이지 진짜 배고픈 것이 아닐 수 있다. 그러므로 말을 하지 않고 진짜 내면의 욕구에 의해 표현되는 에스페란토로 훈련해보자.

여기에서 무국적 언어란 '너브내랄란시퉁가', '다고프랑게프배'와 같이 내면의 충동에 따라 되는 대로 입으로 꾸며내는 말이다. 에스페란토란 세계어이지만 사실 누구도 모르는 언어로 스스로 창작하는 말이다. 이런 말은 화술에서 오는 정보에 매달리지 않아도 좋은 점이 있다.

훈련 1 '벌러렁 벌러렁'이란 말을 가지고 내면의 정서를 표현하기

어떤 단어 하나만을 가지고 할 수 있다. 예를 들면 주어진 상황에서 자신의 내면에 일어나는 움직임을 설명하지 않고 밀도 있는 행동만을 선택해서 '벌러렁 벌러렁'이란 말을 바깥으로 표현해본다.
앞에서 훈련했던 갈등 상황의 예들을 우리말이 아닌 무국적 언어로 해보자.

훈련 2 무국적 언어로 정서 표현하기

앞에서 훈련했던 '갈등과 에피소드 만들기'에서의 여러 갈등 상황을 우

리 언어가 아닌 무국적 언어로 다시 해보자.

훈련 3 다른 국적을 가진 두 사람 사이의 갈등

서로 다른 국적을 가진 사람들이 만난다. 한 사람은 한국 사람이고, 또
다른 사람은 프랑스 사람이다. 길을 묻고 가르쳐주고 하는 사이에 사소
하고 간단한 갈등을 만들어보자.

훈련 4 다른 국적을 가진 세 사람, 그리고 네 사람 사이의 갈등

각기 다른 국적의 사람 3인이 관광버스에서 서로 전망 좋은 앞자리를
차지하려 한다. 그러다가 제4의 사람이 그 자리를 차지하는 상황에서
갈등을 만들어 발전시켜보자.

   마음의 움직임만을 가지고 소리로써 표현할 때 말이 하고 싶어서 못
견딜 수 있다.
   위의 훈련 외에도 여러 상황을 만들어서 연습하도록 한다.

2
인물 만들기 연습

이 시간에는 실제 인물을 만드는 연습이라기보다는 인물 만들기를 위한 준비 훈련을 해보겠다.

앞에서 우리는 연극에는 인물이 있어야 인물들 상호간에 갈등이 생기고, 여기서 사건이 발생하며, 그 사건이 또 다른 사건을 낳고, 사건이 모여서 장면을 만들고, 장면이 장면을 낳아 연극을 만들게 된다는 것을 공부했다. 이렇게 만들어진 연극이 기승전결의 구조 혹은 에피소드 병렬구조가 되어 '플롯'을 만든다. 그런 점에서 연극의 요소 가운데 인물이 가장 중요하다고 할 수 있으며, 인물이 없는 연극은 없다고 해도 틀린 말이 아니다.

그런데 우리가 인물을 말할 때는 실제 외형적으로 나타난 모습이 상당히 중요하다. 외형적 특성 역시 내면에서 비롯되는 것인 만큼 인물의 내면과 외형 중 어느 것이 더 중요한지 판단하는 것은 쉽지 않다. 내면과 외형이 일치되어야만 하나의 인물이 성립하기 때문이다. 그러므로 인물의 내면세계를 찾으면 그것이 외형적인 모습으로도 나타나야 한다. 즉, 외형적인 모습은 내면의 세계와 어울리게 드러나야 한다. 우리는 가끔 외형적인 특성만 가지고 그 사람을 단적으로 판단하는 경우가 있다. 가령 잔꾀를 많이 부리거나 사람을 잘 홀리거나 비위를 잘 맞추는 사람을 '여우같다'고 표현한다. 이런 사람들은 외형도 여우같아서 얼굴도 갸름하고, 눈은 총명하고, 걸음걸이가 경쾌함을 볼 수 있다. 그런데 외형적인 모습은 곰 같은데 내면의 모습이 여우같다면 왠지 외형적인 모습과 내면세계가 맞지 않아 보일 것이다.

이처럼 대부분 인물들의 외형은 내면에서 출발하여 완성된 것이므로 우리가 외형으로 사람을 판단하는 일은 어쩌면 자연스러운 일일지 모른다. 또 하나의 예로 올리비에의 〈햄릿〉에서 햄릿의 창백하면서 사색하는 모습이라든가 〈오셀로〉에서 무어인의 이글거리는 눈빛, 이마의 주름, 떡 벌어진 가슴과 굵고 낮은 목소리 등의 외형적인 특성들은 내면세계와 외형적인 모습을 잘 조화시킨 경우라 할 수 있다. 질투와 복수심에 불타는 오셀로의 모습을 햄릿에다 표현한다거나, 반대로 번뇌하는 햄릿의 모습을 무어인에다 표현한다면 어울리지 않을 것이다. 결국 내면세계는 외형적인 특성에 합당하게 표현되어야 한다.

이런 외형적인 특성을 실제 작품을 통해 실현하기에 앞서, 수련 단계에서는 외면과 내면의 세계를 일치시켜 형상화하는 훈련을 해야 한다. 인물 만들기 훈련의 방법에는 여러 가지가 있는데 이번 강의에서는 내가 주로 사용하는 효과적인 세 가지 훈련 방법을 다뤄볼 것이다.

첫 번째는 가면을 이용한 인물 체험 훈련이다. 가면을 이용하는 것은 가면 자체가 인물을 표현하기 때문이다. 두 번째는 동물 훈련이다. 동물 훈련이란 곰, 여우, 원숭이와 같은 동물들의 외형적 특징을 가지고 의인화하는 것이다. 세 번째는 모델로 삼을 수 있는 유형화된 인물을 희곡에서 가져와 훈련하는 것이다. 극중 인물을 훈련에 사용하는 이유는 훌륭한 희곡의 인물은 거의 유형화되어 있기 때문이다. 가령 햄릿은 번뇌하고 사색하는 비극적인 인물 유형이고, 샤일록은 구두쇠 유형이다. 스텔라, 블랑시, 말뚱이, 개뚱이처럼 이름이 가진 유형에 따른 인물도 있다.

이러한 훈련들은 하나의 방법에 익숙해지기까지 많은 시간을 요하므로 충분한 시간을 갖고 되풀이해서 훈련해야 할 것이다.

가면을 이용한 인물 체험

가면을 이용해 인물 체험을 하는 것은 가면이 어떤 특별한 인물을 함축적으로 또는 단적으로 표현해주기 때문이다.

훈련 1 가면을 이용해 인물 체험하기

몇 개의 가면을 준비한다. 그 중 먼저 그리스 시대 가면 한 개를 강의실의 중앙에 놓는다.

- 1단계 : 먼저 가면을 바닥에 둔 채 눈으로만 가면의 특징을 관찰한다. 가면의 크기, 이목구비, 표정 등을 살펴보고 나아가 나이, 직업 등도 분석해본다. 가면의 외형을 관찰하면서 입이 튀어나왔다거나 눈의 표정이 놀란 듯하다거나 하는 것을 확인해볼 수 있을 것이다. 이렇게 하면서 가면의 얼굴에서 부족하다 싶은 부분을 머릿속으로 보충해보기도 하고 몸 전체의 구체적인 형상을 상상해보기도 한다.
- 2단계 : 가면을 직접 들어서 만져보며 무거운지 가벼운지, 나무로 만들어졌는지 청동이나 천으로 만들어졌는지, 무게와 질감을 느껴본다. 그리고 여러 가지 상상을 해본다. 오늘 가져온 가면은 청동으로 만들어졌다. 무겁고 차갑다. 사이즈는 내 얼굴보다 조금 크다. 가면을 착용했을 때 소리는 어떻게 나올까? 이 가면의 주인공은 어떤 체구일까? 움직임은? 입에서 나오는 소리의 톤, 크기, 음색은? 팔, 다리

는 어떻게 움직일까? 내 움직임은 어떻게 변할까? 이런 상상을 통해 가면과 친밀해진다.

- 3단계: 이제 가면과 조금 더 친밀감을 갖기 위해 가면을 껴안아보기도 하고, 옆구리에 끼고 가면이 걸을 법한 걸음으로 걸어보기도 하고, 대화도 해보는 등 가면을 가지고 할 수 있는 여러 가지 행동을 모두 해본다. 수련생은 가면에서 느껴지는 것에 걸맞게 천천히 큰 보폭으로 움직이게 될 것이다. 마치 코토르노스를 신고 치톤을 입은 그리스 비극의 배우들처럼 상상하며 행동할 수도 있다. 가면과 같이 걸으며 다른 사람에게 다가가보고 가면의 질감도 다시 느껴본다. 질감이 다르면 행동이 달라진다. 이러다 보면 처음 관찰했을 때와는 다른 느낌을 가질 수 있을 것이다. 가면을 끌어안고 가다가 의자에 앉거나 친구처럼 옆에 앉히고 "야, 우리 점심 먹자", "무엇을 먹을까요?" 같은 말을 건네보기도 한다. 그러고는 음식을 먹는 모습을 실연해보는 등 즉흥연기를 한다.

- 4단계: 가면과 친구처럼 친밀하게 움직이다가 자연스럽게 그 가면을 자신의 얼굴에 쓴다. 자신이 가면의 인물이 된 것처럼 상상하고 그 인물이 되어본다. 그런 다음 그리스극의 대사를 몇 가지 해볼 수도 있을 것이다. 가면을 쓴 채 오이디푸스 왕과 테레이시아스의 대사를 해보자.

대사1)

오이디푸스: 내 아들들이여, 오래된 카드모스의 새로 태어난 자손들이여, 대체 무슨 일로 그대들은 양털실을 감은 나뭇가지로 장식하고서 여기 이 자리에 앉아 있는 것인가? 온 도시가 제물 굽는 냄새와 더

불어 구원을 비는 기도와 고통의 울부짖음으로 가득 차 있구나. 이 일에 관해서 남들의 입을 통해 듣는 것은 옳지 못할 것 같기에 이름이 세상에 널리 알려진 이 오이디푸스가 몸소 이리로 왔노라. 내 아들들이여! 자 노인이여, 그대야말로 이 사람들을 위해 말할 수 있는 적임자이니 그대가 내게 말해주구려. 무슨 생각에서 그대들은 여기 앉아 있는 것인가? 두려움에서 그러는 것인가, 아니면 무슨 소원이 있어서 그러는 것인가? 어떤 도움이든 내 기꺼이 베풀겠다. 내 만일 이러한 탄원에도 연민의 정을 느끼지 않는다면 나야말로 인정 없는 사람일 것이다.

대사2)

테레이시아스 : 테베를 돕는 일이 뭐라고 말씀하셨나요? 쓸데없는 말씀을 하시는군요. 제 말을 낭비하는 것보다는 침묵을 지키겠소.

• 5단계 : 이번에는 가면을 위로 젖혀 머리 위에 놓은 채 자신의 얼굴로 가면의 얼굴이 되어보기도 한다. 이러한 훈련을 수련 과정에서 경험해야 그리스극을 할 때 제대로 응용할 수 있다.

훈련 2 **가면의 인물로 즉흥극 연습하기**

두 사람이 가면의 인물로서 서로 친구가 되어 즉흥극 연습을 해본다.

훈련 3 **노 가면의 인물이 되어 대화하고 행동하기**

이번에는 준비된 노의 가면으로 훈련해보자.

• 1단계 : 가면을 눈으로 관찰한다. 노 가면의 크기는 그리스 가면과 비교해서 훨씬 작은데 얼굴보다도 작게 압축되어 있다. 그리스 가면은

입이 크고 두둑하게 나온 데 비해 노의 가면은 입이 아주 작고 눈썹이 정교하며 깔끔하게 잘 정리되어 있다. 전체적으로 반질반질하고 정제되어 있는 모습이다. 이러한 외적인 특징을 관찰하고 저 가면의 사람은 어떤 행동 특성을 가지고 있을지 상상해보자.

- 2단계 : 가면을 들어 만져보자. 무게, 재질 등에 따른 여러 가지 특성을 상상해보자. 그리스 가면은 무거워서 큰 보폭으로 천천히 걸을 수밖에 없는데, 나무를 깎아서 정교하게 잘 다듬은 노 가면은 가벼워서 정제된 걸음을 걸을 수 있겠다는 생각을 할 수 있다. 또한 노 가면은 그 안에 희로애락을 모두 담아 표현할 수 있도록 함축적이고, 상징적이며, 표현적인 특징을 가지고 있다. 그렇다면 움직임과 말솜씨도 그에 맞게 해야 할 것이다.

- 3단계 : 가면과 친밀해지는 과정이다. 가면과 친밀해지기 위해 얼굴에 비벼보기도 하고, 가슴에 품고 보듬어보기도 하고, 같이 놀면서 대화하고 움직여보기도 한다. "그대, 이름은 무엇이오?", "고향은 어디신고?" 하면서 친밀하게 대화해본다. 그리스 가면과 달리 노 가면은 깊은 곳에서 무언가 우러나올 것 같고 내면의 움직임을 외적으로 보여주는 듯 마는 듯한 모습을 하고 있다. 따라서 노 가면을 쓴 배우들은 그에 적합한 행동과 대화를 하게 될 것이다.

- 4단계 : 나와 가면이 하나가 되는 과정이다. 노 가면과 가까운 친구처럼 대화하고 행동하다가, 자연스럽게 그 가면을 쓰고 자신이 가면의 인물이 되어 여러 가지 행동을 해본다. 노 가면이 주는 느낌처럼 조심스럽고, 함축적이고, 응축된 밀도를 가진 움직임을 하게 될 것이다.

- 5단계 : 가면을 벗고 가면을 쓴 것처럼 행동한다. 즉, 내가 그 가면의 주인공이며 내가 그 가면 자체인 것처럼 움직여본다. 마치 가면의 주

인공이 나의 내면으로 들어온 것처럼 크고 과감하게 행동하기보다는 작고 조용하게 움직일 것이다. 예를 들어 차를 마셔도 일본인처럼 조심스럽게, 찻잔을 들고 향을 음미하며 조금씩 마시는 정제된 움직임을 하게 될 것이다.

[훈련 4] **노 가면의 인물이 되어 즉흥극 만들기**

두 사람이 노 가면의 인물이 되어 앞 강의에서의 즉흥극을 연출해본다.

[훈련 5] **취발이 가면으로 훈련하기**

이번에는 준비된 봉산탈춤의 '취발이' 가면으로 훈련해본다.

- 1단계 : 가면을 눈으로 관찰한다. 가면의 인물에서 연상되는 직업, 나이 등 모든 정보를 분석해본다.

  취발이 가면은 술에 취해 얼굴이 시뻘겋고 눈이 튀어나왔으며 울퉁불퉁하고 얼굴이 크다. 우리의 가면은 그리스 가면처럼 크기는 크지만 입은 발달되어 있지 않다. 그 이유는 우리나라 가면은 움직임을 강조하기 위한 가면이지 그리스 가면처럼 대사 전달을 위한 가면이 아니기 때문이다.

- 2단계 : 가면을 들어 만져보고 느껴본다. 종이로 만들어져 두껍고 투박하고 거친 질감을 느낄 수 있다.

- 3단계 : 가면과 친밀해지는 과정이다. 가면과 대화도 하고 친밀한 행동도 해본다. 가면의 외형에 맞게 걸걸한 목소리로 대화하게 되고, 취발이처럼 술에 취한 움직임도 나올 것이다. "자네 오늘 술 많이 했네 그려", "아, 그래 좋지. 나와 함께 어깨동무하고 산책이나 하세" 하며 대화해본다.

- 4단계: 이렇게 해서 친밀해진 가면을 쓰고 자신이 취발이가 되어 행동해보라. 가면에 적합한 외적 행동이 나오게 된다. 걸음걸이는 술에 취한 듯 비틀거리고, 음성은 크고 거칠어지며, 말은 투박하고 걸걸해질 것이다. 그리스 가면이나 노 가면을 썼을 때와는 달리 한국적인 움직임이 나오는 것이다.
- 5단계: 가면을 벗고 취발이 가면을 쓴 것처럼 그 인물로 움직여본다.

훈련 6 │ 취발이 가면의 인물로 즉흥극 해보기
두 사람 혹은 세 사람이 취발이 가면의 주인공이 되어 즉흥극을 연기한다.

훈련 7 │ 세 사람이 각각 세 가면의 인물로 즉흥극 해보기
세 사람이 각기 그리스 가면, 노 가면, 취발이 가면의 인물이 되어 앞의 즉흥극 연습을 해본다.

훈련 8 │ 각자 가면을 준비해 그 가면의 인물 연기하기
수련생 각자가 좋아하는 가면 또는 소장하고 있는 가면을 가지고 와 그 가면의 인물을 연기한다. 또는 교실 한가운데 가면들을 놓고 여럿이 돌아가면서 선택하여 놀이를 한다.

　　가면을 쓴다는 것은 한 가지 모습으로 고정화되기 위한 것이 아니라 오히려 그 가면을 통해 여러 가지 모습을 표현하기 위한 것이다. 즉, 관객이 가면의 인물이 갖는 여러 가지 심리 상태와 외형적인 모습을 상상할 수 있도록 가면을 쓴다. 이는 가면을 통한 양식화 과정이기도 하다.

가면을 이용한 인물 만들기 훈련은 가면의 외형적인 특성을 통해서 내면의 세계를 상상해보고, 내면과 외면을 일치시켜 인물화(characterization)해보는 훈련이다. 시간을 할애하여 훈련해야만 배우의 세포들이 이 체험을 기억해 필요할 때 인물 창조에 도움을 줄 수 있을 것이다.

동물 훈련을 이용한 인물 체험

동물 훈련은 앞서 5강에서 다룬 '관찰과 상상' 부분의 '사물과 인물에 대한 관찰하기'와 연장선상에 있는 훈련이다. 동물들은 우리 인간과 비교하면 생긴 모양이나 행동이 대단히 독특하고 특별한 데가 있다. 그래서 우리는 종종 어떤 사람의 행동이 유별날 때 그와 비슷한 행동을 하는 동물의 이름을 붙여 별명을 짓기도 한다. 예를 들어 '곰 같은 사람', '여우 같은 인간' 따위가 그것이다.

이런 생각을 바탕으로, 이 시간에는 흥미 있는 동물들을 선정하여 주의 깊게 관찰하고 그 외형적 특성을 구체적으로 표현해보려고 한다. 이렇게 하는 동안 그에 상응한 어떤 마음의 움직임 같은 것을 느끼는 사람도 있을 것이다.

훈련 1 동물 훈련

• 1단계 : 수련생은 반드시 직접 동물원에 가서 관심 있는 동물을 택해 주의 깊게, 아주 구체적으로 관찰한다. 먼저 외형적인 특징을 관찰한다. 그다음 전체적인 움직임, 팔 다리의 부분적인 움직임과 균형, 세부적으로는 머리, 목, 눈, 입, 귀, 코의 움직임 등 모든 것을 관찰하여 노트에 정리한다.

- 2단계 : 동물원에서 관찰한 동물의 특성을 수업시간에 세밀한 움직임으로 직접 표현해본다.

발과 발목의 움직임, 등과 꼬리와 어깨와 머리의 움직임, 눈과 코와 입과 혀의 움직임, 얼굴 표정, 소리 등의 특성을 관찰한 대로 직접 해보는 것이다. 주의할 것은 반드시 직접 관찰한 내용을 구체성 있게 연기해야 한다는 것이다. 그냥 자신이 평소 생각하고 있던 동물의 모습을 흉내내는 것은 금물이다. 흉내내는 것이 중요한 게 아니라 관찰한 것을 자기 몸으로 표현해보는 게 중요하다. 동물의 특성을 완전히 자기 몸에 익혀 자기 것이 되도록 되풀이해서 연습해본다.

이 훈련은 앞의 신체훈련 과정을 마쳤거나 병행하고 있는 배우들에게 적용할 것을 전제로 한다. 앞의 훈련 과정이 없으면 마구잡이로 막연히 흉내만 내는 것이 되기 쉽다.

- 내가 선택하여 관찰한 동물이 먹이를 발견했을 때 어떻게 움직이는가. 실제 몸으로 움직임을 만들어 해본다.
- 호랑이 같은 고양이과의 큰 동물이 걸어가는 모습을 분석하고 몸으로 표현해본다.
- 곰과 여우가 먹이를 먹는 상황을 움직임으로 만들어본다.
- 학, 뱀과 같이 표현하기 어려운 동물들의 모습도 관찰해 표현해본다.

- 3단계 : 내가 관찰하여 체험해본 동물과 다른 수련생들이 관찰한 내용을 비교 분석해본다. 무엇이 잘 되고 무엇이 잘 안 되었는지 분석한 다음 세밀하게 보충한다. 관찰이 제대로 되지 않았던 점에 유의해서 다시 표현해본다.

- 4단계 : 기본 움직임이 몸에 익숙해지면 그 동물의 상태로 여러 가지 놀이를 해본다. 예를 들면 먹이를 먹기, 공을 가지고 놀기, 나무나 바

위에 오르기 등이 있을 것이다.

- 5단계 : 지도교사가 상황을 제시해주면 각각의 동물들이 그 상황에 맞게 갈등을 만들면서 행동해본다. 친구와 먹이를 발견하여 싸우는 상황 등이 제시되면 서로 할퀸다거나 물어뜯는 행동도 하게 될 것이다.

훈련 2 각자가 표현했던 동물이 되어 게임하기

앞의 훈련을 발전시켜 각자 표현했던 동물들을 가지고 전체가 하나의 게임을 해보는 것이다. 동물들을 천천히 나오게 하고, 천천히 만난다. "안녕?" 하며 인사를 하는데 동물들마다 다르게 표현할 것이다. 각자의 동물에 맞는 인사의 소리를 찾아본다. 그리고 지도교사가 이끄는 대로 한쪽 귀로 듣고 한편으로 과제를 수행하며 간단한 놀이를 해보는 것이다. 예를 들어 지도교사가 원숭이들에게 바나나를 던져주거나, 의자를 마련해주거나, 공놀이를 하게 하는 등의 지시에 따라 놀아 보는 것이다.

훈련 3 동물을 의인화하기

'의인화 작업'을 한다. 게임을 해본 다음 동물을 의인화해보자. 한 사람은 고양이 같은 인간을 하고, 다른 한 사람은 곰 같은 또는 호랑이 같은 인간을 한다. 고양이와 곰이 사람의 말과 행동을 하면서 즉흥극을 해본다. 지도교사는 동물에 맞지 않는 말과 행동을 하면 이를 지적해줄 것이다. 동물 표현 훈련이나 동물의 의인화 훈련은 수련생들에게 재미있고 효과적인 훈련이어서 쉽게 잘 해낼 수 있다. 이때 이행할 과제로는 앞 시간에 했던 즉흥극 과제를 주거나 아니면 새로운 상황을 만들어줄 수도 있다.

[훈련 4] **동물의 역할 바꾸어 하기**

역할 바꾸기를 한다. 수련생들이 동물의 역할을 바꾸어 해보도록 한다. 역할 바꾸기는 수련 과정에서 매우 중요하다. 배우들은 자기가 연기하기 편한 것은 즐겁게 잘 할 수 있다. 그러나 잘 하는 것만 계속 하는 것은 의미가 없다. 그보다는 자기가 잘 못 하는 것, 하기 어려운 것, 자기와 잘 맞지 않는 것에 대한 훈련이 필요하다. 언제 어떤 상황에서도 자기가 맡은 역을 수행해내고 역할의 폭을 넓힐 수 있도록 해야 한다. 훈련은 잘하는 것을 반복하는 게 아니라 자신의 한계를 극복하여 능력의 폭을 넓히는 것이기 때문이다.

역할 바꾸기 훈련에서 더욱 중요한 것은 배우들이 쉽게 매너리즘에 빠지지 않도록 하는 것이다. 배우가 항상 같은 방식으로 연기한다면 이것이 바로 매너리즘이며 반드시 극복해야 할 문제이다. 배우는 한 역을 해내면 곧바로 그것을 버리고 전혀 다른 역을 수행하는 변신의 달인이어야 한다.

극중 유형화된 인물 만들어보기

유형화된 인물 만들기는 극작가들이 희곡에서 만들어놓은 인물을 이용해서 훈련하는 것이다. 이는 훌륭한 희곡의 인물은 거의 유형화되어 있기 때문이다. 극작가들은 인물의 이름을 지을 때 그 인물의 내면적·외형적 특징에 어울리게 할 뿐만 아니라, 시대나 환경 그리고 배경까지도 내포한 상징성을 띠도록 만든다. 예를 들어 햄릿, 오셀로, 리어 왕을 보면 인물 자체가 작품의 제목이 될 만큼 유형화된 인물이라고 할 수 있다. '햄릿' 하면 번뇌하고 사색하는 인물이 떠오르고, 몰리에르의 '수전노' 하면 구두쇠가 떠오른다. 유치진의 〈소〉에서 '유자나무 집 딸'은 예쁘고 환상적인 이미지를 담고 있는 반면, '귀찮이'는 아들이 나와야 하는데 딸이 나와서 귀찮다는 의미를 담고 있다. 〈세일즈맨의 죽음〉에서 '해피'는 행복한 이미지를, '비프'는 육질 같은 이미지를 나타내는 이름이다. 〈욕망이라는 이름의 전차〉에서 '블랑시' 하면 전형적인 프랑스 여성이 떠오르는 반면 '스텔라'는 전형적인 미국 가정의 여자가 떠오른다. 〈메디아〉나 〈오이디푸스왕〉의 내용을 자세히 모르는 사람도 '메디아'나 '오이디푸스'라는 이름이 가진 배경은 대개 알고 있다. 즉, 고전 작품에서는 이름 자체가 극을 만드는 행동이고 특성으로 유형화되어 있다. 그리고 사실주의 작품으로 오면 이름 자체가 상징성을 갖게 된다. '해피'나 '비프'에서 알 수 있듯이, 미국 사실주의 연극의 특성 중 하나가 바로 이름에 상징성이 담겨 있다는 것이다.

훈련 1 희곡의 유형화된 인물로 즉흥 에피소드 만들기

고전이나 사실주의 희곡에서 유형화된 인물을 선택하여 갈등을 만드는 즉흥 에피소드를 구성해보자. 예를 들면 말뚝이와 개뚱이가 만드는 갈등의 즉흥극으로 앞 강의에서 했던 상황을 이용해도 좋고, 새로운 상황을 만들어 훈련해도 좋다.

훈련 2 역을 바꾸어 에피소드 발전시키기

두 사람의 사건이 더 이상 진행되지 않을 때 지도교사가 역을 바꾸어서 해보게 할 것이다. 또는 발전된 에피소드를 제시해줄 것이다. 가령 "두 사람이 집을 나가는 데까지 해보라"는 식으로 전개될 상황의 한계를 제시해주고, 거기서 어떻게 반응할 것인가 질문하여 사건을 유도하는 것이다.

훈련 3 희곡의 상황대로 즉흥극 해보기

실제 희곡의 상황을 그대로 가지고 와서 즉흥극을 해보는 것이다. 이것
은 우리가 작품 연습을 할 때 희곡을 읽은 후 그 안의 상황이나 장면 하
나를 선택해 대사를 읽지 않은 채 즉흥극을 해보는 경우와 같다. 예를
들어 〈소〉에서 유자나무집 딸이 돈을 들고 개똥이를 찾아가 그 돈을 가
지고 서울로 가라고 하는 장면에서, 수련생들이 상황만 그대로 이해하
고 즉흥극으로 해보는 것이다. 물론 대사도 즉흥적으로 한다.

훈련 4 희곡 읽기

위의 과정으로 연극이 만들어지면 본격적으로 희곡 읽기를 한다. 대사
는 외울 필요가 없다. 먼저 연극의 상황, 갈등의 전개 과정을 즉흥극으
로 몸에 익힌 후, 다시 희곡으로 돌아와서 대사를 보면 자연스럽게 외
울 수 있다.

AC
TOR
TRAIN
ING

  7강에서 하게 될 강의는 배우가 처음 대본을 받아서 읽고, 이를 분석하고, 인물을 구축하는 과정에서의 자세와 태도에 대한 것이다. 배우는 대본을 처음 읽는 순간부터 마지막 공연이 끝날 때까지 대본을 가까이 두고 함께 생활해야 한다. 그래서 나는 창작 작업 과정에서 대본과 가까이 하면서 대본을 대하는 자세를 '거시적으로 바라보고 미시적으로 작업하기'라고 요약해 말하고자 한다. 이를 조금 더 광의의 개념으로 표현하면 '초월적으로 바라보고 근원적으로 작업하기'로, 좀 더 철학적인 의미를 내포한 말이라고 할 수 있다.

  쉽게 말해 우리가 멀리서 숲을 바라보는 것은 거시적으로 보는 일이고, 숲에 들어가서 나무 하나를 선택해 가지치기를 해준다든지 주변의 잡풀을 정리하고 비료를 주는 것은 미시적으로 작업하는 일이라 할 수 있다. '거시적으로 바라보고 미시적으로 작업하기'는 연극 제작을 총괄하는 연출가뿐 아니라 배우에게도 당연히 필요한 기본자세이다. 또한 연극에 참여하는 모든 사람들이 반드시 기억해야 할 태도이기도 하다. 만일 거시적으로만 바라보면서 연극을 만들면 구체성이 없어서 연극이 힘을 잃을 것이고, 미시적으로만 보고 연극을 만들면 전체적인 통일성과의 조화를 잃을 수 있다. 그래서 창작 작업 과정 내내 거시적으로 보는 것과 미시적으로 작업하는 것 사이의 균형 잡힌 시각이 필요한 것이다.

그런데 안타깝게도 이러한 균형 잡힌 작업 태도를 가장 어렵게 생각하는 것이 배우들이 아닌가 싶다. 배우는 연출가와 수평적인 입장에서 작업하는 사람임에도 불구하고 초월적으로 보고 근원적으로 작업하는 태도를 연출가의 임무로만 생각하는 경향이 있다. 오직 '배우의 연기술'만을 자신들이 감당해야 하는 것으로 착각하고 있다는 말이다.

그러나 역사적으로 거슬러 올라가 보면 연극을 만들 때 처음부터 배우만 존재했을 뿐이다. 배우가 자신의 생각으로 이야기를 만들어내서 대본을 짠 뒤 직접 무대를 지휘하고 스스로 연기를 했다. 오늘날의 극작가나 연출가의 역할을 배우 한 사람이 담당했다는 말이다. 일찍이 배우는 극작가와 연출가의 역할을 자신의 몸으로 수행하려는 충동을 가졌던 것이며, 그런 점에서 배우라는 한 인물 안에서 극작가와 연출가의 역할이 동시에 이루어졌다는 것을 생각해볼 필요가 있다.

그런데 점차 연극 전체를 객관적으로 바라보아야 할 사람이 필요하게 되자 배우 중 한 사람이 나와 총지휘를 하게 되면서 오늘날의 연출가와 같은 역할이 독립하게 되었다. 그러므로 배우는 연출가와 다른 입장으로 존재할 것이 아니라, 수평적인 관계에서 공존하며 작업해야 한다.

연출가와 배우 모두 거시적으로 보고 미시적으로 작업하며, 초월적으로 보고 근원적으로 작업하는 태도를 가져야 하는 것이다.

연출가는 작품 전체를 바라보면서 총지휘하는 입장이기 때문에 배우들보다는 작품을 거시적으로 분석한다. 하지만 어떤 장면의 구체적인 연습에 들어가게 되면 그 장면에만 몰두하여 다른 장면들이 함몰되는 것을 발견하지 못할 때가 있다. 따라서 연출가는 연습 중간 중간 작품에서 빠져나와 전체를 객관적으로 바라보고 그런 다음 다시 장면으로 들어가서 작업하는 자세, 즉 거시적·초월적으로 바라보고 미시적·근원적으로 작업하는 자세를 항상 유지해야 한다.

마찬가지로 배우 역시 거시적으로 바라보고 미시적으로 작업하기 위해 연출가의 위치에서 작품을 바라보아야 한다. 또 무대나 조명 등 다른 무대 요소들에 따라 자신이 어떻게 위치하고 움직여야 하는지 거시적으로 바라볼 수 있어야 한다. 무대는 배우를 둘러싸고 있으며 조명은 배우를 비추는 만큼, 배우는 이러한 무대 요소들과 무관하게 움직일 수 없기 때문이다.

그런데 문제는 다른 무대 요소들과는 달리 배우는 무대의 최전면에 나오기 때문에 자신이 공연의 왕이며 꽃이라 생각하고 그 생각에 도취되곤 한다는 점이다. 이처럼 지나친 자존감은 자기 역할에만 집중하여 자기중심적으로 무대를 바라보게 만든다. 이런 태도는 배우의 최대 약점이 될 수 있는데, 초월적으로 보지 않은 상태에서 미시적으로만 작업하는 데 따른 것이다.

대표적인 예로 한국의 TV 드라마 작업 현장을 들 수 있다. TV 드라마는 과도한 스케줄 그리고 배우나 작업 현장의 여러 상황과 여건 때문에 시간에 쫓기며 녹화를 하게 되고, 심지어 당일 나오는 쪽대본을 가지고 촬영해야 하는 것이 현실이다. 따라서 배우가 대본을 받아 이해하고 분석할 틈도 없이, 작품의 전체 그림 안에서 자신의 연기를 바라볼 시간도 갖지 못한 채 바로 바로 촬영하기에 급급하다. 그러니 TV 드라마 작업에서는 거시적으로 바라보고 미시적으로 작업한다는 개념이 성립할 수 없다. 이렇게 되는 것은 배우의 의지와는 상관없이 TV 드라마 매체의 상업적 특성과 작업 환경 때문이다. 그런데 문제의 심각성은 연극이나 영화의 작업에서도 배우들의 자세가 이와 크게 다르지 않다는 데 있다.

배우 자신이 연극 창조의 전면에 나서는 꽃이고 왕이라는 생각 때문에 결국 무대를 자기중심적으로 바라보고, 자기 역할 중심으로만 생각하는 경우에 특히 그러하다. 이는 배우들이 대본을 받으면 자기 대사에만 줄을 긋고 자기 대사만 외우다가 결국 작품 전체가 어떻게 돌아가는지, 전체의 설계 속에서 자신이 어떻게 위치하고 움직여야 하는지 작품 전체의 그림을 그리지 못하는 데서 잘 드러난다.

배우가 대본과 관련해 가장 중요하게 생각해야 할 것은, 작업 초기에 대본을 읽고 분석하는 동안 연출가와 수평적인 입장에서 적극적이며 객관적으로 참여하는 자세를 가져야 한다는 점이다. 이는 작업이 끝나는 마지막까지 유지해야 하는 자세이기도 하다.

초기에 대본을 읽을 때 배우는 냉철하고 객관적이며 논리적 사고로 대본을 바라보는 자세가 필요하다. 작품을 분석하는 일을 시계 만드는 사람들의 작업과 비교해보자. 그들은 시계 속에 어떤 부속품, 어떤 톱니, 어떤 볼트와 너트가 어떻게 조립되어야 시계가 작동하는지를 먼저 고민하고, 그다음 각각의 모양을 정하여 완제품인 시계를 만들어낸다. 마찬가지로 배우는 자신이 작품 속에서 어떤 부품과 같은지 자신의 역할에 대한 분석을 할 수 있어야 한다. 무조건 연극 한 편 올린다는 생각만으로 어떤 기분이나 분위기에 휩싸여 연기만 하려 해서는 안 된다. 먼저 대본을 냉철하고 객관적이며 과학적으로 분석하는 자세가 우선되어야 한다.

연극을 만드는 현장을 한번 살펴보자. 외부의 누군가가 완성된 연극 뒤에 숨겨진 복잡한 분석과 설계 과정을 모른 채 연극 창작 현장을 본다면 대단히 정신없게 느껴질 수 있을 것이다. 그러나 그 번잡한 무질서 뒤에는 질서정연하면서 아귀가 맞아들어가는 과학의 세계, 즉 논리의 세계와 완벽한 기술의 세계가 어우러져 있다. 일견 무질서해 보이지만 연극을 만드는 과정 속에는 완전한 논리와 질서가 존재하며, 이것은 철저하고 냉철하게 대본을 분석하는 과정이 있기 때문에 가능하다.

그렇다면 대본은 어떻게 분석하는가? 물론 대본을 분석하는 방법이나 과정에 정석이 있는 것은 아니다. 그러나 배우의 입장에서 작품을 분석하고 설계하는 과정에는 일반적으로 작품을 읽고, 인상을 정리하고, 목표를 찾는 단계들이 존재한다. 그런데 대본 분석에는 인물 분석이 함께 포함되는 것이 원칙이나, 우리는 지금 특별히 '배우예술'을 다루고 있으므로 대본을 이해하고 분석하는 과정과 인물을 이해하고 분석하는 과정을 따로 나누어서 살펴보고자 한다.

1
대본 분석

오늘은 우선 대본을 이해하고 분석하는 과정에 대해 강의하려고 한다.

　나는 연출가에게 연출 작업에서 가장 중요한 것은 처음부터 마지막까지 '작품 분석'이라고 말하고 싶다. 마찬가지로 배우에게 있어서 가장 중요한 것도 '작품 분석'이다. 다시 말해 작품을 이해하고 연극적으로, 구체적으로 분석하는 능력이 바로 연출가의 능력이고 배우의 연기력인 것이다. 결국 '작품 분석'이야말로 연출가에게는 물론 연기자에게 처음이자 마지막이며 전부라고 할 수 있다.

　배우의 작품 분석 능력이란 배우의 창의력, 독창성, 문학적 소양, 작품에 매달리는 끈기, 경험, 기술 등 모든 것을 말한다. 이 말은 배우가 작품 분석을 얼마나 치밀하고 자세하게 하는가에 따라 연기력이 달라질 수 있다는 것을 의미한다. 만일 어떤 장면에서 연기가 잘 안 된다거나 잘 풀리지 않는다면 그것은 분석이 잘못된 것이다. 이때는 다시 대본으로 돌아가서 미처 발견하지 못했거나 놓친 부분들을 찾아내야 한다.

　이것은 대본을 분석한다는 것이 단순히 연습 초기에 대본을 읽거나 며칠 동안 만나서 분석하는 작업으로 끝나는 게 아니라는 것을 말해준다. 대본 분석이란 대본을 접하여 처음 읽는 순간부터 공연이 올라가는 마지막 순간까지 지속적으로 이루어져야 하는 작업이다. 다시 말해 대사 한 마디의 소리를 조금 높이고 낮추는 것, 조명의 각도나 농도의 변화를 주는 것, 막의 오르내리는 속도를 조절하는 것, 배우가 무대에서 어떤 시점에 어떻게 움직이고 어떤 걸음으로 퇴장하는가 하는 것에 이르기까지, 무대 위에서 벌어지는 모든 것이 대본을 어떻게 분석하는가에 따라 달라진다. 그러므로 대본 분석은 연극 작업의 처음부터 마지막까지의 모든 과정을 포함하는 것으로서 반드시 끈기 있고 치밀하게 이루어져야 한다.

대본 분석의 첫 단계는 희곡을 읽고 이해하는 과정이다. 사람들은 희곡을 이해하고 분석하여 공연을 올리기 위해서는 대본을 몇 번 정도 읽어야 하는지 질문하곤 한다. 이러한 질문에 대해 나는 대본을 극의 흐름 속에서 몽땅 외워버릴 정도로 여러 번 반복해서 깊이 있게 읽어야 한다고 대답하고 싶다. 나는 공연을 단 한 번으로 끝내지 않고 몇 달 몇 년에 걸쳐서 여러 번 다시 공연하곤 한다. 그 이유는 공연을 올리고 난 후 작품을 다시 보면 해석이 잘못되었거나 처음엔 몰랐던 또 다른 해석이 있다는 것을 발견하기 때문이다. 물론 시간이 흐르면서 나 자신이 성장했거나 공연의 여건이 달라지는 등 여러 가지 이유가 있겠지만, 확실한 것은 다른 해석이 분명히 보이기 때문에 그 작품을 다시 하게 된다는 것이다. 단순히 멋으로 '이번에는 이런 식으로 다시 한 번 해보자' 하는 게 아니라, 그렇게 하지 않으면 안 되기 때문에 다시 한다는 얘기이다. 이를 통해 여러분은 하나의 작품을 후회 없이 올리기 위해서는 얼마나 대본을 반복해서 그리고 수없이 구체적으로 읽어야 하는지를 가늠해볼 수 있을 것이다.

오늘날에는 대본 읽기가 주로 연출가의 주도하에 이루어진다. 그러나 앞서 언급했듯 연극의 중심이 원래 배우였다는 점을 상기해본다면 배우도 연출가와 동등하게 작품을 이해하고 해석하는 일에 적극적이어야 한다. 그래서 연출이 원하는 목표가 무엇인지, 연출이 작품을 관통하는 초목표(super objective)를 무엇으로 보고 있는지를 함께 공유해야 한다. 이런 과정에서 배우 자신이 작품에 어떻게 존재하고 기여해야 하는지를 이해하는 일은 매우 중요하다.

배우가 처음 대본을 읽을 때 이는 단순히 감상하는 차원에서 그치는 것이 아니다. 대본을 이해한다는 것은 작품 전체를 완전히 아는 것을 의미하고, 대본을 분석한다는 것은 대본을 치밀하고 작게 조각내서 자신의 역할을 아주 구체적으로 분해한다는 것을 의미한다.

희곡을 이해와 감상의 차원이 아니라 구체적인 작품을 만든다는 입장에서 분석해야 배우는 연출가나 다른 디자이너들과 공감대를 이룰 수 있고, 공감대라는 큰 틀 속에 작품 안에서 자유로울 수 있는 틈새와 영역을 발견할 수 있다. 다시 말해 배우는 다른 참여자들과 해석, 분석을 공유하지 않고는 자신의 몫 또한 자율적으로 행할 수 없다. 그러나 배우와 연출가가 수평적 위치임에도 불구하고, 오늘날의 작업 환경에서는 연출가가 연극 창작의 총체적인 지휘자의 입장에 있는 만큼 배우가 주도적으로 극을 이끌어갈 수는 없다. 그럼에도 연출가의 권한이 절대적인 것은 아니므로 배우와 연출가가 수평적인 관계에서 서로 토론을 할 수는 있다. 다만 배우는 연출가의 해석을 최종적으로 받아들인다는 입장에서 출발한다는 것을 기억할 필요가 있다.

첫인상과 이야기 정리

배우의 대본 분석 가운데 첫인상과 이야기 정리는 해석예술의 입장에서 말하는 것이다. 해석예술이란 이미 누군가가 만들어놓은 완성된 작품을 바탕으로 나의 예술을 창조하는 것을 의미한다. 예컨대 연출가, 배우, 피아니스트, 성악가 등이 해석예술가라고 말할 수 있다. 배우의 대본 분석 역시 희곡이라는 이미 완성된 작품을 가지고 다시 자신의 해석으로 정리하고 분석하여 살아 있는 작품과 인물을 창조하는 일이다.

배우는 처음 대본을 받으면 그것을 읽게 되는데, 여기서 '처음'이란 말과 '읽는다'란 말은 굉장히 중요한 의미를 담고 있다. 대본을 '처음' 읽었을 때 머릿속에 그려진 그림이 바로 공연의 그림이 되기 때문이다. 작품이 만들어진 것을 보면 '처음' 읽었을 때 머리에 떠오른 그림에서 크게 벗어나지 않는다. 그런데 앞에서 나는 연극을 만드는 과정의 처음부터 마지막까지 대본을 읽고 또 읽어야 한다고 말했다. 이는 처음에 읽었을 때 잘못 읽은 것이 있는지 혹은 잘못 본 것이 있는지를 찾고, 있다면 왜 그러한지 그 이유와 원인을 찾아 다시 수정하라는 의미에서였다.

기본적으로 대개의 작품은 처음 읽었을 때의 인상에서 크게 벗어나는 일이 거의 없다. 그만큼 처음 대본을 읽고 느낀 첫인상이야말로 작품을 만드는 데 무엇보다 중요하다. 그런데 여기서 첫인상이란 단 한 번 읽고 느낀 첫 번째 인상을 말하는 것은 아니다. 첫인상에서 '처음'의 의미는 단 한 번 읽었다는 것도, 처음 읽었다는 것도, 첫 번째 읽었다는 것도 아니다. 엄밀하게 말한다면 '한 차례' 읽었다는 표현이 적합할 것이다. 즉, 첫인상이란 한 번이든 여러 번이든 한 차례 읽고 난 뒤 남게 되는 분명하고 강렬한 인상이라고 할 수 있다. 바로 이 강렬한 처음의 인상을 기초로 다듬고 정돈하는 과정을 거치면서 작품이 완성된다.

이렇게 중요한 첫인상 정리를 위해서는 희곡을 읽어야 하는데, 희곡을 읽을 때 몇 가지 유의할 사항이 있다. 첫 번째, 선입관을 갖지 않고 담담한 마음으로 읽는다. 다른 사람의 생각에 휘둘리지 말고 편안한 마음으로 읽어야 한다. 어느 한쪽으로 치우쳐 욕심을 내게 되면 첫인상 만들기를 제대로 할 수 없다. 가령 선입관에는 작가에 대한 편견도 있을 수 있다. '이 작품은 ○○○가 쓴 것이니까 좋을 거야', '이건 ○○○가 쓴 희극이야, ○○○가 비극만 쓰는 줄 알았는데 희극도 쓰네?' 또는 '이 작품은 유명한 작가의 작품이니 내가 꼭 해야지' 같은 생각들은 모두 위험한 선입관이다. 그러므로 배우는 이러한 선입관을 배제한 채 객관적이고 독립적으로 작품을 읽어야만 연출가나 여타 디자이너들과 토론하고 조화를 이룰 수 있다.

두 번째, 첫인상이 확고해지기 전에 작품 연구, 작가 연구를 하지 않아야 한다. 작품이나 작가를 먼저 연구 먼저 하면 선입관이 생긴다. 나는 작품이나 작가 연구는 대본 분석 과정을 모두 마친 후 보조적인 도움을 받기 위해서만 사용할 것을 권한다. 사전에 미리 작품 연구부터 하게 되면 자신의 생각이 정립되는 것이 아니라 문헌이나 책의 그럴듯한 문구에 생각이 휘둘리게 된다. 무엇보다도 배우 자신이 이 작품을 어떻게 보고 어떻게 생각하느냐가 중요하다. 그다음에 작품이나 작가에 대한 연구가 도움이 될 수는 있을 것이다. 첫인상 정리에는 나의 생각이 중요하지 남의 말은 중요하지 않다는 뜻이다.

세 번째, 작품을 만드는 여건에 대한 편견도 배제해야 한다. 예를 들어 자신의 상대역이 어느 배우인가에 민감할 경우 자신의 역할을 객관적으로 수행하는 데 도움이 되지 못한다. 따라서 상대 인물은 나중에 접하는 것이 좋다. 그다음으로 경제적인 여건에 대한 선입관이 있을 수 있다. 그러나 작품을 만드는 것은 상상력의 싸움이므로 여건은 그다지 중요하지 않다. 돈은 있으면 있는 대로, 없으면 없는 대로 공연을 할 수 있어야 한다. 가끔 아주 초라하고 볼품없는 무대를 볼 때가 있다. 정말 돈이 없어서 그렇게밖에 만들 수 없는 경우일 수 있다. 그러나 예술은 반드시 돈으로 하는 것이 아니다. 돈이 없어서 무대를 궁색하게 만들었다는 것은 말이 안 된다. 돈이 없어도 창의력과 개성으로 충분히 빛을 낼 수 있는 것이 바로 예술의 세계이다. 과거 돈이 귀하던 시절 몸 하나만으로 연극을 하던 때도 있었다. 눈부신 조명과 고도의 기술적인 무대가 있어야만 연극이 만들어지는 것은 아니다. 오늘날의 무대는 현란한 조명으로 빛이 난무해 오히려 무대 위에 빛이 없는 것과 같은 결과를 낳을 때가 많다. 촛불 하나로도 오히려 더 강력한 빛의 효과를 낼 수도 있다는 것을 기억하자.

네 번째, 연극의 장르나 형식에 대한 선입관이 없어야 한다.

다섯 번째, 활자매체에 구속받지 말아야 한다. 활자는 정보를 포함하고 있기 때문에 작품을 객관적으로 보고 올바른 첫인상을 갖는 데 방해가 될 수 있다. 나의 경험에 비추어 보면 배우들은 연출가보다 객관적으로 책을 읽지 못하는 경우가 많다. 연출가는 배역을 결정할 때도 전체적인 앙상블을 고려하는 등 자연히 객관적으로 될 수밖에 없지만, 배우들은 대본을 보면서 배역에 대한 욕심이 생기기 때문에 객관적으로 읽지 못할 때가 많다. 바로 이런 욕심 때문에 배우는 자기의 대사 혹은 하고 싶은 역에 줄부터 긋기 시작하는 것이다.

앞에서 나는 '읽는다'는 말이 중요하다고 했다. 그것은 말 그대로 활자를 '읽는 것'을 강조한 게 아니라 연극 자체를 정확히 '본다'는 것을 강조한 것이다. 연극은 객관적으로 정확히 '보아야' 한다. 이를 위해 배우가 처음 대본을 읽을 때 다른 사람에게 읽어 달라고 하고 자신은 편안하게 듣는 것도 좋은 방법일 수 있다. 편안하게 듣는다는 것은 활자 매체의 의미, 문학적인 수식, 설명 등에 얽매이지 않고 객관적으로 드라마를 눈으로 그려본다는 것을 말한다. 내 경우에도 연출 작업을 할 때 가능한 한 제3자에게 대본을 읽게 하든가 작가에게 읽게 한다. 작가가 읽으면 담담하고 객관적으로 읽지만, 배우들이 읽으면 이유 없이 대사에 힘이 들어가고 뭔가 꾸미려고 해 정확하게 연극 '보기'를 그르칠 수 있기 때문이다.

이처럼 편안한 마음을 가지고 객관적으로 희곡을 한 차례 읽었다면, 그다음으로 처음 읽은 느낌과 인상을 적어본다. 처음 읽은 느낌 중 가장 강렬한 것부터, 근사한 문장이나 문학적 수식 없이 누군가에게 보여준다는 의식도 갖지 말고 노트에 적어본다. 예를 들어 '이 부분은 배꼽 잡게 재미있다', '이 인물은 유머러스하고 코믹하고 귀여워', '여긴 너무 단조롭다'와 같이 적는데, 적을 수 있는 만큼 최대한 많이 적어본다. 이렇게 정리한 것을 크게 A, B, C로 분류한다. A는 작품의 목표나 철학, 아이디어와 연결된 플롯에 관한 것, B는 작품의 분위기, 스타일, 양식과 연관된 것, C는 인물과 연관된 것들로 정리할 수 있다. 그런데 많은 배우들은 이런 식으로 첫인상을 정리하고 분류하는 과정을 게을리하거나 아예 생략해버리고 기분으로 처리하는 게 아닌가 싶다. 만일 이 과정을 무시하고 연기를 한다면 그 배우는 아예 무대에 서지 않는 것이 낫다.

첫인상 정리에 대해 유치진의 〈소〉를 예로 들어보자. 이 작품의 첫인상을 이렇게 썼다고 하자. '1930년대 유치진 선생이 동경 유학생으로서 느낀, 조국에 대한 일제의 억압과 그에 대한 울분이 드러난 작품이다.' 그러나 희곡 어디에도 이런 내용은 없다. 물론 이런 정리가 불필요한 것은 아니지만, 이것은 작가가 작품을 쓰게 된 배경에 대한 연구 결과의 정리이지 작품의 첫인상에 대한 정리는 아니다. 이보다는 '소를 빼앗긴 정경이 너무 가슴 아팠다', '쌀 한 톨을 더 빼앗아가려는 마름이의 수탈에 분노가 느껴졌다', '말뚱이, 개똥이 같은 순박한 시골 청년의 모습이 대단히 유형적이긴 하지만 마치 살아 있는 인물처럼 느껴졌다' 같은 것들이 인물에 대한 정직한 첫인상이라고 할 수 있다.

첫인상은 긍정적인 인상뿐 아니라 부정적인 인상까지 모두 적는다. 긍정적인 인상과 부정적인 인상 모두 배우가 작품을 어떻게 소화할 것인지, 어떻게 역을 해낼 것인지에 대한 토대가 되기 때문이다. 물론 이런 첫인상 정리는 배우 혼자 단독으로 하는 것이 아니라 작업에 참여하는 스태프 전체가 해야 한다. 이것이 바로 작품을 초월적으로 보는 자세이다.

희곡을 읽고 첫인상을 정리했다면 다음은 이야기를 정리해야 한다. 대개 이야기 정리를 하찮게 여기는 경우가 많은데 실은 첫인상 정리만큼이나 중요하다. 이야기 정리에서는 연출가가 해놓은 것을 그대로 받아들이기보다는 배우 각자가 자신이 읽고 이해한 것을 함께 토론하여 정리하는 것이 좋다. 배우 자신이 정리한 이야기를 수정하게 될지라도 자기 생각 없이 연출가가 해준 것을 그대로 따르는 것은 의미가 없다. 자신이 정리한 것을 토대로 수정해야 한다.

보통 공연 프로그램을 보면 반 페이지 정도로 작품의 이야기가 정리되어 있는 것을 볼 수 있다. 이는 많은 내용의 이야기를 압축시켜 놓은 것으로, 배우들 상호간의 관계가 이야기 속에서 어떻게 나타나고 있으며 사건들이 어떤 연관성을 가지고 어떻게 전개되고 있는지 제3자가 쉽게 알 수 있도록 객관적이고 명쾌하게 정리한 것이다. 즉, 에피소드들이 어떻게 정리되어 배열되어 있느냐를 보여주는 것이 이야기 정리이다.

이야기는 플롯을 정리한 것이고, 플롯은 에피소드들을 정리한 것이다. 또 에피소드는 인물간의 상호관계에서 만들어진 사건들인데, 이런 점에서 에피소드를 정리하는 것은 매우 중요하다. 특히 아무리 작은 인물이라도 에피소드를 만드는 데 기여하고 그 에피소드에서는 그 인물이 주인공이 되기 때문에 에피소드의 정리는 소홀히 할 수 없다.

가령 〈소〉에서 유자나무집 딸의 엄마는 잠깐 등장했다 퇴장하는 역할이다. 그렇지만 이야기란 앞뒤의 에피소드를 서로 연결시켜 만들어지므로 엄마가 나오는 그 에피소드가 없다면 다음 이야기가 만들어질 수 없다. 그 에피소드에서는 엄마가 나오지 않으면 안 된다는 말이다. 어떤 에피소드이든 앞의 에피소드와 뒤의 에피소드의 연결이 필연적이므로 그 에피소드가 없으면 안 되는 것이다. 물론 극의 구조(structure)에 따라 에피소드가 생략될 수 있는 경우도 있으나, 기본적으로 에피소드들이 서로 연결되어 이야기를 구성하는 만큼 에피소드 정리는 중요하다.

이처럼 이야기 정리를 해야 하는 이유는 연출가, 배우, 그리고 다른 모든 디자이너들이 같은 이야기를 정리해야 하기 때문이다. 만일 이 사람은 이렇게 이야기하고 저 사람은 저렇게 이야기한다면 서로 동일한 하나의 목표를 향해 작업하는 데 방해가 될 수밖에 없다. 사람마다 자신의 생각에 따라 중요한 장면과 삭제하고 싶은 장면이 다를 수 있다. 가령 〈리어 왕〉에서 어떤 사람은 켄트라는 인물을 막내딸의 편에 서서 리어의 울화통을 터뜨리는 방자한 인물로 그릴 수도 있고, 또 다른 사람은 무엇이 진실인지 왕에게 고하는 충직한 인물로 그릴 수도 있는 것이다. 어떤 사람의 이야기에서는 햄릿이 지적이나 우유부단한 인물일 수 있지만, 다른 사람의 이야기에서는 적극적이고 행동하는 사나이의 전형으로 만들어질 수도 있다. 이처럼 어떻게 이야기를 정리하느냐에 따라 완전히 다른 연극으로 만들어질 수 있는 것이다.

연극의 목표와 행동 찾기

　일반적으로 문학작품을 읽으면 '주제'에 대해서 말하곤 한다. 여기서 '주제'는 작가가 연극을 통해서 중점적으로 말하고자 하는 내용을 한마디로 압축시킨 것을 일컫는다. 그러나 연극에서의 주제는 다르다. 스타니슬라브스키는 연극을 관통하는 '초목표(super objective)'라 했고, 나는 작품의 '목표와 행동'이라고 정의한다. 흔히 연극에서 주제에 대해 말할 때, 희곡의 사상과 철학을 문학적인 수식으로 정리한 것으로 오해하는 경향이 있다. 그러나 연극에서 주제란 연극을 이끌어가는 객관적인 실체로서 연극의 목표를 일컫는 것이며, 따라서 역동성 있는 동사적인 표현으로 정리해야 한다.

　만일 연극의 주제를 문학적, 철학적 또는 추상적, 관념적으로 정리할 경우 작품의 철학적 배경을 이해하는 데는 도움이 될 수는 있지만, 연극을 만드는 데는 실제로 구체적인 도움이 되지 않는다. 자칫 철학적이고 관념적인 주제는 연극을 모호하게 만들 수 있기 때문이다. 따라서 문학적인 수식이나 철학적, 관념적인 표현보다는 명료하고 분명하게 보일 수 있는 역동적이고 구체적인 표현으로 정리되어야 한다.

　예를 들어 '자, 우리는 이제부터 아름답고 행복한 항해를 할 것이다' 라든가, 주인공의 인생 목표가 무엇이냐고 물었을 때 '행복한 삶을 사는 것'이라고 말하는 것은 합당하지 않다. 이런 표현들은 구체적인 동기가 드러나지 않아 극중 인물을 살아서 움직이게 하기에 부적당하다. 행선지를 얘기할 때 '우리는 몇 월 며칠 서경 몇도 동경 몇 도의 어느 항구 어느 부두에 도착할 것이다' 또는 '우리 남산 팔각정까지 올라가자' 처럼 구체적인 목적지를 제시해야 그곳에 갈 수 있는 것처럼, 연극의 주제 역시 극중 인물이 적극적으로 행동할 수 있도록 만들어주어야 한다.

연극의 목표를 찾을 때도 첫인상 정리에서 했던 것처럼 한다. 즉, 먼저 배우가 객관적으로 작품의 전체를 보고 그다음 연출가와 토론해서 얻어야만 배우 스스로 내면적으로 관통하는 목표를 가질 수 있다. 그렇다면 어떻게 목표를 찾아야 할까. 이미 우리는 첫인상 정리에서 강렬한 것들을 인물에 관한 것, 플롯에 관한 것, 스타일에 관한 것들로 분류하고 정리했다. 이렇게 정리한 첫인상들을 필요한 부분을 다듬고 압축해서 다시 한 문장으로 정리해보자. 수식이나 관념적이고 수동적인 표현들을 모두 배제시키고, 동사적이고 역동적인 표현들만 남겨놓는 것이다. 이러한 과정은 얼핏 보면 말 찾기 게임처럼 하찮게 보일지 모르지만 뚜렷한 목표를 찾는 데 큰 도움을 주는 방법이다. 목표는 구체적이고 역동적이며 명료하게, 동사적인 표현으로 정리해야 한다.

예를 들어 〈소〉의 목표를 '농촌 생활의 비참한 모습', '인간의 꿈과 좌절', '이상과 현실의 괴리', 이렇게 만든다면 연극은 뿌옇고 관념적이고 추상적으로 만들어진다. 이보다는 '일제 하의 소작농이 악랄한 지주의 수탈에 항거하여 농토를 지키려는 저항과 좌절의 애환을 그린 비극이다'라고 했을 때 훨씬 구체적인 목표를 찾았다고 할 수 있다. '소작농'이란 단어 자체가 매우 구체적인 표현이며, '지주의 수탈에 항거하여'란 표현도 역동적이고 동사적 표현이다. 이것이 앞에서 정리한 〈소〉의 목표보다 훨씬 명료한 문장으로 정리된 것이라 할 수 있다. 첫인상을 정리한 문장을 압축하고 압축하여 다시 하나의 문장으로 정리한 것이 연극의 목표이다.

또 다른 예로 그리스 연극 〈오이디푸스왕〉의 목표를 보자. 고전으로 갈수록 주인공의 목표가 바로 극의 목표이자 행동이 되기 때문에 주인공의 이름이 제목인 경우가 많다. 만일 〈오이디푸스왕〉의 목표를 '운명과 인간의 대결', '운명에 대한 인간의 투쟁'이라는 식으로 정리하면 배우는 연기해야 할 행동의 근거를 찾지 못한다. 작품의 배경을 설명하는 자료로서는 이런 표현들을 쓸 수 있지만, 배우에게 "인간의 투쟁에 대해 연기해"라고 요구한다면 배우는 어떻게 행동해야 할지 알 수 없을 것이다. 그러나 '선왕 라이오스를 살해한 자가 누구인지를 찾아가는 과정'이라고 목표를 정리한다면 훨씬 구체적인 행동을 찾을 수 있다.

이와 같이 작품을 읽고, 정리하고, 분석하는 일은 연출가에게만 중요한 것이 아니라 배우에게도 반드시 실천해야 할 중요한 일이다. 그런데 이러한 과정 없이 관념적인 주제를 정해놓고 연극을 만들려고 하거나 무턱대고 무대에서 움직이기부터 하는 것이 문제이다. 예컨대 배우들 이때로는 "난 이렇게, 이렇게 하기로 설정했어"라는 말을 하곤 하는데, 이런 말은 연출가나 배우 모두 써서는 안 된다. '~하기로 한 것'이나 '설정'이란 부서지기 마련이다. 반드시 그렇게 하지 않으면 안 되는 것, 이렇게 되지 않으면 안 되는 정확한 행동을 찾아내서 움직여야만 분명한 모양이 나올 수 있다. 마치 건물을 정확하게 지을 수 있는 입체적인 설계가 있어야만 튼튼한 건물을 지을 수 있고 그렇지 않으면 건물이 쓰러져 부서지게 되는 것과 같다. 배우나 연출가는 단순히 '설정'이나 '아이디어'만 가지고, 혹은 '느낌'이나 '기분', '분위기'만 가지고 작업해서는 안 된다. 작품을 철저하게 과학적으로 분석하여 당연히 그렇게 될 수밖에 없는 목표를 정해야만 될 것이다.

이렇게 목표가 뚜렷하게 정해져야 어떻게 행동할지 그 방법론을 찾을 수 있다. 비로소 목표에 대한 행동을 찾게 되는 것이다. 이때 목표와 수단을 혼동하여 목표가 수단이 되어서는 안 된다. 작품 전체의 목표 (super objective)가 정해지면, 이 목표를 향해 발전하는 여러 장면들이 있다. 각 장면은 연극의 전체적인 목표 아래서 해야 할 역할을 각각 따로 가지고 있다. 각 장면은 극의 목표를 달성하기 위해서 그에 합당한 각기 다른 목표가 있는 것이다. 그렇게 되면 그 장면의 목표가 바로 연극 전체의 목표를 성취시키는 수단이 되는 셈이다.

그러나 대부분의 배우들은 이런 과정들을 생략하거나 게을리 하고 무조건 연출가의 지시대로 하려 한다. 또 어떤 분위기나 감정으로 접근하려고 한다. 이럴 때 문제가 생긴다. 앞에서도 언급했듯 역사적으로 배우는 드라마의 주인공이며, 총괄적으로 지휘하는 사람이었다. 연출가는 배우에서 파생되어 독립한 존재이므로 배우와 연출가는 수평적인 관계이다. 그런데 오늘날 우리 현실에서는 연출가와 배우를 수직적인 관계로 착각하는 경향이 있다. 이런 현상은 근대극이 서양 연극을 수용하고 정착시키는 과정에서 발생한 잘못된 관행에서 비롯된 듯하다.

우리 근대극은 일본에서 서양 연극을 접하고 돌아온 1세대 유학파들에 의해 출발했다. 연출가와 배우가 수직적인 관계가 된 것은 이때부터이다. 그들이 연극에 대해 많이 알고 있는 사람으로 인식되면서 선생과 같은 존재로서 연출을 담당했기 때문이다. 당시 서양 연극에 대해 아무것도 모르는 배우들에게 그들은 연극을 해외에서 더 많이 배우고 온 절대적인 선생일 수밖에 없었다. 따라서 연출가는 선생의 위치에서 배우들을 가르치며 연극을 만들어야 했고, 그런 과정에서 배우는 가르침을 받는 사람이 되어버린 면이 있다. 그런 관행이 지금까지 배우들에게 남아 있는 것 같다. 배우와 연출가는 수평적인 관계임을 다시 환기시키면서, 배우는 보다 적극적으로 자기 생각을 가지고 작품 분석에 능동적이어야 한다는 것을 강조하고 싶다.

장면의 목표 찾기

작품의 전체 목표가 주어지면 장면을 나누는 작업을 해야 한다. 하나의 막이 있으면 그 막 안에는 여러 개의 장이 있다. 장면이란 어떤 극적인 동기가 유지되는 상태의 한 단위를 말하는데, 이를 바탕으로 다시 각 장면의 목표를 세워야 한다. 먼저 장면을 나누기 위해서는 희곡의 구조를 이해해야 한다. 희곡의 구조 분석은 장면의 목표 찾기 및 분석과 연관되기 때문이다. 희곡이 갖는 구조의 특성은 크게 아리스토텔레스적 구조와 서사적 구조, 두 가지로 나누어서 이야기할 수 있다.

아리스토텔레스적 구조는 기승전결의 구조로서 시작과 발전, 위기, 절정, 대단원의 순서로 진행되는 구조이다. 이러한 구조의 특성은 각 장면을 확대해보았을 때 그 장면 안에 또다시 작은 기승전결이 있다는 것이다. 이런 구조는 사건들이 인과관계에 의해 연결되어 앞 장면은 뒷장면의 원인이며 뒷장면은 앞 장면의 결과로서 만들어지기 때문에, 어느 한 장면이 빠지면 전체 구조가 허물어지게 된다.

서사적 구조는 아리스토텔레스의 구조와는 정반대되는 것으로, 각 에피소드가 병렬적으로 나열되어 고리를 이루며 수평으로 진행된다. 따라서 각 에피소드들은 각기 독립된 채로 존재하기 때문에 앞뒤가 서로 원인과 결과의 관계를 갖지 않는다. 어느 한 장면을 다른 위치에 바꾸어 놓아도 상관없고, 한 장면을 제외시킨다 해도 극 전체의 이야기가 크게 붕괴되지 않는다. 예를 들어 뷔히너의 〈보이첵〉은 26개 정도의 장면이 각각 독립되어 앞뒤 장면이 서로 직접적인 인과관계 없이 병렬구조로 이루어져 있다. 이러한 독립된 장면들은 길이와 완급 및 강도가 어떤 장면에서는 상승하기도 하고 어떤 장면에서는 하강하기도 하면서 장면들이 서로 부딪쳐 전체적으로 하나의 이미지를 만들어낸다.

그러나 여기서 기억해야 할 것은 서사적 구조인 병렬구조에 극적인 발전이 없다고 생각해서는 안 된다는 점이다. 각 장면이 독립적으로 변화하면서도 그 하나의 장면 안에는 또 다른 시작과 중간, 끝이 있을 수 있기 때문이다. 아무리 많은 장면이더라도 각각의 장면은 그 장면대로 존재 가치가 있으며, 그 장면에 주어진 목표가 따로 있다. 오히려 병렬구조는 장면마다 기승전결이 숨어 있어 더욱 다채로운 극적 재미를 준다. 브레히트가 서사극을 만든 것은 더욱 극적인 방법을 찾아내기 위해서이다. 어떤 구조이든 보다 극적이기 위해 고안된 방법이라는 것을 기억하도록 하자.

이와 같이 희곡의 구조 분석을 바탕으로 장면을 나누게 되면, 각 장면들의 목표를 따로 세워야 한다. 예를 들어 〈소〉의 전체 목표가 '일제 하의 소작농이 지주의 수탈에 항거하여 농토를 지키려는 저항과 좌절의 애환을 그린 비극'이라고 해서 연극의 처음부터 끝까지 모든 장면들을 비극으로 그릴 수는 없다. 즉, 작품이 비극이라고 모든 장면을 슬프고 우울하게 그릴 수는 없다. 각 장면은 각 장면대로의 역할이 있기 때문이다. 풍년을 그리고 있는 첫 장면은 이 작품이 결과적으로 비극으로 치닫게 된다는 점에서 오히려 더욱 흥겹고 즐거운 타작마당으로 그려야 한다. 이처럼 전체의 목표를 향해 각 장면들이 가지는 역할과 색깔을 찾기 위해서는 반드시 각각의 장면이 갖는 목표를 따로 잡아야 한다. 서사적 구조일 경우에도 마찬가지다. 장면이 독립한 채 존재하므로 오히려 각 장면의 목표를 정확히 찾아야 한다.

장면의 목표를 찾았다면 다음은 다시 각 장면을 분석해야 한다. 연출가든 배우든 매 장면의 분석을 갈 데까지 가면서 해보아야 한다. 갈 데까지 가다 보면 극단을 넘어서는 순간이 있다. 예를 들어 슬퍼서 우는 장면이라고 한다면 슬픔의 절정까지 갔다가 그 단계를 넘어서는 것을 찾아 보여주어야 한다. 이것은 갈 데까지 갔다가 더 이상 갈 데가 없으니까 그 단계를 넘어서는 변화가 생긴다는 것을 말한다. 희곡의 어떤 구조에서든 어떤 장면에서든 분명한 변화가 있다. 작품 전체가 파랗다고 전체를 다 파랗게 그리는 것이 아니라 빨간색, 노란색 등 여러 색들이 모여서 파란색이 되도록 만들어야 한다.

배우의 대사를 분석하는 일도 마찬가지다. 대사에 춘하추동이 있는지, 밤낮의 변화가 있는지를 찾아보아야 한다. 낙엽이 지고 눈보라가 치는 겨울이라고 해서 줄곧 겨울만 있으면 안 된다. 어떤 장면이 뜨거운 태양의 여름이라면 다음 장면은 아주 추운 겨울이 되어야 한다. 여름이 갈 데까지 갔다가 더 이상 갈 데가 없어 가을로, 그리고 겨울로 변하는 것처럼 말이다. 다시 말해 장면의 분석에 의해 장면들에 춘하추동과 같은 변화가 나타나야 한다. 마치 여러 그림이나 색깔이 모여 하나의 완성된 그림이 나오는 모자이크처럼 말이다. 이처럼 장면의 목표를 분명히 정하고 그것을 구체적으로 표현해야 그 해석이 객관성을 갖게 되고, 전체적으로는 다양해질 수 있다.

2

인물의 분석과 구축

지난 시간의 대본 분석에 대한 강의에 이어, 이번 시간엔 인물 분석에 대해 이야기하겠다.

인물 분석은 넓은 의미의 작품 분석에 해당한다. 희곡 구성에서는 인물이 차지하는 비중이 클뿐더러, 지금은 배우수련 과정에서의 작품 분석을 다루고 있으므로 인물 분석을 따로 다룰 필요가 있다.

전통적으로 플롯이 가장 중요한 연극의 요소였지만, 극중 인물들의 관계로 인해 갈등이 일어나고 사건이 만들어진다는 관점에서 점차 인물의 중요성이 부각되어왔다. 이는 사건이 먼저 전개됨으로써 극이 이루어지는 것이 아니라, 각 인물이 추구하는 바와 그에 따른 행동이 다름으로써 빚어지는 인물 상호간의 갈등에 의해 극이 이루어진다는 입장이다. 갈등은 사건을 만들고, 이 사건은 에피소드를 만들며, 이 에피소드들이 이야기를 만들어 발전시킨다.

그렇다면 이야기를 만들어내는 인물의 특성이 무엇인지 탐색해보는 작업이 반드시 필요하다. 즉, 인물 분석을 해야 한다. 인물 분석은 극중 인물들을 구축하는 데 있어 합당한 인물들을 창조해내는 과정이므로, 각 인물들의 내적·외적 특성이 무엇인지, 그러한 특성이 어떤 원인에 의한 것이며 왜 그와 같은 행동을 하게 되는지를 찾아야 한다. 여기서 하나 짚고 넘어갈 것은 캐릭터를 '성격'이란 말로 번역하는 경우가 있는데, 성격이란 인물을 이루는 내면세계의 특성을 말하는 것이므로 인물에 대해 자칫 잘못된 선입견을 줄 수 있어 바람직한 용어라 볼 수 없다. '성격'이라는 말보다 '극중 인물'이 보다 적합하다고 생각한다.

사건을 배열하는 것이 아무리 중요하더라도 인물 없이는 사건이 이루어지지 않으므로, 연극의 요소들 가운데 인물의 중요성이 강조되는 것은 불가피하다. 특히 사실주의 연극에 이르러서는 합리성을 바탕으로 작품을 만들고 분석해야 하는데, 합리성이란 과학적으로 그렇게 되지 않으면 안 되는 원인과 결과이며 철저한 고증에 의한 접근을 말한다. 그래서 인물의 내면세계가 그렇게 되지 않으면 안 되는 까닭을 찾아야 한다. 인물 분석은 오늘날까지도 인물의 내면 동기, 심리적인 동기에 초점을 두고 분석하는 경향으로 흐르고 있다.

그러다 보니 비극을 야기하는 원인이라 여겼던 소위 '비극적 결함'까지도 플롯이 아닌 인물의 내면세계에서 찾고 있다. 아리스토텔레스의 《시학》에 의하면 비극적 결함이란 플롯 상에서 발견된다. 〈오이디푸스 왕〉에서는 오이디푸스가 삼거리에서 죽인 노인이 생부라는 사실을 모른다는 것이 비극적 결함이다. 그러나 현대적 관점에서는 자신의 감정을 조절하지 못하는 오이디푸스의 불같은 성격에서 비극적 결함을 찾고 있다. 자신의 감정을 조절하지 못하는 성격이 아니라면 생부를 죽이는 비극이 일어나지 않았을 것이라는 관점이다. 또한 선왕의 살인자를 추적하는 과정에서 살인자가 자신일지 모른다는 사실을 감지하면서도 계속 진상을 규명하려는 고집 때문에 엄청난 비극을 가져왔다고 보는 것이다. 〈리어 왕〉의 경우도 어떤 인물은 권력에 대한 아집이라는, 또 다른 인물은 돈에 대한 아집이라는 내면세계로 인해 비극이 벌어진다.

그렇다면 비극을 일으키는 내면세계에 합당한 인물의 외적 조건은 어떤 것이며, 인물 상호간의 관계는 또 어떤 것인지를 분석해야 한다. 인물의 내면세계가 가지는 욕구가 있으면 그에 맞는 행동이 있기 마련이다. 이 행동이 다른 사람의 행동과 상충해서 사건을 만든다. 우리는 이를 분석해야 하는 것이다.

특히 인물 분석은 인물이 살아 있는 인물로 보이게 하기 위한 것이다. 따라서 인물 분석은 배우들에게뿐만 아니라 각 파트의 디자이너들에게 협력의 목표를 제시하는 중요한 근거가 되기 때문에 매우 중요하다. 예컨대 인물간의 관계에 비추어 서로가 어떤 색깔로 존재해야 하는지, 그리고 인물 행동에 따라 조명이 어떻게 비추어져야 하는지, 인물의 행동에 맞는 의상은 어떤 것인지 하는 결정 사항들이 모두 포함되는 것이다.

만일 내가 번뇌하고 사색하는 햄릿인데 오셀로와 같은 옷을 입는다면, 반대로 질투에 불타는 오셀로인데 햄릿의 의상을 입는다면 어떻겠는가. 당연히 그 인물에 적합하지 않은 선택일 것이다. 때로는 외형적인 것이 더 중요할 때가 있다. 아무리 내가 장군이라 떠들어도 장군의 의상을 입지 않고 있다면 그 인물은 관객에게 장군으로 인식될 수 없을 것이다. 이처럼 인물 분석은 인물의 지속성과 연결성, 통일성을 고려하여 인물 내면에 합당한 외형을 만들 수 있어야 한다. 그렇게 했을 때 내가 구축하는 인물을 그 인물답게 만드는 데 있어 배우를 포함한 다른 협력자들이 서로 어떻게 협력할 것인지 목표를 찾을 수 있게 된다.

인물의 목표와 행동 찾기

인물 분석은 배우들에게 반드시 필요한 기본적인 과정이다.

인물 분석은 여러 단계를 거쳐 이루어지는데, 작품 전체에서 인물의 목표가 무엇인지를 찾는 것이 우선이다. 인물이 내면세계에서 추구하는 목적, 인물이 가장 필요로 하는 것이 무엇인지를 먼저 찾아야 한다. 이것은 인물이 행동하게 하는 내면 동기가 된다.

작품에서 주요 인물 간에, 혹은 주요 인물과 부차적인 인물 간에 상호 추구하는 목표가 다르다. 여기에서 갈등이 생기고 드라마가 만들어진다. 따라서 각 인물의 목표를 먼저 찾아낸 다음, 그 목표를 달성하기 위해 인물들이 어떤 행동을 하는지를 분석해야 한다. 이를 위해 연출가는 각 인물의 내면적 욕구를 정확하게 찾아내고, 이것을 배우 개인이 찾은 인물의 목표와 어떻게 다른지 서로 의견을 나눌 필요가 있다. 배우 역시 연극 전체를 통해 자신이 맡은 인물의 목표가 무엇인지, 또한 각 장면의 목표와 작품 전체를 관통하는 초목표와의 관계가 어떤 것인지 정확하게 찾아내야 하기 때문이다.

이렇게 연출가가 본 인물의 목표와 배우 개인이 찾은 인물의 목표가 어떻게 다른지 객관적으로 바라보는 것을 '초월적으로 바라보고 근원적으로 작업하는 것'이라고 할 수 있다. 연출가의 입장에서는 작품을 대할 때 한 인물만 보는 것이 아니라 인물들 전체를 보기 때문에 보다 초월적으로 작품을 바라본다고 할 수 있다. 반면 배우는 전체 인물들의 관계에서 자신이 맡은 인물이 어떻게 존재하고 무엇을 해야 하는지를 찾아야 하므로 근원적인 것을 분석한다고 할 수 있다. 이렇게 초월적으로 바라보고 근원적으로 작업하는 것이야말로 연출가와 배우 모두가 반드시 기억해야 할 자세이며 태도이다.

이처럼 한 인물의 목표를 찾는 것은 작품 전체의 초목표를 달성하기 위해 각 인물이 어떻게 공헌하고 있는지를 밝히는 일이다. 이때 부차적인 인물들까지 각 장면에서의 초목표를 책임지려고 할 필요는 없다. 부차적인 인물의 목표는 주인공의 목표를 달성하기 위해 그 장면에서 어떤 역할을 하는지를 찾는 것이 아니라, 자신과 관계된 인물과의 관계에서 자신이 해야 할 일을 찾는 것이다. 부차적인 인물보다 더 작은 역할의 인물도 역시 자신과 연관된 인물들 사이에서 목표를 찾으면 된다. 작은 인물일수록 작가가 제시한 정보가 부족하기 때문에 목표 찾기가 어려울 때가 많은데, 이 경우 연출가가 극의 상황과 인물 상호간의 관계 속에서 적절하면서 투명한 목표 찾기를 도와주어야 할 것이다.

예를 들어서 작품 〈소〉의 경우를 보자. 국서와 국서의 아들 말뚝이, 개똥이 그리고 마름이 주요 인물이라 할 수 있고, 국서의 처, 유자나무집 딸, 귀찬이, 소장수 등은 주요 인물의 상대 인물이면서 부차적인 인물이라 할 수 있다. 그렇다면 부차적인 인물인 국서 처의 인물의 목표는 국서와의 관계에서, 유자나무집 딸은 개똥이와의 관계에서, 귀찬이는 말뚝이와의 관계에서, 소장수는 개똥이와의 관계에서 어떤 역할을 할 것인지 그 목표와 행동을 찾아야 한다.

이런 식으로 부차적인 인물들은 자신이 전체 목표를 달성하려 할 필요는 없고, 주요 인물들과의 관계에서 자신의 목표를 찾고 자기 역할을 찾아야 한다. 그래서 매 장면에서 각자의 역할이 무엇인지 분명하게 정리해야만 극 전체가 명료해진다. 예컨대 위급한 상황에서 쫓기는 인물이 전보를 치러 갔다고 하자. 연극 전체는 위급한 상황이다. 하지만 전보를 전송해주는 우체국 직원은 상황을 전혀 모르는 상태로 전보 치는 업무를 수행해야 한다. 그 사람마저 위급한 상황에 쫓기듯 행동하는 것이 아니라, 마치 지금 연극이 어디로 가고 있는지 전혀 모르는 사람처럼 오히려 전보 내용을 천천히 잘 송신하느라 딴청을 부려야 연극이 명확하게 보이는 것이다. 이런 의미에서 아무리 작은 인물이라도 초월적으로 보고 근원적으로 작업해야 극 전체의 목표가 분명히 드러남을 알 수 있다.

인물의 목표를 찾을 때는 연극 전체의 목표를 찾는 것과 마찬가지로 추상적, 개념적, 관념적인 표현은 피한다. 오히려 행동을 유발할 수 있는 내면적 동기를 구체적이고 역동적인 표현으로 나타내야 한다. 그리고 그 표현에서 불필요한 것은 제거하고 압축시켜 명료하면서도 역동적인 동사적 표현을 사용, 한 문장으로 만들어야 한다.

예를 들어 〈소〉의 목표를 '농민의 이상을 실현하려 한다'고 표현했다고 치자. 여기서 '이상'이라는 추상적이고 막연한 단어를 실현하기 위해 배우는 어떻게 해야 할지 구체적인 방법을 찾기 어려워지고 연극은 모호해질 수밖에 없다. 반면 국서의 목표를 '소작농으로서 지주에게 농토를 빼앗기지 않고 죽어도 농사를 지으려고 한다'라고 표현한다면 살아서 행동하는 인물을 만들기에 좀 더 적합할 수 있다.

국서의 목표를 이렇게 세우면 다른 인물들은 이와 상반되는 목표를 갖게 되므로 이야기가 진전될 것이다. 국서와 가장 많이 갈등하는 상대 인물로는 마름이 있다. 그렇다면 마름의 목표는 국서와 상반된 목표인 '국서에게서 어떻게든 농사지은 쌀 한 톨이라도 더 빼앗아가려고 한다'라고 할 수 있다. 이 두 사람의 상반된 목표만으로도 이미 국서의 집에는 기본적인 갈등이 싹트게 되는 것이다.

또 다른 주요 인물인 말뚝이는 어떠한가. 말뚝이는 농사에는 관심 없고 어떻게든 소를 담보로 귀찬이에게 장가가려는 꿈을 꾸고 있다. 즉, '귀찬이에게 장가가려는 꿈'이 말뚝이의 목표가 된다. 반면 개똥이는 '서울 가서 장사하여 일확천금을 이루겠다'는 목표를 가지고 있다. 이처럼 소를 중심으로 각각의 인물들이 꿈꾸는 목표가 다르기 때문에 갈등이 야기되어 자연스럽게 연극이 만들어지는 것이다.

이렇게 인물의 목표를 찾게 되면, 다음은 이 목표를 달성하기 위해 인물들이 어떻게 행동해야 하는지를 찾아야 한다. 연극은 행동하는 예술이므로 인물들이 목표를 달성하기 위해 행동할 수 있도록 구체적인 모양을 찾아내는 일이 중요하다. 이때에도 문학적이거나 관념적인 표현이 되지 않도록 주의해야 한다. 배우는 자신이 맡은 인물의 목표가 정해지면 그 목표를 달성하기 위해 연극 전체를 통해 일관된 행동을 하게 되는데, 목표에 따라 행동의 양태가 달라진다. 각 인물들은 목표가 다르므로 서로 다른 행동 양태를 보이고 서로 충돌하여 극적 갈등을 야기하면서 사건을 만들어간다.

여기서 잠시 '행동'에 대한 단어의 의미를 살펴보기로 하겠다. 행동이란 말은 폭넓은 의미를 갖고 있다. 영어 'action'의 그리스 어원은 'praxis'로서 우리말로 옮기면 '행동'이라는 말이 가장 적합하며, 이 외에도 '움직임', '동작'이라는 말로도 번역할 수 있다. '행동'의 보다 폭넓은 의미는 인간 '내면에서 움직이는 에너지의 모습을 바깥의 형태로 드러낸 외적 움직임'을 뜻한다. 연극미학적 관점으로는 내면의 불꽃이라고 할 수 있는 영혼의 움직임(movement of spirit) 혹은 심리적인 힘(energy of psychology)이라고 표현할 수 있다.

결론적으로 내면에서 일어나는 에너지의 움직이는 모습, 즉 영혼의 움직임이 바깥으로 표현된 것과 일체를 이루었을 때 이를 '행동'이라고 말하고, 이 행동이 드라마를 만들었을 때 그것을 '극적 행동(dramatic action)'이라고 한다. 즉, 인물 내면의 욕구가 외적 행동으로 일치되어 연결될 때 이를 극적 행동이라고 하는 것이다. 예컨대 갈증이 나서 물을 마시는 행동은 단순한 '동작'이지만, 여자를 사랑하는 내면의 충동으로 인해 물을 마시는 행동은 하나의 '극적 행동'이 된다.

그렇다면 인물의 내면에서 꿈틀거리는 목표를 달성하기 위해 배우가 외형적으로 어떤 모습과 행동을 취해야 하는지 살펴보기로 하자. 우선 전통적인 고전극에서는 연극의 주인공이 작품의 제목인 경우를 빈번하게 볼 수 있다. 대표적인 예로 〈오이디푸스왕〉, 〈리어 왕〉, 〈햄릿〉, 〈오셀로〉 등이 있는데, 이 작품들은 주인공의 목표와 행동이 연극 전체를 관통하는 목표와 일치하는 경향을 보인다. 이는 주인공의 캐릭터가 독특하면서도 보편성을 가지기 때문이며, 이런 독특성과 보편성 때문에 후세까지 하나의 특정한 인물 유형(stock character)으로 남을 수 있는 것이다.

〈오이디푸스왕〉에서 오이디푸스의 일관된 목표는 테베 시에서 역병을 몰아내고 시민 모두가 편안히 살게 하려는 것이며, 이에 대한 오이디푸스의 행동은 라이오스 왕을 살해한 자를 찾아내려는 것이다. 이러한 오이디푸스의 행동은 곧바로 연극 전체를 관통하는 행동과 일치한다. 그러나 현대극에서는 다양한 인물들이 수평적인 관계에서 대등한 목표를 갖는 경우가 많다. 따라서 한 사람의 극적 행동이 연극 전체를 대변하는 극적 행동이 되지 않는다. 〈소〉의 경우에도 각 인물들이 추구하는 목표가 어느 정도 대등한 위치에서 갈등을 일으키기 때문에 어느 한 인물의 이름으로 작품의 제목을 만들 수는 없다. 작품의 전체 목표를 구심점으로 인물의 목표에 따른 행동이 인물마다 다르기 때문에 모든 인물들의 구체적인 행동들을 찾아야 한다.

그런데 인물의 모든 행동이 연극을 만드는 것은 아니다. 따라서 인물의 행동들 가운데 다른 인물과 갈등을 일으킬 수 있는 주된 행동을 능동적이고 역동적이며 구체적인 동사로 정리해보는 것이 인물의 행동 찾기라고 할 수 있다. 다시 〈소〉를 예로 들면, 국서는 농토를 지키려는 목표를 가지고 있으므로 '농가의 명줄인 소를 빼앗기지 않으려고 목숨 걸고 지키려는 것'이 그의 행동이 될 수 있다. 국서의 상대 인물인 마름 은 쌀 한 톨이라도 더 빼앗아가려는 것이 목표이므로 '농가의 명줄인 소까지 빼앗아가려고 하는 것'이 행동이 된다. 또한 말뚝이는 장가를 가기 위해 '소를 밑천으로 귀찬이네 빚을 갚으려 하는 것'이 행동이고, 개 똥이는 서울 가서 한몫 잡으려는 목표를 달성하기 위해 '엄마에게 소를 팔아 달라고 졸라 대는 것', 그리고 '엄마 몰래 소를 팔아 서울에 갈 여 비를 마련하려 하는 것'이 행동이 된다. 이처럼 〈소〉는 소 하나를 놓고 모든 인물들이 소를 차지하려는 구체적인 행동들을 보인다. 그래서 제 목이 〈소〉인 것이다. 이렇게 행동 찾기를 통해 각 인물들의 내면 움직임 을 외적으로 표현함으로써 연극의 모양이 드러난다.

이번에는 〈소〉의 부차적인 인물들의 목표와 행동을 보자. 유자나무집 딸은 개똥이와 관계가 있는 인물로서 소와 직접적으로 연관되어 사건 을 일으키는 인물은 아니므로 개똥이와의 관계에서 무엇인가를 만들어 야 한다. 유자나무집 딸은 처음엔 개똥이가 가는 곳마다 나타나서 과거 이야기를 하는 등 개똥이에게 번거롭고 장애가 되는 존재이다. 그러다 가 결국 엄마가 감춰놓은 돈을 훔쳐 개똥이에게 주면서 서울에 간 뒤 편지를 하라고 한다. 즉, 유자나무집 딸은 개똥이가 서울로 가는 목표 를 달성하도록 도와주는 역할을 하게 되면서 애증 관계를 드러낸다.

또 다른 부차적인 인물이면서 아주 작은 역할이지만 대단히 중요하다 고 할 수 있는 소장수의 경우를 보자. 소장수의 목표는 어떻게든 소를 싸게 사가려는 것이다. 그런데 개똥이는 국서 몰래 빨리 소를 팔고 싶어한다. 소장수는 이러한 개똥이의 심리를 이용해 일부러 늑장을 부리거나 딴청을 피운다. 소장수는 소를 헐값에 사려고 능청스럽게 값을 흥정하면서 개똥이와는 대조적인 모습을 보여주어야 한다. 이런 행동은 어떻게 보면 연극 전체와 아무런 상관이 없는 행동인 것처럼 보일 수 있지만, 연극 전체의 목표를 달성하기 위해서 절대적인 공헌을 하는 것이다. 연극 전체를 초월적으로 정확히 보고 미시적으로 작업한 결과이다.

이처럼 매 장면의 목표와 행동을 찾는 일은 초월적으로 보고 근원적으로 작업함으로써 달성되는데, 이때 목표와 수단을 혼동해서는 안 된다. 다시 말해 부차적인 인물들은 주요 인물들과 직접적으로 관련되지 않을 수도 있고 극의 중심적 갈등을 일으키는 행동을 요구받지 않을 수도 있다. 그러므로 부차적인 인물들은 자신과 가장 밀접하게 관련된 인물과의 보조 관계에서 목표와 행동을 정리하는 것이 좋다. 그래서 연극 전체에서 자신이 어떤 역할을 해야 하는지, 이 장면에서 어떤 역할을 수행해야만 전체 목표를 달성하는 데 도움이 되는지를 객관적으로 볼 수 있어야 한다. 물론 부차적인 인물들의 목표와 행동 역시 주요 인물들의 그것과 마찬가지로 동적이며 구체적이고 명확한 목표와 행동이어야 한다.

인물의 목표와 행동을 찾을 때, 특히 작은 인물을 맡은 배우일수록 자신이 빠지면 연극이 어찌될 것인지 생각해봄으로써 전체 목표를 달성하기 위한 공헌의 방법을 찾을 수 있을 것이다.

인물의 목표와 행동은 어떠한 연극의 구조에서든 반드시 찾아야 하는 것임에도 불구하고, 배우들은 마치 서사구조에서는 목표와 행동이 필요 없는 것처럼 생각하는 경우가 있다. 그러나 서사구조에서 목표와 행동은 더욱 명확해야 한다. 가령 〈보이첵〉은 26개의 에피소드로 이루어져 있는데 물론 매 장면마다 목표가 따로 있다. 앞 장면과 뒤의 장면이 원인-결과의 관계로 연결된 것은 아니지만, 독립된 각 장면들의 목표가 서로 부딪치고 충돌하면서 불꽃을 만들어내는 형태이므로 오히려 장면의 목표와 행동이 더욱 명확해야 한다.

가령 중대장이 면도하는 장면의 경우를 보자. 중대장은 매일 아침 약 30분간 무료한 시간을 보내려 하고 이를 위해 면도를 한다. 그러면서 시간을 때우기 위해 보이첵에게 잡담을 걸고 희롱을 하기도 한다. 반면 보이첵은 빨리 면도를 마치고 다음에 해야 할 많은 일들을 하러 가고 싶어한다. 그래서 자기를 희롱하는 중대장에게 적당히 응수하고 다음 일정을 향해 가려고 한다. 이렇게 한 장면에서 각 인물의 목표와 행동을 분명하게 찾게 되면 그 장면에서 두 사람의 관계가 명확히 보인다. 서사구조일수록 장면의 목표와 행동이 차돌처럼 단단하게 채워져 있어야만 각각의 장면들이 부딪쳐 강렬한 불꽃을 낼 수 있다.

때때로 연출가와 배우들은 목표와 수단을 혼동하는데 이것은 작품 전체에 큰 문제를 만든다. 비극이라고 하면 매 장면마다 모든 인물들이 구체적인 생활 없이 무조건 비극을 하려고 하기 때문에 아무런 행동이 이루어지지 않는다. 예컨대 〈보이첵〉에서 보이첵과 안드레스가 보초를 서는 장면의 경우, 안드레스는 노래를 부르고 있고 보이첵은 환청을 들으며 불안해하는 모습을 보인다. 이 장면에서 안드레스는 보이첵과 대조를 이루어야만 그가 존재하는 당위성을 찾을 수 있다. 그가 즐겁게 노래를 흥얼거리고 있어야만 대조적으로 보이첵의 불안과 두려움이 강하게 드러나기 때문이다. 목표와 수단을 혼동할 경우 보이첵은 괴롭고 우울하고 그저 고생만 하는 인물로 묘사되므로 전체가 없게 만들어진다. 결국 서사적 구조의 연극도 다른 연극들과 마찬가지로 각 장면마다 분명한 목표와 행동을 가져야 한다는 것을 기억하자.

인물의 배경 만들기

인물 분석을 위해 인물의 목표와 행동을 찾았다면, 다음은 책 속에서 인물이 그러한 목표와 행동을 하지 않으면 안 되는 여러 가지 배경에 대해 알아보아야 한다. 왜냐하면 인물은 배경에 따라 특정한 양태의 행동을 보이기 때문이다. 따라서 특정한 행동을 보이게 하는 조건들이 어떤 것인가를 분석해야만 그 인물의 행동이 타당성을 갖게 된다.

인물의 배경에는 가정적·종교적·사회적·교육적 배경 등이 있을 수 있다. 이러한 배경들은 실제로는 복합적이지만 편의상 구분해서 살펴볼 필요가 있다. 가정적인 배경에는 가족 안에서의 인물의 위치, 가족들과의 관계, 나이, 성장 배경 등이 포함된다. 이것은 작가가 쓴 대사에서 제시될 수도 있고, 작품 연구나 작가 연구에서 찾을 수도 있다. 배우는 가능한 한 모든 정보를 바탕으로 가상의 자기 배역의 내력을 써본다. 예를 들어 〈소〉에서 말뚝이는 장가를 가려 하고 개똥이는 서울로 도망가려고 하는데, 여기서 왜 작가는 둘째를 장가가려는 인물로 만들지 않았는지 의문을 가질 수 있다. 이는 대부분의 한국 가정에서는 장남에게 가정을 이어가는 책임을 부여하는 것이 상례이기 때문이다. 마찬가지로 〈세일즈맨의 죽음〉에서도 비프와 해피의 관계에서 장남과 차남의 행동이 구별되어 있는데 이 역시 가정적인 배경에서 비롯한다.

특히 배우가 인물의 이력을 쓸 때 그 인물이 그렇게 되어야만 될 아주 특별하고 독특한 인물을 만들어야 관객들이 그 인물을 보편적인 인물로 받아들이고 공감할 수 있게 된다. 누구나 질투를 할 수 있지만, 오셀로는 손수건 하나 때문에 질투에 눈이 멀어 데스데모나를 교살할 만큼 독특한 인물이다. 그러나 그 독특성 때문에 관객은 자신도 그럴 수 있다고 공감하게 되고, 그럼으로써 오셀로라는 인물은 보편성을 갖게 된다. 마찬가지로 누구나 사랑을 할 수 있지만, 로미오와 줄리엣은 목숨을 걸 정도로 사랑을 했다는 점에서 독특한 인물들이다. 관객은 그들의 행동을 보면서 사랑 때문에 죽을 수도 있다는 생각을 하게 되고 그 때 로미오와 줄리엣은 보편성을 가진 인물이 되는 것이다.

다음은 인물이 속해 있는 사회의 독특한 풍습이나 종교적인 배경이 인물의 행동에 중요한 동기가 되는 경우를 살펴보자. 〈소〉에서 국서 처는 말뚝이가 장가만 가게 해 달라며 정한수를 떠 놓고 치성을 드리는데, 이런 행동은 우리나라의 샤머니즘적 배경에서 비롯한다. 다른 나라의 종교적 배경에서는 이해되지 않는 행동일 수도 있지만 우리는 여기서 아들을 장가보내고 싶은 어머니의 절실한 마음을 느낄 수 있다. 〈베니스의 상인〉의 경우에도 종교적 배경이 인물의 행동을 이루는 데 중요한 역할을 한다. 이 작품은 유태인과 기독교인 간의 갈등을 보여주는데, 유태인이 기독교인에게 수모를 당하고 사회에 적응하지 못하는 상황, 그리고 고리대금업자의 위치 등은 샤일록으로 하여금 기독교인에게 적대감을 갖게 한다.

사회적 배경에는 인물의 직업, 대인 관계, 교육 정도, 지적 수준, 사회적 위치, 사회 적응도 등이 포함된다. 〈세일즈맨의 죽음〉의 경우 인물의 직업, 즉 인물의 사회적 배경이 이 연극을 이해하는 데 중요한 요인이 된다. 이 작품은 현대 자본주의 사회에서 평범한 보통 인물이 사회와 가정 안에서 자기 위치를 찾으려는 데서 일어나는 갈등이 주축을 이룬다. 아버지로서의 위치를 상실하는 것에 대한 두려움, 가정적으로 두

아들과 원만하지 못한 관계에서 오는 소외감 등은 자본주의 사회의 보통사람이 경험하는 감정으로서 사회적 배경을 이해하지 못한다면 공감할 수 없을 것이다.

〈소〉의 경우에서도 어머니가 큰아들 말똥이가 장가가게 해 달라고 간절히 기도하는 장면은 샤머니즘과 관련된 종교적·사회적 관습에 대한 이해가 전제되어야 한다. 뿐만 아니라 1930년대 일제의 억압된 사회배경 속에서 벌어진 항일투쟁, 나라 없는 서러움, 억압된 울분, 저항의식 등 우리나라만이 가지고 있는 역사에 대한 이해가 있어야 살아 있는 구체적 인물을 만들 수 있다. 이러한 가정적·사회적·종교적 배경 등에 대한 정보와 분석이 이루어져야만 인물의 목표와 행동이 의미를 가질수 있게 된다.

인물의 내면세계 찾기

인물의 내면세계에서 가장 중요한 것은 인물이 무엇을 필요로 하고 무엇을 절실히 원하는가이다. 앞에서도 지적했듯 보통 인물을 캐릭터(character)라고 말하는데, 캐릭터를 우리말로 번역하면 '극중 인물'이다. 대개 캐릭터를 '성격'이라 번역하는 경우도 있는데, 단순히 성격만 언급하는 것이 아니므로 적합하지 않다. 인물의 성격이란 인물의 내면세계에 포함된다. 인물의 내면세계는 인물의 성격, 품성, 그리고 그 결과로서의 행동과 연관된다. 내면의 욕구에 따라 어떤 인물은 우직하게 행동하고 또 어떤 인물은 치밀하게 행동하기도 하는데, 이는 성격이 다르기 때문이다. 인물의 내면세계는 그만큼 극을 만드는 중요한 요소로 작용한다. 여기서는 인물의 내면에서 필요로 하는 것, 요구하는 것, 갈망하는 것이 무엇인지를 찾아보는 과정에서 성격에 대해 생각해보겠다.

인물의 내면세계를 찾기 위해서는 인물의 정서적 상태나 정서적 결함, 지적인 상태를 분석해야 한다. 예를 들어 〈소〉에서 말똥이와 개똥이 모두 정서적으로 불안한 데가 있지만, 말똥이는 우직하고 정직하며 직선적인 반면 개똥이는 아주 치밀하면서도 또렷또렷한 인물이다. 배우들은 인물이 극중에서 어떤 행동을 하지 않으면 안 되는 합당한 인물이 될 수 있도록 인물의 성격, 정서적 상태와 지적 상태에 대해 분석해야 한다.

마지막으로 인물의 내면세계를 알아보기 위해서 인물의 개성, 보편성, 지속성을 찾아보는 것이 중요하다. 인물의 개성이란 그 인물이 가진 특수성과 그와 관련한 보편성을 말한다. 예를 들어 〈로미오와 줄리엣〉에서의 사랑은 개성을 가진 특수성 있는 인물들의 사랑이지만, 누구나 공감할 수 있고 그에 합당한 보편성을 가진 사랑이다. 따라서 로미오와 줄리엣은 개성과 보편성을 가진 인물이 된다.

〈햄릿〉의 경우에도 햄릿은 '사느냐 죽느냐'를 고민하고 번뇌하는 지적인 인물이지만 그것이 지나쳐서 비극을 가져온다. 하지만 보통사람들도 그러한 보편적인 특성을 가진다. 가령 아버지의 죽음으로 인한 눈물이 채 마르기도 전에 어머니가 숙부와 결혼한다든가 아버지의 죽음에 대해 의심스런 풍문이 돌고 아버지의 유령이 나타나는 것은 특수한 상황이다. 하지만 내가 그런 상황에 처한다면 나 역시 햄릿처럼 어머니와 결혼한 숙부에게 의심을 품게 될 것이다. 즉, 햄릿이 처한 상황은 특수한 상황이면서도 누구든 그럴 수 있겠다는 공감이 들게 하므로 보편성을 갖는다.

인물의 내면세계에서 이러한 개성과 보편성은 처음부터 끝까지 일관

되게 지속성을 가져야 한다. 편의에 따라 이렇게도 되고 저렇게도 된다면 관객에게 믿을 수 있는 인물이 되어 설득력을 잃는다. 햄릿이 숙부를 죽이려는 장면에서 우리는 일관성 있는 인물의 예를 볼 수 있다. 햄릿은 숙부를 죽일 수 있는 기회의 순간에 참회하는 숙부를 보고 복수의 칼을 거두며 기다리자고 마음먹는데, 여기서 번뇌하고 고민하는 인물의 일관성을 엿볼 수 있다. 또한 〈소〉에서 말뚝이는 천방지축인 것 같으면서도 순박하고 우직하여 밉지 않은 모습을 보여주고, 반면 개똥이는 약삭빠르고 뺀질거리지만 진취적이어서 자신의 꿈을 관철하는 데 적극적인 모습을 보여준다. 독특하면서 호감 가는 이런 성격은 작품의 끝까지 지속성과 일관성을 갖는다.

이러한 일관성과 더불어 인물은 정당성과 타당성이 있어야 한다. 아무리 나쁜 인물처럼 보이더라도 그들 입장에서 주장하는 것이 사실은 잘못된 게 없다는 정당성을 만들어주어야 하는 것이다. 그래야 관객이 그 인물에 대해 애정과 호감을 가질 수 있다. 가령 마름과 같은 인물을 단순히 나쁜 놈으로 만들 것이 아니라, 국서네서 받지 못한 돈을 받아내기 위해 소라도 빼앗아갈 수밖에 없는 정당한 입장을 보여주어야 한다. 어떤 인물이든 정당성을 부여해 관객에게 호감을 갖도록 해야 관객 스스로 '저 인물의 입장이라면 저럴 수밖에 없겠다'는 생각을 하게 만들 수 있다.

참고로 인물의 이름도 그 인물의 내면세계를 단적으로 함축하는 경우가 많다. 이것은 다음에 언급할 '인물의 외적 특성'과도 관계가 있는 것으로, 이름이 함축하는 내면세계는 그에 합당한 외형을 동반한다. 〈세일즈맨의 죽음〉에서 '비프'라는 이름은 육감적인 반면 '해피'라는 이름은 말 그대로 즐거움을 추구하는 이미지를 갖고 있다. 〈욕망이라는 이름의 전차〉에서 '블랑시'는 희고 곱고 우아한 아름다움을 상징하고, 그녀의 여동생 '스텔라'는 여성적이고 일상적인 평범함을 상징한다. 이렇게 이름이 주는 인상과 특징은 인물의 내면세계와 관련되는 경우가 많다는 사실을 아는 것도 인물 분석에 도움이 된다.

인물의 외적 특성 만들기

인물의 외적 특성은 인물의 내면세계를 바탕으로 그 인물의 목표와 행동을 수행하기에 적당하고 합당한 외형적인 여건을 말한다. 만일 어떤 인물의 행동이나 성격이 신체적인 조건과 어울리지 않을 경우 관객은 그 인물에 대해 믿음을 갖지 못할 수도 있다. 장군은 신체적으로도 장군다워야 하고, 선비는 외관상으로도 선비다워야 하듯이 말이다.

인물의 외적 특성을 만드는 데는 신체의 전체적인 모습으로 키, 체형, 체격, 근육, 건강 상태, 머리 색깔, 걸음걸이, 서 있는 모습, 이미지, 그리고 목소리의 높낮이와 크기, 음색, 리듬, 속도, 말의 무게감 등 모든 외적 특성에 대한 분석을 요한다. 예를 들어 로렌스 올리비에가 〈오셀로〉에서는 흑인 무어인을 낮고 굵으며 볼륨 있는 음성을 가진 커다란 골격의 장군으로 연기하고, 〈햄릿〉에서는 햄릿을 지적이고 창백한 얼굴에 여리고 맵시 있는 몸매를 가진 인물로 연기했던 것을 우리는 이미 보았다. 이처럼 배우는 인물이 갖고 있는 외적인 특성을 찾아 구체적이고 실제적인 인물의 신체적인 조건들을 만들어야 한다.

인물의 배경을 토대로 이력서를 작성했던 것처럼, 여기서는 배우가 가진 신체의 외형적 분석을 토대로 신체 신상 카드와 같은 이력서를 작성해야 한다. 이렇게 이력서를 작성하는 동안에 배우는 자신이 맡은 인물에 대해 더욱 믿음을 갖고 연기할 수 있게 되는 것이다.

여기에서 다시 작품 〈소〉 중에 등장하는 인물의 외적 특성을 생각해 보자. 귀찬이의 경우 일 잘 하고 순박하고 수더분한, 농가의 맏며느리 감으로서 적당한 시골 처녀의 전형으로 만들어야 한다. 반면 유자나무집 딸은 이름에서 풍기듯 환상적인 꿈을 좇는 이미지로 보이게 하는 것이 좋을 것이다. 행동도 이에 적합하게 약간 정신 나간 듯, 공중에 떠다니는 듯 행동하고 목소리 또한 이런 이미지에 어울리는 맑고 투명한 소리면 좋을 것이다. 이렇게 배우들은 인물의 특성을 고려하여 체형과 움직임까지도 찾아야 한다.

그런데 외형적 특성과 관련해 배우는 다음과 같은 고민이 있을 수 있다. 인물의 외형적 특성이 자신의 신체적 조건과 맞지 않는 현실적인 문제에 처했을 경우다. 〈오셀로〉에서 주인공 오셀로는 무어인이며 흑인 장군으로 크고 굵은 저음의 목소리와 커다란 골격을 가져야만 한다. 그런데 만일 오셀로 역을 맡은 배우의 신체가 왜소한 골격에 목소리도 저음이 아니라면, 아무리 군인 의상을 입고 검은 얼굴로 분장을 하더라도 한계에 부딪칠 수밖에 없다. 배우는 자기가 맡은 역으로 들어가 그 역이 되는 과정에서 자신이 갖고 있는 내면세계와 외형적 특성의 한계를 어떻게 극복해야 하는지를 고민해야 할 것이다.

기본적으로 작품을 분석한다는 것은 배우가 그 역할이 되기 위한 과정이다. 처음에 배우는 인물의 내면세계와 외형적 특성의 한계를 생각하지 말고 우선 그 역이 되기 위해 노력해야 한다. 즉, 나를 없애버리고 작품 속의 그 역이 되는 것이다. 그러다가 어느 단계에 이르면 역을 창조하는 나와 역만 남게 된다. 그리고 그다음 단계에서는 오셀로면 오셀로, 햄릿이면 햄릿만 남게 된다. 그러니까 수행하는 나와 수행하는 역사이에 구분이 없는 단계에 도달한다는 말이다. 이때 배우는 자신이 갖고 있던 한계를 극복할 수 있게 된다.

물론 가장 이상적인 경우는 로렌스 올리비에와 같이 역에 따라 완벽하게 변신할 수 있는 능력을 갖는 것이다. 그러나 자신의 한계를 완전히 넘어서기 어려운 경우 최대한 그 인물이 되려는 연습 과정을 충분히 가지면 된다. 배우의 신체적인 조건인 몸통이 갑자기 커진다거나 키가 커질 수 있는 것은 아니지만, 그 역을 해내려는 노력과 연습 과정이 있다면 결국 그 역의 이미지를 만들 수 있다. 배우는 자기 자신을 통해서 역의 이미지를 창출하는 존재이기 때문이다. 예를 들어 오셀로를 맡은 배우는 이렇게 역의 이미지를 만들어내는 과정 속에서 근육이 발달한 모습으로 변하고 걸음걸이를 비롯해 행동거지가 달라지게 될 것이다.

대사 분석과 바르게 말하기

대사 분석

인물 분석으로 인물의 목표와 행동, 내면세계, 외적 특성까지 분석했다면, 마지막으로 더 자세하게 대사 분석을 해야 한다. 대사 분석은 대사의 최종 단위인 구절을 찾고, 더 작은 단위인 단어를 분석하는 것을 말한다. 만일 한 대사 안에 여러 구절이 있다고 하면 각 구절 안에 있는 대사의 가치와 의미를 모두 분석해야 하고, 최종적으로 한 대사를 구성하고 있는 최소 단위인 단어 그리고 한 음에 대한 음가를 분석해야 한다.

하나의 대사 안에도 기승전결의 리듬이 있는데, 이것을 찾아내야만 그 대사 안에서 무슨 말을 하려고 하는지, 가장 중요한 의미가 무엇인지 알 수 있다. 이 말은 대사가 가지고 있는 외형적인 말의 정보가 중요한 것이 아니라, 대사 안에 있는 내면의 움직이는 모양이 무엇이며 이것이 외형적으로 어떻게 나타날 수 있는지를 찾아내는 것이 중요하다는 말이다. 그러므로 단어 하나, 음 하나까지 정확하게 분석하는 일이 참으로 중요하고 필수적인 일임을 잊지 말아야 한다. 배우는 결국 자신의 춤을 안무하고 자신의 대사를 작곡해서 표현하는 창조자이다.

이를테면 열 개의 대사가 있으면 열 개의 대사 모두 달라야 한다. 열 개의 대사 안에 각각 시작과 중간과 끝이 있고 기승전결이 있으므로 각 대사들이 모두 달라야 하는 것이다. 이를 무시하면 언어가 주는 정보가 없을 경우 관객의 귀에는 모든 대사들이 똑같은 정서적 반응의 표현으로 들릴 수밖에 없기 때문이다. 우리말을 모르는 외국인이 들었을 때도 각기 다르게 시작하고 다르게 끝나도록 변화가 있어야 한다. 만일 대사 열 개의 어미가 모두 똑같다고 생각해보라. 얼마나 지루할 것인가.

그럼 어떻게 대사에 리듬과 변화를 주어야 하는지 살펴보기로 하자. 예를 들어 〈소〉에서 유자나무집 딸의 대사를 보자.

유자나무집 딸: 이거 내가 서울에 있을 적에 나를 좋아하던 이즈미 상이 준 거야.
개똥이: 그래, 그럼 꾸어 쓰기로 하자.
유자나무집 딸: 그래, 그럼 꾸어 써도 괜찮지.

위의 대사에서 그저 말의 정보만으로 알 수 있는 것은 이즈미 상이 준 돈을 개똥이가 꾸어 쓴다는 내용이다. 그러나 여기서 중요한 것은 인물의 내면에 흐르고 있는 모양이 무엇인지를 찾는 것이다. 얼핏 유자나무집 딸의 대사를 보면 개똥이에게 쉽게 던진 말처럼 보일 수 있다. 그러나 유자나무집 딸은 개똥이를 너무나 좋아해 같이 따라가고 싶지만 개 똥이가 원치 않는다는 것을 알면서 가슴 아파하는 인물이다. 즉, 유자 나무집 딸의 대사에는 사랑하지만 돈까지 주면서 그가 떠날 수 있도록 도와줄 수밖에 없는 처절한 사랑의 마음이 담겨 있다. 어쩔 수 없이 거 짓말을 하는 것이다.

더 나아가 유자나무집 딸을 맡은 배우는 단어 하나를 구사하는 데도 그녀의 마음을 알 수 있게 해야 한다. '그래, 그럼 꾸어 써도 좋지'에서 '그래'라는 말을 화가 나서 하는지, 당연하다는 의미로 하는지, 아니면 개똥이를 진심으로 사랑하는 마음을 담아 가슴 아프게 울고 있는 모습 으로 하는지 정확하게 분석해야 한다. 어떤 마음인가에 따라 '그래'라 는 단어 하나에도 높낮이, 강약, 장단이 달라지며 그것을 정해서 음가 로 만들어서 표현해야 한다.

예) "그래, 그럼 꾸어 써도 좋지." (화가 나서 하는 말)

"그래, 그럼 꾸어 써도 좋지." (당연하다는 의미)

"그래, 그럼 꾸어 써도 좋지." (개똥이를 사랑하는 마음을 담아 가 슴 아프게 하는 말)

이처럼 모든 단어 하나, 음가 하나까지도 자세하게 분석해야 하는 이 유는, 한 문장에서 어느 단어가 강조되었는지에 따라 말의 의미가 달 라지기 때문이다. 예를 들어서 '나는 너를 사랑해'라는 대사가 있다고 하자. 이때 이 대사의 어떤 단어를 강조하느냐에 따라 그 의미가 달라 진다.

① "**나는** 너를 사랑해" – '나는'을 강조하면 '다른 사람들은 너를 싫어해도 나만은 너를 사랑한다'는 의미가 된다.

② "나는 **너를** 사랑해." – '너를'을 강조하면 상대방이 나의 사랑을 의심하고 있을 때, 정말로 상대방인 '너를' 사랑한다고 말하는 의미이다.

③ "나는 너를 **사랑해**." – '사랑해'를 강조하면 나는 너를 미워하는 것이 아니라 사랑한다는 의미이다.

이처럼 똑같이 사랑한다는 정보를 주고 있지만 어떤 단어를 어떻게 강조하느냐에 따라 의미가 달라진다. 그러므로 배우는 자신의 대사를 작곡해서 노래할 수 있어야 한다. 그런데 여기서 단어의 강조는 대비에 의해서 이루어지고 상대적으로 인식된다.

"난 너를 **사랑해**." ('난 너를'을 작게 하고 '사랑해'를 크게 하는 경우)
"**난 너를** 사랑해." ('난 너를'을 크게 하고 사이를 둔 다음 '사랑해'를 작게 하는 경우)

강조는 무조건 크게 말한다고 해서 되는 것이 아니다. 작게 할 수도, 길게 할 수도, 짧게 할 수도 있으며 이는 앞뒤 관계에 의해 결정된다. 즉, 장면 하나에서도 밤과 낮, 춘하추동의 변화를 찾아야 하듯이, 대사 하나에서도 춘하추동, 밤낮의 원리를 적용해 대비가 있는지 찾아보아야 한다. 그러니까 한 대사 안에서 각 음의 높이와 길이 그리고 강세의 정도까지 정확하게 정해서 만들어야 할 것이다. 마치 배우의 움직임을 보면 손가락 마디마디까지 작은 움직임이 살아 있듯이, 단어 하나하나

뿐 아니라 음 하나하나를 진주알의 깊이와 다이아몬드의 광채처럼 살아 빛나도록 분석해야 한다. 이것이 대사 분석의 마지막 단계이다.

대사를 말하기 발화

대사를 분석하고 음가를 찾은 다음에는 대사를 말로 해야 한다. 이때 배우는 반드시 문법에 맞는 바른 우리말을 할 수 있어야 한다. 여기서 확인해야 할 것은, 우리말을 정확한 발음으로 한다는 것은 정확하게 띄어 읽기를 해야 한다는 말과 같다는 것이다. 띄어 읽기란 띄어서 씌어 있는 대로 띄어 읽으라는 뜻이다. 그러면서 대사 가운데 강조할 곳을 찾아야 한다. 띄어 읽기가 중요한 이유는 정확하게 띄어 읽지 않고 붙여 읽게 되면 앞의 말이 뒤의 말을 수식해버리는 결과가 되기 때문이다. 만일 '어제 저녁 개똥이는……'이란 대사에서 '어제저녁개똥이는!' 하고 띄어 읽지 않고 붙여 읽으면 '어제 저녁의 개똥이'란 뜻이 되어버리는 것과 같다. 특히 문장 전체를 수식하는 부사구나 접속사들은 반드시 띄어 읽어야 한다. 그 대신 뒤의 단어를 수식하는 형용사는 어미를 높여 뒷말을 형용해주어야 할 것이다. 요컨대 띄어 말하기의 요체는 띄어쓰기대로 읽어서 말해주는 것이라 하겠다.

대사 말하기에서 띄어 읽기와 함께 주의해야 할 또 한 가지는 모음의 장단음을 정확하게 구사하는 것이다. 이것 또한 배우가 잘 지켜야 할 대사 구사 방법이다.

IV장의 바른 우리말을 위한 준비 훈련 시간에 우리말의 장단 모음을 구별해 실습한 바 있다. 이 점을 우선 상기하여 다시 살펴보자. 우리말은 모음의 장단음에 따라 그 뜻이 전혀 달라진다. 예를 들자면 말(馬)과 말:(言), 눈(目)과 눈:(雪)은 각기 뜻이 다르다.

모음의 모든 장단음을 전부 훈련해볼 수는 없으므로, 다만 그 중요성을 생각해 장단음에 따라 그 뜻이 달라지는 예를 몇 개만 들어보자.

다음의 글을 자연스럽게 소리내어 읽으면서 긴 소리와 짧은 소리를 찾아 구분해보자.

예문 ① 일하는 김씨는 김:밥이 싫답니다.
　　 ② 여기에 있는 네: 명의 학생은 네 제자인가?
　　 ③ 어젯밤에 밤:을 맛있게 구워 먹었다.
　　 ④ 박씨네 집은 부자 모두가 부:자가 되었다.

바르게 띄어서 말하고 장단 모음을 정확히 구분해서 말하는 것 역시 배우가 자신의 대사를 '진주처럼 깊고 다이아몬드처럼 광채가 나도록' 만들어주는 필요한 자세요 기술이다. 이 두 가지 점에 유의하지 않고 우리말을 함부로 구사하는 배우라면 그는 고급한 예술을 만들 수 있는 품위와 품격이 상당히 부족한 배우라는 사실을 명심하자.

3
역할 만들기

앞의 강의에서 다룬 대본과 인물 분석은 인물을 무대 위에서 형상화하기 위한 자료이며, 이것만으로 역할 창조가 이루어지는 것은 아니다. 역할 만들기란 희곡 읽기를 통해 대본과 인물을 분석한 자료를 토대로 읽기와 서기, 움직임과 비즈니스 만들기 등의 과정을 거쳐 배우 스스로 역할을 창조하는 일을 말한다. 물론 이 과정에서 연출가의 협력이 있기는 하지만, 궁극적으로 배우는 스스로 자신의 역할을 창조해야 하는 권한과 의무를 동시에 가진다. 이 작업에서도 배우는 표현매체인 자신의 몸을 객관적으로 바라볼 수 있어야 한다. 역할 만들기에서도 배우는 초월적으로 보고 근원적으로 작업하는 자세를 잊어서는 안 된다는 뜻이다.

그러므로 배우는 역에 몰두하면서도 객관적으로 떨어져 연극 전체 속에서 자신의 역할을 볼 수 있어야 한다. 극 전체 속에서 자신을 바라볼 수 있어야 청각적, 시각적으로 그 역할의 모양을 만들어낼 수 있다. 물론 역할 만들기는 대본 분석, 인물 분석의 과정에서 얻어진 역할에 대한 첫인상과 그 밖의 분석 내용들을 바탕으로 시작한다. 그 인물이 어떻게 행동해야 하는지에 대해 시각적, 청각적으로 구체적인 모양을 만들어내는 일이 역할 만들기이다.

역할 만들기 과정은 한 번에 이루어지는 것은 아니다. 초월적으로 보고 근원적으로 작업하는 연출가의 시각을 존중하는 가운데 읽기와 서기 등을 하면서 서서히 함께 완성해가는 것이다. 역을 수행하는 일, 역에 몰두하여 들어가는 일, 역을 해내는 일, 역을 만들어내는 일 등의 과정을 거쳐 역과 일치되는 상태의 역할 창조가 이루어진다.

살아 있는 배우와 역할

희곡 읽기가 이루어지고 역할이 정해지면 배우는 제일 먼저 '극중의 인물이 되려고' 노력한다. 배우가 극중 인물이 되기 위해 접근하는 방법을 보면, 인물 분석을 토대로 '내가 그 인물이 되어버린다'는 주관적인 접근에서 출발한다. 그 단계를 지나면 '나는 이 역을 해낸다'는 차원에 도달하게 된다. 역할에 객관적으로 접근하는 단계인 셈이다. 그다음 '나와 역이 하나가 된다'고 하는, 주객이 하나가 되는 단계에 이른다. 그러나 역과 내가 하나가 되었다 하더라도 전적으로 그 인물이 되는 순간이란 없다.

반대로 역에서 완전히 객관화하여 그 인물에 몰두할 수 없다는 것 역시 성립하지 않는다. 다만 살아 있는 배우인 나, 개성을 가진 내가 어떻게 그 역의 인물이 될 수 있을 것인가 하는 입장에 서 있다는 점만은 분명하다. '오셀로'라는 역할을 한다고 했을 때, 오셀로가 되려고 노력하는 것은 배우인 나를 통해서 되는 것이기 때문에 오셀로가 '된다'라는 말은 성립하지 않는다고 할 수 있다. 배우인 나의 개성이 살아 있는 가운데 분석한 인물의 특성을 가지고 그 인물이 되는 것이라고 할 수 있을 뿐이다. 이런 의미에서 처음부터 배우인 나는 객관적으로 '오셀로 역을 연기한다'는 입장이 될 수밖에 없다는 말이 옳다.

같은 예로 〈소〉에서의 사실상 주인공은 '소'라고 할 수 있는데, 그렇다면 누군가 소의 역할을 해야 할 것이다. '소가 된다'라는 입장에서라면 진짜 소 한 마리를 무대 위에 등장시키면 된다. 하지만 진짜 소를 무대에 올려놓으면 연극 자체가 만들어지지 않는다. 소가 등장하려면 동네 하나를 무대 위에 올려놓아야 하니 무대의 크기가 맞지 않을뿐더러, 설사 그것이 가능하다 하더라도 소가 제멋대로 돌아다니면서 방해를 할 것이기 때문이다. 그러므로 진짜 소를 무대에 등장시켜 '소가 된다'는 말을 성립시키려 한다는 것은 있을 수 없는 일이다.

그럼에도 불구하고 우리는 흔히 '소가 된다', '말뚝이가 된다' 또는 '오셀로가 된다'라는 말을 하는데, 이는 일종의 연극적인 관용어일 뿐이며 실제로 소가 되거나 오셀로가 될 수는 없는 것이다. 만일 '오셀로가 된다'라는 말이 성립하려면 '오셀로가 된' 배우는 공연마다 자살해서 죽어나가야 할 것 아닌가? 그러므로 역할을 만든다고 할 때 그것은 '오셀로가 되는 것'이 아니라, 역을 창조하는 배우인 나, 연기하는 나, 역을 창조하는 나와 오셀로 사이에서 어떻게 조화를 이룰 것인가를 찾아가는 일이라고 할 수 있다.

예컨대 '말뚝이'라는 역할에 캐스팅되어 아무리 철저하게 분석해 말뚝이를 만들어낸다고 해도, 결국은 살아 있는 배우로서의 나, 나의 개성을 통해 말뚝이를 만드는 것이지 말뚝이 자체가 될 수는 없다는 말이다. 따라서 '그 인물이 된다'고 하는 것과 '내가 그 인물을 만들어낸다'는 것은 접근 방법이나 양식적인 방법의 차이일 뿐 서로 다른 말이 아니다.

그렇다고 처음 희곡을 읽고 서서 움직일 때 배우가 그 역할이 되려는 노력 자체를 포기한 상태에서 역을 만들려고 해서는 안 된다. 이 경우 잘못하면 배우 마음대로 연기하게 되므로 대단히 위험한 일일 수 있다. 분석과 관계없이 편한 대로 역을 만들려고 하다 보면 그것이 습관화되어 나중에는 매너리즘에 빠지게 된다. 매너리즘이란 늘 편한 대로 똑같이 만드는 데서 비롯되는 못된 습관이다. 배우가 매너리즘에 빠지면 늘 비슷한 역할에만 출연하게 되기 때문에 역할 창조의 폭이나 깊이가 적어 캐스팅 폭이 한정된다. 그것은 분명 배우로서의 생명이 짧아지는 원인이 된다.

그래서 연습 초기의 단계일수록 자신을 넘어서 그 역할을 시각적, 청각적으로 구체성 있게 창조하기 위한 노력을 기울여야 한다. 가령 청각적으로는 역할에 어울리는 목소리의 톤, 굵기, 크기, 습성을 찾아 그것을 해내고자 하고, 그 역이 되기 위한 노력을 한층 더 기울여야 한다. 시각적으로는 역할의 목소리에 어울리는 짓거리나 행동을 찾아서 그 역할이 되려고 노력해야 한다. 개똥이의 역할이라면 그 인물에 맞도록 날렵하고 민첩하게, 경쾌하고 가볍게 움직여 시각적으로 역할의 특성을 보여주어야 하고, 칼칼하고 높은 목소리를 내서 청각적으로도 그 인물이 되어야 한다.

이렇게 누군가가 되려고 하는 노력과 연습이 계속되다 보면, 어느 단계에 이르러서는 그런 노력이 더 이상 필요 없이 배우 자신의 개성을 통해 이미 그 인물이 되어버린다. 그래서 공연에 들어가면 연출가는 배우에게 더 이상 인물에 대해서는 언급할 필요가 없게 된다. 그저 배우에게 "이제 모든 것이 당신 것입니다. 편하게 하세요, 당신 마음대로 하세요"라고 말하면 되는 것이다. 배우는 연습 과정에서 역할에 대해 충분히 분석하고 그 인물이 되기 위해 혼신을 다해 목소리나 행동을 모두 바꾸었기 때문에, 공연이 올라간 상황에서 더 이상 분석에 대해 말해봐야 아무 소용이 없기 때문이다. 배우 역시 공연이 시작되면 인물 분석에 대한 모든 것을 잊어버리고 스스로에게 맡겨두어야 한다. 왜냐하면 배우는 이미 그 인물이 되었으므로 살아 있는 배우 자신이 무대 위에 존재하기만 하면 그 인물이 만들어지기 때문이다. 이것이 역할 만들기의 최종 단계이다.

이러한 역할 만들기 과정에서 중요한 것은 '반응하기'이다. 연출가와 다름없이 배우도 반드시 초월적으로 바라보고 근원적으로 작업해야 한다는 것은 이미 앞 시간에 말했다. 그리고 초월적인 자세를 유지해야 한다는 것은 연극 전체를 보고 들을 수 있어야 하는 것임을 거듭 강조했다. 그러니까 배우는 연극이 어떻게 만들어지는지를 견지하면서 그 속에서 자신의 위치를 찾아야 한다. 그렇지 않으면 자기 대사에만 줄을 쳐놓고 자기 것만 하게 될 것이다. 이것은 반응 없이 행동만 하는 경우로 대부분의 초보 배우들이 가지는 문제이다. 배우도 연출가와 마찬가지로 연극 전체를 객관적으로 바라볼 수 있어야만 자기 역할에 대해 보다 객관성을 가지고 구체적으로 접근할 수 있게 된다.

역할 만들기에서 초월적으로 바라보고 근원적으로 작업하기 위한 방법론은 바로 '구체적으로 반응하기'이다. 구체적으로 듣고 구체적으로 반응해야만 구체적으로 행동할 수 있다. 반응에는 듣는 것과 보는 것 그리고 다른 감각 기관들의 작용 모두가 포함된다. 앞서 반응하기란 반응하고 행동하고 다시 그 행동에 대해서 상대가 어떻게 반응하는지를 보는 것, 즉 반응→행동, 행동→반응의 관계에서 움직이는 것임을 언급한 바 있다. 반응이란 스스로 움직이는 동기나 이유가 있기 때문에 나타나는 것으로, 이 반응하기에서 자신의 말과 행동이 시작된다.

그러므로 반응을 위해서는 듣기를 잘 해야 한다. 상대방 대사의 면밀한 것까지 보고 들을 수 있어야 내가 어떻게 대사를 하고 행동할 것인지 자연스러운 충동으로 반응할 수 있다. 반응한다는 것은 자기 행동의 동기를 찾는 것이다. 내면에 있는 움직임의 동기가 외적으로 드러나면 행동은 그에 맞게 될 수밖에 없다. 그러나 반응 없이, 내면에서 움직이는 동기 없이 행동하게 되면 그저 껍데기만 드러낼 수밖에 없다. 내면의 움직임이 없는 껍데기만 보이게 되는 것이다. 물론 연극의 형태나 양식에 따라 껍데기의 모양새를 다듬을 수는 있지만, 중요한 것은 반드시 내면에서 움직이는 동기에 의한 반응으로서 외형의 모습을 만들어 인물의 안과 밖이 일치해야 한다는 것이다.

무대 환경과 배우 연기의 구체성

배우가 초월적인 자세를 갖지 못하면 자칫 자기 역의 대사에만 줄을 쳐 놓고 반응도 없이 자기 차례가 오면 기계적으로 대사를 하거나 움직이게 된다. 대부분의 배우들은 무대의 장치, 조명 등 여러 요소들에 주의를 기울이지 않는 것이 보통이다. 즉, 장치가 어떻게 되어 있고, 그 장치 안에서 움직임이 어떻게 구체화되고 있으며, 관객과의 관계는 어떠한지, 이런 것에 대해 알려고 하지 않는다. 또한 무대의 전체적인 색깔은 어떤지, 의상과는 어울리는지, 나의 움직임에 따라 음악이 어떻게 들려오는지, 나의 대사에 조명이 어떤 각도와 밀도로 비추어지는지 등 배우인 자신과 무대 여러 요소들이 어떻게 엮여 있는지에 대해 무지한 경우가 많다.

그러나 여러 무대 요소들과 배우의 연기는 아주 밀접하게 관련되어 있어서, 이것 역시도 주고받는 게임이라는 것을 이해해야 한다. 배우는 배우들 상호간에서만 반응과 행동을 주고받는 것이 아니라 연극에 참여하는 모든 요소와 주고받는다. 예를 들어 사실적인 연극일 경우 무대에 문이 있기 때문에 그 문을 통해 배우가 등장하는 것이고, 배우가 등장하기 때문에 음악이 배경으로 흐르는 것이며, 음악이 흐르기 때문에 그 반응으로 배우가 대사를 하는 것이다. 또는 창문이 있으니까 의자에서 일어나 창문으로 다가가 그 창문을 열며, 창문을 열면 햇빛이 들어오고, 햇빛이 들어오니까 이에 대한 반응으로 배우는 기분이 좋아지는 것이다. 햇빛은 아침이라는 의미를 함축하기도 하므로 배우는 기지개 켜는 동작을 할 수 있다. 여기서 배우는 기지개를 켜기 위해서 창으로 가는 것이 아니라 창을 열었을 때 그에 대한 반응으로 기지개를 켜는 것이다.

배우는 무대에 있는 것들이 무엇인지 정확히 알고 있어야 이에 반응하고 활용할 수 있으며, 그래야만 소리와 움직임을 만들 수 있다. 〈소〉의 첫 장면에서 풍년가 노랫소리가 들리고 이에 대한 반응으로 말뚝이가 시끄럽다고 불평하는 연기를 시작한다. 즉, 말뚝이가 풍년가 소리에 반응하는 것에서부터 연기가 시작되는 것이다. 그리고 말뚝이는 자신을 찾는 아버지의 소리가 들리자 헛간으로 가서 거적을 뒤집어쓰고 숨는 행동을 한다. 이때 멀리 말뚝이를 찾는 아버지의 소리에 배우가 어떻게 반응할 것인지, 어디로 갔다가 다시 돌아 나올 것인지, 어디로 간 다음에는 어떻게 할 것인지 등을 무대 요소들과 주고받는 반응 속에서 찾을 수 있다.

행동선 만들기에서 배우가 움직임(movement), 제스처(gesture), 비즈니스(business)를 만들 때, 사실적인 연극의 경우 대문이 어디 있는지, 뒤꼍은 어디로 돌아가야 있는지, 거리가 얼마만큼 떨어져 있는지, 어디가 동쪽인지 등에 따라 움직임이 결정된다. 따라서 연습하는 동안 배우는 자신을 둘러싼 환경에 대해 정확히 알고 그 환경에 반응하는 것으로 움직임을 만들게 된다.

〈소〉에서처럼 감나무가 어느 위치에 있느냐, 우물은 어디 있느냐에 따라 책 읽기 단계에서부터 움직임이 만들어진다. 배우는 실제 감나무 밑으로 가지는 않지만 마음의 움직임에 따라 자유롭게 움직이면서 책 읽기를 할 수 있다. 즉, '무대 환경과 배우의 연기'라는 관계 속에서 역할 만들기를 하는 것이다. 이렇게 배우의 움직임은 배우를 둘러싸고 있는 환경에 대해 반응하는 것에서부터 찾아야 하는 것으로, 움직임을 먼저 만들어 환경에 억지로 맞추려고 해서는 안 된다.

큰 장치가 아닌 작고 사소해 보이는 소품도 연기를 구체화하는 데 중요한 역할을 한다. 실제로 역할 만들기의 어느 단계에 이르면 배우는 자연스럽게 무언가를 들고 연기를 한다. 예컨대 〈소〉에서 말뚝이는 개똥이가 소를 팔아 서울로 튀려는 것을 알고 낫으로 개똥이의 머리를 치려고 한다. 이때 말뚝이가 드는 낫과 같은 소품은 말뚝이의 역할을 더욱 구체성 있게 만들어준다. 또는 유자나무집 딸이 돈이라는 소품을 들고 나와 개똥이를 막아서고 개똥이는 보따리를 들고 나옴으로써 작은 짓거리나 제스처를 더욱 구체화시킨다. 그러므로 연습 과정에서 실제 소품이 아닌 대용품을 가지고 연습해도 배우는 자신이 맡은 인물이 해야 할 일을 하는 것처럼 느낄 수 있고, 그러한 행동을 해야만 하는 구체적인 정당성을 얻을 수 있다.

조명과의 관계에 있어서도 배우는 조명에 의해 무대가 어떤 분위기를 불러일으키는지 염두에 두었을 때 좀 더 구체성 있는 소리의 톤이나 크기 등을 결정할 수 있다. 〈벚꽃동산〉 같은 연극에서는 창문을 열면 햇빛이 들어온다는 구체적이며 사실적인 동기에 의해 조명이 어떻게 비추어지는지 알 수 있다. 사실적인 연극이 아니더라도 마찬가지이다. 가령 〈햄릿〉에서 햄릿이 '사느냐 죽느냐, 그것이 문제로다'라는 대사를 할 때 조명이 햄릿에게 초점을 맞추는 것이지 무대 전체를 환하게 비추지는 않는다.

이때 배우가 내는 소리의 톤과 크기 등이 먼저 만들어진 다음 조명이 거기에 맞춰진다기보다는, 조명의 농도나 각도가 어떤 분위기를 이루는가에 따라 배우의 소리가 결정될 수도 있다. 그런 점에서 구체성을 가진 연기란 무대 환경과의 대화, 즉 무대에 참여하는 모든 요소들에 배우가 반응하는 것에서 만들어진다. 이를 위해 배우는 연출가 못지않게 무대 장치, 무대 도면, 무대의 색조, 조명 플랜 등 모든 것을 면밀하고 객관적으로 파악해야 하며 그 속에 자신을 묻어야 한다. 또 전체적인 의상 스타일을 알고 그 안에서 나의 의상이 가지는 색과 양식이 무엇인지를 알아야 한다. 그래서 그런 의상을 입은 나의 움직임, 목소리의 톤이 어떻게 어우러져야 하는지 생각할 수 있어야 한다.

이 과정에서 모든 디자이너들과 대화하고 참고할 만한 자료를 나눔으로써 구체적인 도움을 받을 수 있다. 실제로 배우가 인물을 창조하면서 스스로 납득할 수 있을 만큼 만족스러운 인물화가 이루어지지 않아 고민할 때, 의상이나 소품 등 아주 작은 도움만으로도 문제가 해결되는 경우가 많다. 예를 들어 〈소〉에서 유자나무집 딸은 시골 아이면서도 서울 아이로서 무엇인가 환상적이면서도 이상을 좇는 처녀가 되어야 한다. 만일 이 역할을 맡은 배우가 유나자무집 딸의 인물 창조에 어려움을 겪는다면, 실제 의상이 아닌 비슷한 느낌의 노랑 저고리와 분홍 치마만 걸쳐도 어느새 유자나무집 딸이 된 것 같은 경험을 할 수 있을 것이다. 혹은 머리를 헝클고 거기에 꽃만 하나 꽂아도, 답보 상태에 빠졌던 인물화에 새로운 동기를 발견하게 되어 인물 창조에서 한 단계 도약하기도 한다.

그러므로 배우는 자신의 역만 잘 하면 된다는 생각에서 벗어나 무대 요소들과 반응을 잘 해야 한다. 반응이란 인물 상호간뿐만 아니라 연극을 만들고 있는 모든 요소들과 나와의 반응에서 비롯된 교류이다. 그리고 행동은 반응의 결과이므로 나와 무대 요소들 간의 반응에서 행동이 만들어지는 것이다. 게으른 배우는 주어진 상황 그대로 가지만, 부지런한 배우는 비슷해 보이는 소품거리를 만들어오거나 머리라도 헝클어보고 분홍 천이라도 둘러봄으로써 무대 환경으로부터 구체성을 찾아 적극적으로 역할 만들기에 임한다.

움직임과 짓거리 만들기

움직임은 크게는 배우가 무대 위에 서고 앉는 위치 선정에서부터 공간 이동인 움직임(movement), 그리고 자질구레한 무대 짓거리(business)까지 전부 포함한다. 움직임이나 짓거리는 배우 상호간의 위치와 이동을 포함할 뿐만 아니라 연극에 참여하는 다른 요소들과의 관계를 명확하게 하는 것과 관계가 있다. 이것은 배우를 제외한 다른 모든 요소들은 움직임에 있어서 수동적이라는 것에서 기인한다. 만일 무대에 의자가 하나 놓여 있다면 그 의자는 배우가 움직여서 그것을 이용할 때에 살아 움직이는 것이 될 수 있다. 만일 배우와 아무런 관계 없이 의자가 그냥 놓여 있기만 한다면 그 의자는 아무 의미 없는 물체일 뿐이다.

〈소〉에는 앞마당의 한 모퉁이에 우물이 있다. 이 우물은 배우가 그것을 사용하기 전까지는 수동적으로 있을 뿐 적극적인 의미가 없다. 그러다가 말뚱이가 심통이 나서 "난 우물에 빠져 죽어버릴 거야!"라고 외치며 우물에 빠져 죽으려는 시늉을 할 때, 즉 우물을 적극적으로 활용할 때 비로소 우물은 생명력을 갖게 되고 배우 역시 우물을 이용한 움직임이나 짓거리를 만들 수 있게 된다.

햄릿이 "사느냐 죽느냐, 그것이 문제로다"라는 독백을 할 때도 칼을 이용하면서 위치를 잡는 등 칼과 배우의 관계를 통해 비즈니스가 만들어진다. 그리고 서서히 햄릿에게 조명이 집중되는 분위기 변화가 일어나는데, 햄릿이 칼과 관계를 가짐으로써 일어나는 조명의 변화이다. 결국 배우와 칼과 조명이 주고받는 관계에 의해 짓거리, 즉 비즈니스가 형성된다. 혹은 음악이 흘러나오면 음악과 조명과의 관계에서 배우의 짓거리가 만들어지기도 한다.

이렇게 배우의 반응에 의해 무대의 여러 요소들은 살아 움직이게 되는데, 이때 배우와 다른 무대 요소들과의 정서적인 교류가 이루어져야 한다. 그리고 그 과정에서 의미 없는 움직임은 제외시킬 수 있다. 이는 관객에게 극적 행동이 어떻게 진행되고 있는지 명료하게 전달하여 관객이 극의 내용을 보다 분명하고 풍요롭게 이해할 수 있게 하기 위한 것이다. 동시에 미적으로도 아름다운 장면을 만들어내기 위한 것이기도 하다.

움직임과 짓거리를 만들기 위해서는 먼저 큰 행동선을 생각해야 한다. 배우들은 처음에 책을 읽으면서 마음속으로 움직여보다가 그다음 단계에는 혼자서라도 서서 걷거나 돌기도 하는 등 행동하며 움직이게 된다. 실제 행동선 만들기에서는 연출가가 기본적인 움직임의 거점을 마련해주지만, 그다음의 움직임이나 여러 가지 짓거리 만들기는 배우의 몫이다. 단지 미학적 앙상블을 위해 연출가가 전체적인 행동선의 도면을 제시할 경우 그 의견을 따를 뿐이다. 행동선 만들기에서는 극적인 구성의 편의를 위해 배우와 연출가가 협의를 한다. 하지만 근본적으로 행동선은 배우 자신의 마음속에서 어떤 반응이 일어나고 그 마음속의 움직임을 어떤 모양으로 움직이게 할 것인가 하는 데서 출발해야 한다.

예를 들어 〈리어 왕〉을 연출한다고 하자. 연출가는 기본적인 행동선의 거점을 마련할 때, 리어 왕과 그가 가장 사랑하는 막내 딸 코델리아를 제일 가까운 위치에 두었다가 두 사람 간에 갈등이 생기면서 점점 멀리 떨어뜨릴 것이다. 이것은 연출가와 배우가 공동으로 의견을 일치시켜 하는 부분이다. 그러나 그 외의 나머지 부분들, 어떤 대사에 어떻게 움직이는가 하는 것은 전적으로 배우의 몫이다. 연출가는 움직임의 거점만 마련해주고 배우는 상대 배우의 반응에 따라서 구체적으로 반응하고 내적 동기를 찾아 움직여야 한다. 이러한 과정에서 배우는 인물 상호간에 반응하고 다른 무대 요소들과 대화하는 것이다.

연습이란 공연을 상정하고 준비하는 것이므로 장치나 의상, 조명 등 무대의 모든 요소들도 어느 정도 연습에 참여한다고 할 수 있다. 그런데 무대 요소들 가운데 오직 공연 순간에만 참여하는 필수적인 요소가 있는데, 바로 관객의 존재이다. 관객만은 연습 중에 활용할 수 없는 요소이다. 그러므로 배우는 연습을 하는 과정에서 다른 무대 요소들과의 관계에는 익숙해질 수 있지만 관객과는 익숙해질 수가 없다. 그렇더라도 관객은 연극을 완성하는 중요한 요소인 만큼 배우는 반드시 연습 중에 관객의 존재에 대비해야 한다.

우선 배우는 극장의 규모나 크기에 대해 미리 알고 있어야 한다. 예를 들어 연습 때는 관객이 코앞에 있다고 생각했는데 극장에 들어갔더니 객석의 규모가 1,500명 정도라면 당황할 수밖에 없다. 그러므로 무대

도면을 처음 보았을 때부터 연출가가 무대와 관객의 관계를 어떻게 설정하고 있는지를 파악할 수 있어야 한다. 무대와 관객이 더불어 함께하는 무대인지, 관객을 위해 펼쳐진 무대인지, 혹은 관객을 무시하는 무대인지를 알 수 있어야 한다. 둘째로 무대와 관객의 관계뿐만 아니라 관객의 질, 수, 특성을 알아야 한다. 가령 지방 관객의 특성과 서울 관객의 특성이 다를 수 있고 관객의 생활수준에서도 차이가 있을 수 있으므로 이러한 모든 것을 인식해야 한다는 것이다. 물론 이것은 배우의 문제이기보다는 연출가가 더욱 고려해야 할 문제라고 하겠다.

결론적으로 연출가뿐만 아니라 배우 역시 연습 과정에서 이미 관객의 존재에 대해 잘 알고 준비해야만 공연이 올라갔을 때 관객과의 교류가 이루어진다는 것을 알 수 있다. 관객의 존재에 대해 연출가와 디자이너들은 모두 알고 있는데 배우만 모르고 있다면 실제 공연 환경을 접했을 때 배우들은 예상 밖의 무대 조건들로 인해 당황할 수밖에 없다.

한편 움직임과 짓거리를 만드는 데 있어 배우는 연출가의 요구에 대해 객관적으로 보고 받아들이는 자세를 가져야 한다. 왜냐하면 연출가는 작품 전체를 바라보기 때문에 그의 입장을 최대한 이해하고 받아들여야 할 필요가 있기 때문이다. 이를 위해서 배우는 연출가가 이 장면에서 무엇을 강조하려 하고, 초점을 어디에 두고 있으며, 어떻게 해서 균형을 이루려고 하는지를 알고 있어야 한다.

가령 어떤 장면에서 앉아 있는 한 사람을 다른 인물들이 바라보아야 할 때가 있다. 배우들은 다른 곳을 보고 있는 것이 편하겠지만, 그랬을 때 장면의 초점이 이루어지지 않는 경우가 많다. 이때는 연출의 요구대로 그 장면에서 초점이 모아져야 하는 인물을 다른 인물들이 바라보아야만 한다. 그래야 초점이 주어진 인물만이 아니라 다른 인물들의 연기도 함께 살아난다. 장면 전체의 균형은 연출가가 초월적인 관점을 가지고 배우간의 거리, 배우가 점하고 있는 면적과 무게를 조정하여 만드는 것이므로, 배우는 이러한 관점을 재빨리 인식할 수 있는 태도를 가질 필요가 있다.

　연기를 창조한다는 것은 연극 전체에서 배우가 자신이 맡은 인물을 연출하는 것과 다르지 않다. 연기 창조는 전체 속에서 가능한 한 가장 아름다운 인물 위치를 선택하고 찾는 것이므로, 배우도 연출가처럼 초월적인 입장에서 작품 전체를 바라볼 수 있어야 한다. 간혹 어떤 움직임을 할 때 배우 입장에서 불편할 때가 있는데, 이는 배우가 대사에 맞는 동기를 찾지 못한 행동을 했기 때문이다. 이때 연출가는 배우와 건설적인 대화를 통해 움직임의 문제를 해결해야 한다. 무대의 배우가 불편하면 보는 관객도 불편할 수밖에 없기 때문이다.

　짓거리는 작가가 대본에 제시하기도 하지만, 그렇지 않더라도 관객에게 작품의 내용을 선명히 이해시키기 위해서는 극적 상황에서 짓거리를 찾아내야 한다. 이것은 극의 분위기나 인물에 맞게 배우가 만들어내는 여러 가지 크고 작은 동작들부터 얼굴 표정까지 모두 포함한다. 뿐만 아니라 짓거리는 배우와 조명, 음향, 장치, 의상 등 무대 요소들과의 관계에서 약속된 크고 작은 움직임에 의해서도 만들어진다.

　배우의 공간 이동만으로는 연극적인 의미 전달이 완성되지 않는다. 짓거리가 있어야만 움직임은 의미를 가지게 되고 시각적으로 자연스럽고 풍요로운 움직임으로 완성된다. 이때 움직임은 시작이면서 동시에 완성된 것이 된다. 가령 a지점에서 b지점으로 이동하는 큰 공간 이동이 있다고 하자. 창문 밖에서 무슨 소리가 들린다면 귀를 기울여 소리를 들을 것이고, 창가로 가보고 싶다는 생각을 하게 되며, 생각을 정리한

다음 창문 쪽으로 가게 될 것이다. 여기서 창가로 가기까지 소리를 듣고, 귀를 기울이고, 이런저런 생각을 하는 사전 동작이 있는데, 여기서 짓거리들을 만들게 된다. 그리고 창문 쪽으로 다가가 창을 열기 위해 커튼을 걷으면 햇빛이 들어온다. 이때 조명과 장치와의 약속에 의해서 움직임이 완결되는 것이다. 그러므로 짓거리는 넓은 의미에서는 무대 위에서 찾을 수 있는 크고 작은 모든 움직임이라 할 수 있겠다.

〈소〉에서 유자나무집 딸이 어머니에게서 훔친 돈을 개똥이에게 주려고 개똥이를 찾으러 국서네 집 방문을 열어보고 헛간에도 들어가는 등 공간 이동을 한다. 이때 유자나무집 딸은 개똥이에게 돈을 주겠다는 마음의 동기를 갖고 움직이므로 전체 행동선이 만들어진다. 그리고 개똥이가 등장하자 유자나무집 딸은 돈을 주려 하고 개똥이는 거절하려고 하면서 둘 사이에 사랑, 애증, 앙금 같은 미묘한 감정의 교류가 이루어지는데, 이때 유자나무집 딸과 개똥이 상호간에 미묘한 감정을 주고받으며 싸우는 행동들이 바로 짓거리에 해당한다. 이 경우 유자나무집 딸이 개똥이를 찾기 위해 국서네 집에 들어오는 것까지가 예비행동이 되고, 개똥이를 만나 돈을 주고받는 과정에서 이루어지는 자질구레한 짓거리들이 본행동이 된다. 큰 행동을 만들기 위한 작은 행동을 예비행동이라고 하는데, 대사든 행동이든 무대 짓거리든 먼저 하는 것이 예비행동이고 나중에 하는 것이 본행동이다. 그리고 뒤에 하는 본행동이 강조된다.

예를 들어 멀리 떨어져 있던 말뚝이와 귀찬이가 서로 다가간다고 하자. 이것은 공간 이동으로서 예비행동에 해당한다. 그다음 말뚝이가 "이 밤 먹어, 자" 하며 귀찬이 입에 밤을 넣어준다. 이때 밤을 입에 넣어주는 행동이 본행동이 된다. 이처럼 앞에 오는 것이 예비행동이 되고 뒤에 오는 것이 본행동으로 강조된다. 예비행동과 본행동을 연습 과정에서 찾아 자기 것으로 만든 후 무대에 올라가야 한다. 이때는 역할을 만드는 것이 아니라 그 역이 되는 것이다.

짓거리에는 다섯 가지 종류가 있다. 플롯을 명료하게 하기 위한 짓거리, 인물을 분명하게 하기 위한 짓거리, 정서와 관계 있는 짓거리, 일상의 짓거리, 기술적인 짓거리이다.

첫째, 플롯을 명료하게 하는 짓거리란 이 짓거리를 만들지 않으면 플롯이 성립하지 않는 경우이다. 〈오셀로〉에서 오셀로가 데스데모나를 질투하여 죽이게 되는 계기는 손수건이다. 그러므로 손수건을 떨어뜨려 놓는 무대 짓거리가 없다면 오해의 여지가 없어지고 연극 전체가 만들어지지 않는다. 즉, 플롯이 성립되지 않는 것이다. 또한 〈햄릿〉의 마지막 결투 장면에서 왕이 독이 든 반지를 술잔에 넣는 무대 짓거리를 빼버린다면 역시 극의 플롯이 성립되지 않는다. 왜냐하면 그러한 무대 짓거리가 없으면 왕비가 그 술을 마시고 독이 몸에 퍼져서 죽는 이야기가 성립되지 않기 때문이다. 그러므로 배우는 자신의 짓거리가 플롯 전개에 있어 어떤 의미를 갖는지 잘 알아야 하며, 연습 중에 그러한 짓거리 하나하나를 놓치지 않도록 유의해야 한다.

둘째, 인물을 분명하게 하기 위한 짓거리가 있다. 짓거리에는 인물의 특성 때문에 만들어지는 것들이 있는데, 이러한 짓거리를 잘 만들면 인물을 살릴 수 있다. 〈욕망이라는 이름의 전차〉에서 스탠리 코왈스키는 항상 무엇인가를 씹거나 집에 들어오자마자 냉장고를 열어 마실 것을 찾는다. 씹는다든가 마실 것을 찾는 짓거리는 그 인물이 사랑에 대해 갈증을 느끼고 있으며 본능적인 욕구가 충족되지 않는다는 것을 보여준다. 스탠리의 캐릭터를 부각시키는 데 도움을 주는 짓거리이다. 〈햄릿〉에서 햄릿이 '사느냐 죽느냐'의 독백을 할 때 칼을 이용하는 짓거리는 햄릿이 갖고 있는 내적인 번뇌와 고통을 말해준다. 또한 무엇인가 결정을 내리지 못하는 인물의 특성을 시각적으로 보여주는 것으로, 마치 죽을 것 같은 내적 고민을 강조하는 효과를 주는 짓거리이기도 하다. 이런 짓거리는 이야기 전달과는 무관하더라도 인물의 특성과 심리적 상태를 보여주기 때문에 인물의 특성을 분명하게 해주는 강조의 짓거리라 할 수 있다.

셋째, 정서적인 교류에 의해서 생기는 짓거리가 있다. 〈리어 왕〉 1막 1장에서 일단의 무리들이 모두 퇴장한 후 리건과 거너릴이 남아서 하는 짓거리가 바로 정서의 짓거리이다. 두 사람은 처음에는 동일한 의도를 갖고 있기 때문에 리어 왕 가까이에 서 있다가, 다른 인물들이 퇴장할 때 그 힘에 의해 서로 떨어지면서 거리가 생기고 비켜서게 된다. 반면 두 사람은 서로의 의중을 떠보는 입장을 보여주는데, 이때는 거리를 두고 마주본다. 그러나 극이 진행되면서 팽팽히 맞서던 두 사람은 어떠한 조치를 취해야 한다는 의견에 공감하는 순간 서로 손을 마주 잡으며 의기투합하는 동작을 하게 된다. 여기서 동상이몽이라 할 수 있는 리건과 거너릴 두 사람의 복잡한 심리 관계가 행동선과 더불어 정서의 짓거리로 관객에게 드러난다.

마지막으로 일상적으로 벌어지는 짓거리와 기술적인 짓거리가 있다. 일상적인 짓거리는 배우가 극중 인물로서 생활하면서 자연스럽게 만들어지는 것으로 연기의 빈틈을 채워준다. 인물의 마음의 움직임에 의해서 만들어지는 것이므로 배우가 연습 중에 느껴야만 찾을 수 있다. 반면 기술적인 짓거리는 연극적인 필요에 의해 만들어내는 의도적인 짓거리로서 관객이 그 근거나 이유를 알지 못하게 만들어놓은 것이다. 예를 들어 나머지 인물들이 떠날 준비를 할 시간을 마련해주기 위해 한 인물이 가방에 서류를 챙겨 넣는 짓거리를 하게 하는 경우이다. 또는 퇴장했다가 바로 다시 들어오게 하기 위해 안경을 두고 가게 하는 행동 등이 여기에 해당한다.

연기의 리듬과 템포 만들기

배우가 역을 창조하는 데 있어 움직임과 짓거리, 무대 요소들은 서로 어울려 조화를 이루어야 한다. 바로 이것이 극의 흐름을 만들어내는 리듬과 템포이다. 연극 전체에는 각 인물의 리듬과 템포가 있으며, 그것이 다른 인물의 리듬과 템포와 엮어져 연극 전체의 리듬과 템포를 만든다. 여기서 잠깐 리듬과 템포의 개념을 규명할 필요가 있겠다.

리듬은 어떤 운동이 있을 때 그 운동의 결과로서 궤적이 생기는데, 그 궤적이 만들어내는 규칙적이고 반복적인 움직임을 일컫는다. 지구의 자전은 밤과 낮이라는 리듬을 만들어내고, 지구의 공전은 춘하추동이라는 리듬을 만들어내는 것과 같다. 템포는 리듬에 속도를 가감했을 때 발생하며, 전체 속도와 밀도, 큐(cue)와 관계가 있다. 연극에서의 리듬과 템포는 극적 행동이 어떻게 흘러가고 있는지, 그 안에서 배우 개인은 어떤 위치에서 어떻게 행동하며 진행하고 있는지의 궤적을 의미한다. 배우 개인의 리듬과 템포는 다른 인물의 궤적과 엮어져 극적으로 조화를 이루는 연극 전체의 리듬과 템포를 이룬다. 따라서 배우는 극 전체의 리듬과 템포, 그리고 다른 인물의 리듬과 템포를 이해하여 극이 어떻게 흘러가고 있는지 알고 있어야 할 것이다.

예를 들어 비극과 희극은 그에 따른 리듬과 템포가 있는데, 희극이 비극보다 좀 더 빠르고 제스처가 훨씬 많다는 특성을 가지고 있다. 배우가 희극을 할 경우 빠른 리듬과 템포를 고려하여 그 안에서 자신의 역할과 행동을 찾아야 한다. 당연히 상대가 어떤 속도와 강약, 무게와 큐를 건네고 있는지 정확히 알고 그에 상응하는 속도, 강약, 무게, 큐로 반응해야 한다. 이를테면 야구 경기에서 상대방이 공을 던졌을 때 상대방이 던진 야구공의 속도와 강약, 무게, 상대의 큐를 정확히 파악하고 분석하여 이해해야만 상대방의 리듬과 템포를 받아낼 수 있는 것과 같다. 전체의 리듬과 템포를 객관적으로 보면서 구체적으로 나의 리듬과 템포를 찾는 작업이 필요하다.

연출가가 연극 전체의 리듬과 템포를 조정하지만, 배우 역시 연출가와 동일한 객관적 위치에서 다른 연극적 요소와 조화를 이루어 자신의 리듬과 템포를 맞추어야 한다. 그리고 보다 적극적으로 무대 연습, 테크니컬 리허설, 총연습(드레스 리허설)을 통해 리듬과 템포를 이루어내야 한다. 이것은 연습 과정에서 이루어져야 한다. 연습 과정에서 익숙하게 만들지 못하고 연극 창조의 마지막 순간인 무대에 올라가서 만들려고 해선 안 된다. 연출가의 의도는 연습 과정에서 충분히 논의되므로 창조의 마지막 단계에서는 기술적인 것만 언급할 뿐이라는 것을 이해하라. 리듬과 템포는 인물이 가진 행동의 궤적이기 때문에, 매 장면의 리듬이 상황에 맞는지 혹은 되풀이되어 변주되는 것은 아닌지 등에 대한 정확한 분석을 전제로 연습의 마지막 단계에서 최종적으로 조정된다.

8강

AC
TOR
TRAIN
ING

연기 예술 창조의 순간

현장예술이 아닌 예술은 하나의 작품으로 완성되면 시간적으로나 공간적으로 지속성을 갖고 남는다. 그러나 우리가 다루는 연극예술, 특히 연기예술은 최종적으로 관객이라는 예측 불가능한 존재를 만났을 때만 비로소 진정한 창조의 순간을 맞이한다. 연극의 여러 요소 중 장치, 의상, 조명, 소품 등은 연습 과정에서 여러 가지 시도를 통해 수정 보완될 수 있지만, 최종적으로 연극에 참여하는 관객은 사전에 거의 예측할 수 없고 수정될 수도 없는 존재이다. 그렇기 때문에 관객을 만나는 마지막 순간 이전까지는 창조의 순간을 위한 준비단계라고 할 수 있다.

연극은 창조와 동시에 소멸하는 특성을 가지고 있는데, 이와 관련하여 배우는 연극에 참여하는 여러 예술가들 중에서도 유일하게 자신이 창조 해낸 작품을 보지 못하는 예술가이다. 연출가는 공연의 순간에 객석에 앉아서 자기 작품을 바라볼 수 있는 특권이 있다. 조명, 의상, 무대 장치를 담당하는 예술가 역시 자신의 예술이 관객과 어떻게 만나서 살아 숨쉬는지 객관적으로 보면서 즐길 수 있다. 반면 배우는 자기 창조의 순간을 볼 수 없다는 점에서 불행한 존재이다.

그 대신 배우는 공연 중 '역할을 수행하는 나'와 '관객에게 보이는 나'를 조절하면서 직접적으로 관객과 교감하여 예술적 감흥을 느낄 수 있는 특권을 가진다. 배우는 궁극적으로 연습 기간 동안 준비해온 것들을 가지고 고양된 마음의 상태로 관객을 만난다. 관객 역시 마찬가지이다. 공연에 참여하러 오기까지 서로 약속을 한다든가, 의상을 갖추어 입는다든가 하는 과정을 통해 고양된 마음의 상태를 가지기 때문이다.

막이 오르면 배우는 하나의 연극을 만들고자 적극적인 자세로 무대에 등장하는데, 이때 배우는 연습실에서 연습할 때와는 전혀 다른 분위기를 극장에서 느끼게 된다. 관객의 숨결과 체온으로 인해 심리적으로 강한 압박과 흥분을 느끼기도 하고 때로는 반대로 새로운 힘과 자극을 받기도 한다. 연극이 진행되면서 배우가 창조하는 연기가 관객에게 감흥을 주게 되면 관객은 이를 받아들이면서 마음의 요동이 일고, 관객은 이것을 다시 배우에게 보낸다. 연극에서 창조의 순간은 이렇게 배우와 관객이 교류하는 순간에 만들어지며, 이것을 무대에서 직접 체험할 수 있는 배우야말로 최고의 특권을 누린다고 할 수 있다. 이러한 경험은 조명, 의상, 장치 등의 예술가들이 느낄 수 있는 예술 창조의 정서적인 체험과는 또 다르다. 관객의 숨결, 맥박, 체취, 이것이 배우인 나와 동일시될 때 느낄 수 있는 정서적으로 고양된 상태의 체험이고, 한 번 맛보면 또다시 맛보고 싶은 중독성이 강한 체험이다.

결국 이런 고양된 정서의 체험은 연습을 통해서 준비한 만큼 이루어진다. 연습에서 만들어지지 않은 것이 갑자기 나오지는 않기 때문이다. 배우를 넓은 의미에서 평생을 배우예술 창조에 심혈을 기울여야 하는 전문가요 직업인이라는 관점에서 보면, 연극 창조의 순간이란 그 동안 배우가 준비한 훈련의 정점이 아니라 훈련의 시작이라는 개념으로 받아들여야 할 것이다. 배우는 전문 직업인으로서 창조의 순간이 끝나는 지점이 아니라 새로운 훈련 단계의 첫 시작이며 공연이라는 창작 단계로 나아가는 첫 걸음에 불과하다는 자세를 갖는 것이 중요하다.

공연은 몇 주, 몇 달, 또는 몇 년에 걸쳐 계속되는 것이므로 공연이 오르는 순간부터 배우는 새로운 수련을 시작한다고 보아야 한다. 배우는 자기만의 기본 레퍼토리가 있는 가운데 새로운 레퍼토리를 채워서 영역을 확장해가기 때문에, 창조의 순간인 공연은 언제나 배우수련의 첫 번째 단계이다. 이 창조의 순간에 얻게 되는 정서적인 반응, 고양된 힘, 기술, 관객과의 교류에서 얻어지는 체험, 새로운 창조의 기술, 이 모든 것이 터득되고 축적되어야 한다. 공연은 한 번 끝나면 내던지는 쓰레기 같은 것이 아니라 영원히 배우인 나와 함께 하는 수련의 과정이라는 마음가짐을 갖는 것이 진정한 배우예술의 정신이다. 공연은 새로운 마음으로 새롭게 거듭나는 단계임을 알아야 한다. 이것이 진정한 예술가의 정신이다.

1
극장은 하나다

| **창조적 협력자들과의 작업**

이제 실질적으로 연극이 창조되는 순간의 공연에 대해 이야기할 차례이다. 물론 그 이전 단계인 연습은 배우를 중심으로 진행되었고, 기타 무대 환경을 만드는 디자이너, 의상, 조명, 음향, 소품 담당자들은 배우보다는 뒤에서 작업을 해왔다고 볼 수 있다. 이러한 연습 과정 중 배우는 틈틈이 자신이 어떤 환경 속에서 연기를 하고 있는지 객관적으로 바라보고, 그런 환경 속에서 자신이 해야 할 일이 무엇인지를 생각해왔을 것이다.

이러한 연습의 최종 단계라 할 수 있는 것이 무대 연습, 기술 연습, 총연습(드레스 리허설) 등 연습의 마지막 마무리 단계이다. 바꾸어 말하면 연습의 마지막 단계는 예술 창조의 순간, 바로 공연의 시작인 셈이다. 이때 배우는 새롭게 합류하는 무대의 여러 요소들과 조화를 이루어야 한다. 각자의 자리를 지키고 본분을 다하면서 자기를 헌신하고 희생하여 연극이라는 새로운 창조물에 공헌할 준비가 되어 있어야 하는 것이다. 희곡 자체는 연극이 아니고, 연출도 그 자체가 연극이 아니며, 배우예술도 홀로 예술이 되는 것이 아니기 때문이다.

이제 여러 다른 예술가들이 서로를 존중하며 미적인 목표를 달성해

나가는 데 협력할 준비가 되어 있어야 한다. 총연습 과정은 배우에게 있어서 연극에 참여하는 다른 예술과 진정으로 협력해야 하는 순간이며, 그런 협력을 통해서 배우예술을 완성시키는 기회이다. 따라서 이 마지막 단계는 배우수련의 연속선상에 있으며 배우는 아주 겸손한 자세에서 모든 다른 참여예술가들에게 적극적으로 협력하는 자세를 가져야 할 것이다.

예를 들어서 기술 연습 기간 동안 배우는 차분하게 자신의 움직임이나 대사를 연습할 수 있는 기회가 없을 수도 있다. 어떤 경우에는 조명의 위치나 농도, 색깔의 조절을 위해 한동안 무대에서 자기 위치를 지키며 서 있을 수도 있고, 걸어서 움직이는 동작을 마냥 되풀이할 수도 있다. 또는 옷의 길이가 짧거나 길어서 의상을 벗는다든가 다른 디자인과 색상의 의상으로 바꾸어야 하는 경우, 연습이 중단되는 등 디자이너나 기술적 참여자들의 점검을 위해 적극적으로 봉사해야 하는 시간도 있을 수 있다. 혹은 음향의 큐를 맞추거나 볼륨을 조절하여 대사를 맞추어야 하는 경우도 있다. 이런 시점에서 배우가 모든 창조적 예술가들과 협력 작업을 함으로써 새로운 예술이 탄생되는 것이다. 이때 배우는 적극적인 협력 자세로 그들의 요구에 응하고, 자신의 의견을 피력하며, 그렇게 해서 하나로 합의된 목표 완성을 도모해야 한다.

연극 참여의 제 요소들이 각기 자신의 역할을 찾을 수 있도록 배우가 봉사할 때, 이는 최종적으로 무대 요소들이 결국 마지막 최전면에 나서는 배우인 나를 위해 협력하는 것이 된다.

배우는 바로 이러한 사실을 믿는 데서 출발할 필요가 있다. 다시 말해서 기술 연습 기간 동안 배우는 모든 참여자들을 존중하고 인격체로서, 하나의 창조적 예술가로서 배려하는 자세가 필요하다. 만나고 헤어질 때의 사소한 인사말에서까지 배려하는 태도를 가져야 할 것이다.

한편 이 기술 연습 기간으로부터 공연이 진행되는 동안 배우에게는 보다 특별한 자기 관리가 필요하다. 그것은 우리의 수련 과정에서 첫 번째 과제였던 시간 지키기, 연습 전 명상하기, 몸 다스리기와 소리 훈련 같은 것들을 게을리 하지 않는 것이다.

이 기간 동안 배우가 해야 할 자기관리 중에서도 특히 잡기를 멀리하고 예술가로서의 영혼을 간직하는 것, 스스로 대본으로부터 빠져나와서 흐트러지는 일이 없도록 하는 것이 필요하다. 또한 건강을 잃으면 자기 예술의 매체가 망가지는 것이므로, 건강 없이는 예술 창조가 불가능하다는 사실을 잊지 말아야 한다. 특히 몸과 소리 만들기에 나쁜 영향을 주는 모든 것을 차단할 필요가 있다. 그 중 대표적으로 술과 담배를 절대적으로 금해야 한다. 공연 중에는 몸과 마음이 긴장되어 있는데, 술과 담배는 배우에게 치명적이기 때문이다.

첫 공연이 시작되었으니 이제 그대로 가면 된다는 생각은 매 공연마다 새롭게 창조 행위를 하는 예술가의 마음이라 할 수 없다. 공연은 몇 주, 몇 달 지속될 수 있고 재공연되기도 한다는 것을 생각할 때, 첫 공연이 새로운 배우 훈련의 시작에 불과하다는 사실을 잊어서는 안 된다.

배우의 몸과 마음이 흐트러지면 연극 전체를 망가뜨릴 수 있는 만큼, 자기관리에 소홀할 경우 이것은 배우로서 협력자들과의 예술 작업에 어긋나는 행위라는 것을 명심하자.

이상적 관객과의 만남

배우예술은 창조의 순간에 소멸되는 예술인데, 창조와 소멸은 결국 관객과 만나는 순간에만 이루어진다. 그 이전의 모든 과정은 연습이라는 이름 하에 이루어지며 창조를 위한 준비 과정일 뿐이다. 총연습이 끝난 후, 배우에게는 관객과 만나고 그들과 어울림으로써 연극을 창조하는 순간이 온다. 그런데 관객은 연습 기간 동안 함께 훈련했던 다른 연극 참여 요소의 존재들과 달리, 필수적인 요소이면서도 처음으로 만나는 예측할 수 없는 존재이기도 하다. 그러나 생각해보면 전혀 이질적인 요소라고 볼 수만은 없다. 왜냐하면 공연 생산자들이 공연 일정을 정할 때 극장의 위치나 형태를 미리 고려하며, 그에 따라 예상되는 관객의 수준과 수를 염두에 둔 상태에서 연습을 하기 때문이다.

한편 관객의 입장에서 보면 관객도 어느 날 느닷없이 배우를 보려고 극장을 찾은 존재는 아니다. 많은 공연들 중에서 '이 연극'을 선택하고 배우인 '나'를 선택한 것이다. 관객들 나름대로 특정한 시간을 정해서, 함께 볼 친구들을 만나고, 연극을 볼 수 있는 마음의 준비를 한 다음, 비싼 관람료를 지불하고 극장에 나타나는 것이다. 그런 점에서 관객들 또한 연극 창조의 협력자들이다. 배우와 관객은 서로를 선택하여 만나고 어울리는 관계임에 틀림없다. 그러므로 배우의 입장에서는 관객을 '나를 사랑하는 사람들'로서 존중하고 겸손하게 받아들이는 자세를 갖는 것이 필요하다. 관객은 배우인 나와 함께 대화를 나누는 협력자인 만큼, 배우로서 내가 하고 있는 일에 믿음을 갖고 온 힘을 다해서 헌신해야 한다.

일반적으로 관객은 자기가 선택한 연극에 대해서 기본적으로 호의적인 자세를 가지고 관극을 한다. 그러나 관객이 항상 따뜻한 마음을 갖는 것만은 아니다. 연극을 만드는 사람이 자신이 하는 일에 믿음이 없거나 성심성의를 다하지 않을 때는 냉담한 태도를 취한다. 무대에 집중하지 않는 것은 물론, 야유를 한다든가 심지어 불만의 소리를 내며 극장을 떠나는 등 연극을 방해하는 행동도 서슴지 않는다. 그렇게 되면 연극은 걷잡을 수 없이 흔들려서 엉망이 되고 말 것이다. 이럴 경우 배우들은 정신을 바짝 차리고 지금까지 연습해온 대로 지금 하고 있는 일에 구체적으로 집중하여 반응해야 할 것이다.

어쨌든 배우의 입장에서 보면 관객은 배우인 나의 연기를 완성시키는 연극 창조자임에 틀림없다. 그러므로 관객을 나의 팬으로 믿고 정성을 다해서 헌신하는 자세가 필요하다.

조화를 이루는 새로운 힘

공연은 기술 연습, 총연습을 통해서 이루어지는 연극 창조의 순간이다. 이 과정은 어떻게 보면 대단히 산만하고 어수선하게 진행되는 듯 보이기도 한다. 그러나 연습과 훈련이 충분했다면, 그 공연은 창조의 순간으로서 말로는 표현할 수 없는 새로운 힘을 받아 도약하는 순간이기도 하다. 그것은 최종 리허설을 통해 리듬과 템포를 만드는 모든 약속들이 배우를 중심으로 녹아들어 하나가 될 때 나타나는 현상이기도 하다. 배우는 관객과의 만남에서 새롭게 솟구치는 힘과 열기를 얻게 된다. 무대는 관객의 현존으로 인해서 마지막으로 새로운 힘을 얻어 뜨거운 정서적 일체감을 이루는 현장이 된다.

배우는 빛, 소리, 환경, 의상, 기타 참여자들의 숨결로부터 열기와 창조적 영감을 얻고, 동시에 관객의 숨결로부터 새로운 힘을 얻어 중심의 자리에 서게 된다. 이때 배우는 전체적으로 조화를 이루는 새로운 힘을 창출해야 한다.

경험이 적은 배우이든 오랜 시간 연극을 해온 배우이든 '무대공포'라는 것이 있는데, 그것은 창조의 현장에서 잘 해보고자 하는 열망, 어떤 실수가 있을지도 모른다는 두려움, 익숙하지 않은 관객과의 첫 대면이라는 사실 때문에 생기는 것이다. 그러나 그런 무대공포에 직면할수록 배우의 평소 훈련 과정이 얼마나 중요한지 깨닫게 된다. 평소 훈련은 첫째로 시간 지키기, 둘째로 몸 다스리기, 셋째로 명상하기이다. 무대에 등장하기 전 이러한 훈련으로 마음의 평정을 갖는다면, 무대공포는 새로운 창조적 에너지로 승화하여 관객과 정서적 공감대를 창조해내는 데 도움이 될 수도 있다. 공연 기간이 길든지 짧든지 배우는 흐트러지지 않는 자세를 유지하며 잡기를 멀리한 채 공연이 시작이라는 마음의 태도를 갖는 것이 중요하다. 공연은 연습의 마지막도 아니며, 내 멋대로 할 수 있는 나만의 것도 아니다. 서로 협력하여 어울릴 때만 이루어지는 새로운 창조의 순간이라는 것을 잊지 말자.

한편 관객이 많을 때는 그 열기로 인해 정서적으로 고양됨으로써 관객과 공감대가 만들어지기도 하지만, 때로는 객석이 텅 비어 있어 어깨가 처지고 의욕이 없어지면서 이를 극복하려고 하다가 오히려 연극이 지리멸렬해지기도 한다. 그럴수록 수련을 통해 익힌 대로 몸과 마음의 평정을 찾고 명상을 하여 스스로 대화하는 자세를 유지하는 것이 필요하다. 이것은 평소의 훈련을 통해서 만들어지는 것으로, 배우는 언제나 '연습은 공연처럼, 공연은 연습처럼'이라는 말을 실천해나가야 할 것이다.

2

진주알의 깊이와
다이아몬드의 광채를 위하여

극적 행동은 연극이 시작되는 동기이기도 하며 끝까지 관통하는 힘을 가지고 발전한다. 극적 행동을 만드는 에피소드들은 다양한 형태로 이루어져 있는데, 구체적인 정서가 끊임없이 변하는 것이 특징이다. 배우는 그때그때 변하는 구체적인 정서를 놓쳐서는 안 되며, 그러기 위해서는 다양한 형태의 훈련을 통해 얻은 결과를 가지고 무대에 올라야 한다.

　배우는 역을 수행할 때 마음속에 일어나는 작은 반응까지도 구체적이어야 한다. 즉, 구체적으로 느끼고, 반응을 냉철하게 다듬어서 밀도 있는 모양새로 만들어야 한다. 소리와 움직임의 표현을 깎고 다듬어서 그것의 한계를 넘어 있을 법한 모양을 만들어내는 것이 요구된다. 그래야만 관객의 상상이 무한으로 확대된다. 배우의 정서가 밀도를 갖고 압축되었을 때만 확대가 가능하고 그래야만 관객의 마음속에서도 무엇인가 생길 수 있다. 예를 들어 공연 중 관객은 배우에게 절대적으로 집중하고, 배우는 소리와 움직임 하나하나를 정확하게 매듭짓고 넘어가야 한다. 배우는 중심의 자리에서 소리와 움직임을 찾아 끝까지 뻗어나가게 해야 하며, 그것은 공연 현장에서 구체적으로 보고, 듣고, 반응함으로써 만들어야 한다. 그래서 배우의 소리 하나하나, 움직임 하나하나가 진주알과 같은 깊이와 향기를 가져야 한다. 배우는 관객 앞 최전면에 나서는, 다이아몬드처럼 단단하고 광채가 나는 존재라는 사실을 잊어서는 안 된다.

배우는 연극을 지휘한다

관객은 진주알 같은 깊이와 다이아몬드 같은 광채를 가진 배우의 움직임과 소리에 정서적으로 공감하며 함께하는 자리에 선다. 무대 최전면에는 배우만 나서기 때문이다. 연극에서는 아무리 작은 존재라도 자신이 믿음을 갖고 일하는 한 중요하지 않은 것이 없다. 그러나 모든 것이 동등하다는 뜻은 아니다. 좀 더 중요한 위치에서 일하는 이도 있고, 작은 일에 참여하는 이도 있으며, 그것은 세상의 모든 일도 그러하다. 연극을 지휘하는 것은 배우라고 할 수 있다. 관객은 음향, 무대, 의상 등을 배우의 연기를 통해서만 볼 수 있기 때문이다.

음향이 커지고 빛이 들어와 무대가 밝아지는 순간 배우는 무대 위에 등장한다. 이것은 배우를 중심으로 모든 요소들이 움직인다는 뜻이며, 결국 배우가 연극의 중심에서 모든 것을 지휘하는 가장 중요한 존재라는 사실을 말한다. 배우는 무대 위에 빛을 끌고 들어오기도 하고, 또는 배경음악을 지휘해서 사라지기도 한다. 배우는 무대 환경, 소품 등을 이용해 연기함으로써 새로운 생명력을 갖고 살아나며, 그래서 연극은 배우가 지휘한다고 말할 수 있는 것이다.

배우가 연극 창조의 중심 역할을 한다는 것은 다른 동료 배우들을 함부로 대하지 않는다는 사실을 말하는 것이기도 하다. 이때 평소의 습관이 매우 중요하다. 훈련 과정에서 공연 과정까지, 배우수련의 첫 번째

였던 시간 지키기부터 몸에 배어 있어야 한다. 예를 들어 우리 연극 현장에서 배우가 시간을 안 지켜 공연이 늦어지거나 공연을 못하게 된 경우들이 빈번하게 있었다. 좋은 공연이란 공연이 끝난 후 배우들, 혹은 협력자들 사이에서 일어난 실수담 등 뒷말과 에피소드 등이 남지 않는 공연이다. 이런 실수들은 연극의 리듬과 템포를 망가뜨리는데, 배우들이 평소에 연습을 충분히 했다면 본 모습에서 크게 벗어나지 않으므로 이런 일은 생기지 않을 것이다.

리듬과 템포가 잘못되더라도 배우가 충실하면 크게 흠을 남기지 않고 공연을 진행시킬 수 있다. 그러나 예기치 못한 실수나 반응에 당황하거나 연극이 잘 만들어지지 않는 느낌이 들 때 관객이 지루할 것이라고 생각하며 서두르게 되는데, 이것은 연극의 껍질만 만들게 되는 것으로서 금해야 한다. 그럴수록 배우는 말과 행동을 구체적으로 씹어서 정확하게 반응하는 자세를 보여야 하며, 그래야만 연극은 밀도를 잃지 않게 된다. 이때 배우는 관객과 만나는 혼연일체의 희열을 느끼며 극을 진행시킬 수 있다. 온전히 나 자신을 느끼는 체험은 배우만이 느낄 수 있으며, 이것을 맛본 배우는 물 만난 물고기처럼 무대 위에서 에너지를 발산할 수 있다.

앞의 강의에서 나는 배우가 배역을 창조하는 과정을 몇 개의 단계로 나눌 수 있다고 했다. '내가 역이 된다 → 내가 역을 한다 → 내가 역을 창조한다'의 단계로서 배우인 나를 통한 '역의 완성' 과정이라고 말했다. 배우가 이러한 역의 창조 과정을 단계별로 지나면서 충분히 연습했다면 배우 자신과 역이 일치되어 중심의 자리에서 자신의 역을 편하게 듣고 보고 말할 수 있게 된다. 이것은 배우라는 존재의 특성 때문에 생기는 것이다. 배우 자신과 역이 일치되어 중심의 자리에서 호흡하여,

훈련 때 강조했던 것처럼 온몸이 호흡으로 가득 찬 상태에서 연극이 진행되어야 할 것이다. 이것은 코러스의 일원처럼 뚜렷하게 자기의 목소리를 내면서, 동시에 다른 사람의 노랫소리를 듣고 그 속에 어울려 하나가 된다는 느낌을 갖는 것을 말한다. 연극에서는 배우인 내가 지휘하며 내가 모든 협력자들 속에 묻혀 조화의 현장으로 나가는 것이 필요하다.

비평의 수용과 자기 보완

관객이라는 존재는 분명히 연극 창조에서 필수적인 요소이다. 그러므로 그들이 배우에게는 중요한 협력자임에 틀림없다. 연극의 참여 요소들은 연습 과정 중에 작은 실수도 용납하지 않고, 실수가 있다면 이를 보완하여 연극을 완전한 모습으로 만들려고 노력한다. 반면 관객은 일회적인 존재여서 기본적으로 창조의 순간이 지나면 창조의 현장에서 떠난다. 그래서 실수가 생기면 더 이상 보완할 길이 없다. 관객은 감상자이자 협력자이지만 동시에 비판자이므로 무대 요소들의 작은 실수도 용서하지 않는다. 관객은 사전 예고 없이 공연장으로 즉시 오기도 하고 공연 중 마음에 들지 않으면 심지어는 자리를 박차고 나가기도 한다. 커튼콜을 할 때 배우는 관객이 연극을 어떻게 평가하는지, 그 반응을 느낄 수 있다.

배우는 관객의 작은 반응에도 비평적 의미가 있다는 것을 받아들여야 한다. 그리고 이것을 자기 보완의 계기로 받아들이고 다듬어 수정할 필요가 있다. 특히 초기 관객의 반응은 앞으로의 공연에 보완 자료를 제공해주는 절호의 기회이다. 또 이번 공연이 끝나고 다음 공연을 위한 자기 계발 자료로 사용할 수도 있다.

관객 중에는 특별한 존재인 평론가가 있는데, 평론가가 모든 관객을 대변하지는 않는다. 어떤 임의의 날, 임의의 관객을 대변하기는 하지만 평론가가 이상적인 관객은 아니다. 그러나 평론가가 일정 부분 맞는 말을 하는 건 사실이다. 외국의 경우 공연 초의 비평을 보완의 자료로 삼는 반면, 한국의 경우 공연 후에 평론을 한다. 공연 후의 비평에 대해서 배우는 다음 공연을 위한 조언으로 받아들이고, 개선할 점을 소화해서 자신의 것으로 만들 필요가 있다. 배우가 스스로 자신을 돌아보고, 비판적인 자세를 갖고, 제3자를 보듯 자신을 바라보는 것은 자기 발전에 도움이 되기 때문이다.

그렇다고 해서 비평에 너무 민감하거나 예민하게 반응할 필요는 없다. 평론가는 예술 창조에 공헌하는 사람도 아니며, 관객이긴 하지만 이상적 관객도 아니기 때문이다. 그럼에도 모든 비평에는 의미가 있다. 맥을 짚지 못하거나 쓸모없는 비평도 의미가 없지는 않다. 그러나 거듭 생각해보아도 아무 의미가 없다고 판단되면 그 비평을 마음에 담아둘 필요는 없다.

새로운 잉태를 위한 탈바꿈

공연 기간이 길든 짧든 배우는 자기 역 창조의 과정을 끝내고 공연 현장을 떠나는 단계에 이른다. 배우는 무대 위에 서 있을 때 생명력을 가졌다가 무대에 혼을 남겨놓은 채 육체만 떠난다. 그런데 배우는 몸과 마음을 새롭게 하기 위해서 휴식이 필요하다. 이때 어떤 배우는 혼이 빠져나간 허전함을 달래기 위해 술에 끌려 다니기도 한다. 공연 기간 중에 술을 마시는 것은 생명과 같은 자신의 예술매체를 망가뜨리는 것으로 배우로서는 최악의 선택이다. 술, 담배, 바둑, 당구 같은 백해무익한 잡기들에서 벗어나야 한다.

가끔 정력적인 사람들은 공연이 진행되는 중에 다음 작품에 몰두하기도 하는데, 새롭게 충전하기 위해서는 그 전에 했던 역을 완전히 버리는 것이 필요하다. 그 역을 버리지 못하고 찌꺼기를 끌고 다니면 자기 편한 대로 매너리즘에 빠져 새로운 역을 창조하지 못한다. 그래서 배우는 자기반성이 필요하다. 객관적으로 보는 것, 공연평, 그 작품이 다른 나라 공연에서 공연되었을 때의 그 역할, 자신을 향한 질문, 이 모든 것을 자기반성의 계기로 삼아야 한다. 기초 연기에서 습득했던 것들과 수련 과정에서 훈련해온 것들을 평소에도 제대로 해왔는지 반성해야 하고, 재충전할 수 있는 기회에는 이런 것들을 점검하고 새롭게 태어나 진주알의 깊이와 다이아몬드의 광채를 지닐 수 있어야 한다. 이를 위해 여행을 떠나는 것은 좋으나 이것을 노는 시간으로 생각해선 안 된다.

레퍼토리 극장의 경우 배우는 공연을 하는 한편으로 새로운 공연의 연습에 들어가는 경우가 있다. 이때 배우는 냉철해야 한다. 연습 중의 역할이 공연하고 있는 역에 영향을 주어서도 안 되고, 공연 중인 역할이 연습 중의 역할에 염색되어서도 안 될 것이다. 이런 경우 배우는 역할에 따라 완벽하게 '변신'할 수 있어야 한다. 전문배우라면 A, B, C라는 다른 작품을 각각 구분해서 역할을 수행할 때 각기 다르게 창조하는 훈련도 해야 한다. 육체적으로나 시간적으로 부담이 되는 역은 맡지 않는 것이 옳다. 간혹 같은 연극에서 1인 다역을 하는 경우도 마찬가지이다. 레퍼토리 극장에서 배우의 이런 변신은 창조의 희열을 느낄 수 있는 특권이다. TV 드라마에서 쪽대본을 들고 같은 얼굴로 여기저기 출연하는 소위 겹치기 출연을 하는 것과는 엄연히 구분되어야 하는 전문 경지이다.

휴식의 시간은 완전히 자신을 비우고 새롭게 재충전하는 시간이다.

그러니 배우는 그 시간 동안 자기 훈련과 관리에 대해 재점검하고 새롭게 태어나야 할 것이다. 기초 훈련을 계속하면서 좋은 책을 읽고 음악을 듣고 전시회를 관람하는 등, 새로운 창의력이 샘솟도록 영적으로 재충전하는 시간으로 삼아야 한다. 그러면서 한편으로는 몸 다스리기와 소리 다듬기 같은 기초 훈련을 게을리 해서는 안 된다. 바이올린이나 첼로 연주자들은 이틀만 쉬어도 손가락에 굳은살이 엷어져서 그다음 연주할 때 통증을 느껴 애를 먹기도 한다. 또한 발레 무용수들은 하루 연습을 쉬면 다음날 자기 몸이 이것을 느끼게 되고, 이틀을 쉬면 동료 무용수들이 호흡을 맞추는 데 불편을 느끼게 되며, 사흘을 쉬면 관객의 반응이 싸늘해진다고 한다. 올리비에의 경우 나이 70세가 넘어서도 꾸준히 소리 훈련을 받았다는 기록이 남아 있는데, 배우들이 꼭 기억해 두어야 할 일이다.

재충전의 시간을 의미 있게 보내는 것이 진주알의 깊이와 다이아몬드의 광채를 잃지 않는 전문배우 수련의 길이다. 천재 예술가와 평범한 배우의 차이는 지속적인 노력과 훈련, 즉 자기관리를 얼마나 하느냐에 달려 있다는 것을 잊지 말자.